선생님이 먼저 읽고 학생 수준별로 수업 준비하기 좋은 책

초등학생을 위한

인공지능 코딩
feat 엔트리와 ChatGPT

초등 교과서 내용을 챗GPT와 엔트리 인공지능 블록으로 **코딩**해요!

✓ 41개 작품 실습 전 과정을 담은 작품 실행 동영상 강의 제공!
✓ 학교/학원/방과 후 교재로 OK!
✓ 동영상 강의 듣고 혼자 학습도 OK!
✓ 기초 떼고 난이도별/목적별 41개 실습 작품 만들기

인공지능 코딩
feat 엔트리와 ChatGPT

초판 1쇄 발행 | 2025년 03월 20일

지은이 | 이정은, 강희정, 류경림, 박은영, 이은정, 이현희 공저
펴낸이 | 김병성
펴낸곳 | 앤써북

출판사 등록번호 | 제 382-2012-0007 호
주소 | 경기도 파주시 탄현면 방촌로 548
전화 | 070-8877-4177
FAX | 031-942-9852
도서문의 | 앤써북 http://answerbook.co.kr

ISBN | 979-11-93059-46-3 13000

- 이 책의 일부 혹은 전체 내용을 무단 복사, 복제, 전재하는 것은 저작권법에 저촉됩니다.
- 본문 중에서 일부 인용한 모든 프로그램은 각 개발사(개발자)와 공급사에 의해 그 권리를 보호합니다.
- 앤써북은 독자 여러분의 의견에 항상 귀기울이고 있습니다.

[안내]
- 이 책은 다양한 전자 부품을 활용하여 예제를 실습할 수 있습니다. 단, 전자 부품을 잘못 사용할 경우 파손 외 2차적인 피해가 발생할 수 있으니, 실습 시 반드시 책에서 표시된 내용을 준수하여 사용해야 함을 고지합니다.
- 이 책에 내용을 기반으로 실습 및 운용 결과에 대해 저자, 소프트웨어 개발자 및 제공자, 앤써북 출판사, 서비스 제공자는 일체의 책임지지 않음을 안내드립니다.
- 이 책에 소개된 회사명, 제품명은 각 회사의 등록 상표 또는 상표이며 본문 중 TM, ©, ® 마크 등을 생략하였습니다.
- 이 책은 소프트웨어, 플랫폼, 서비스 등은 집필 당시 신 버전으로 설명하였습니다. 단, 독자의 학습 시점에 따라 책의 내용과 일부 다를 수 있습니다.

[저작권 안내]

엔트리는 네이버 커넥트 재단에서 만든 비영리 소프트웨어 교육플랫폼입니다.
본 책은 엔트리에서 제공하는 로고와 캐릭터를 사용하여 제작하였습니다.
이 책의 표지 및 본문 그리고 책의 부속물인 동영상에 사용된 엔트리 오브젝트, 블록 이미지의 저작권은 네이버 커넥트 재단에 있음을 안내드립니다.

Copyright © NAVER Connect Foundation. Some Rights Reserved

머리말

안녕하세요, 독자 여러분!

교과와 AI 블록 코딩을 접목한 이 책은 제가 학생들을 가르치며 쌓아온 경험을 바탕으로, 코딩의 기본 원리와 인공지능(AI)의 핵심 기술을 쉽고 재미있게 익힐 수 있도록 설계되었습니다. 현장에서 학생들과 함께 코딩 프로젝트를 진행하며, 어떻게 하면 교과 학습과 코딩을 자연스럽게 연결하고 실생활 문제 해결로 확장할 수 있을지 끊임없이 고민해왔습니다. 이 책이 학생들에게 창의적 사고, 문제 해결 능력, 코딩 학습의 즐거움을 선사하길 기대합니다.

이 책은 다양한 교과목과 AI 기술을 결합한 다양한 프로젝트로 구성되어 있습니다.

"흥겨운 장구 장단"에서는 AI 음성 인식을 통해 전통 장단을 학습하며 국악의 매력을 느낄 수 있고, "미술관 큐레이터"는 손 인식 기술을 활용해 미술 작품을 소개하며 예술 감상과 AI의 융합을 경험할 수 있습니다.

이 책은 단순히 따라 하기식 학습이 아닌, 순서도와 알고리즘을 활용해 문제 해결 과정을 시각화하고 체계적으로 이해할 수 있도록 설계되었습니다. 또한, "도전하기 과제"를 통해 학생들은 프로젝트를 확장하고 자신의 아이디어를 코딩으로 구현하는 창의적인 경험을 할 수 있습니다.

코딩은 여러분의 상상을 현실로 만드는 도구입니다. 이 책을 통해 여러분만의 창의적인 작품을 완성하고, AI와 함께 멋진 미래를 위한 아이디어를 펼쳐보세요!

지금, 여러분의 아이디어가 펼쳐질 차례입니다.

강희정

안녕하세요 독자 여러분

이 책은 교과 학습, 엔트리 블록코딩, 인공지능(AI)의 융합을 주제로, 미래를 준비하는 학생들이 쉽고 재미있게 학습할 수 있도록 설계되었습니다. AI와 코딩은 더 이상 선택이 아닌, 앞으로의 시대를 살아가는 데 필수적인 역량으로 자리 잡고 있습니다. 이 책이 교과 학습을 창의적이고 실질적인 코딩 경험과 연결하며, 학생들에게 흥미와 동기를 부여하는 완벽한 출발점이 되기를 바랍니다.

초등학생들을 가르치는 경험을 바탕으로 이 책을 집필하면서 교과 수업과 블록 코딩을 어떻게 연결할지 고민해왔습니다. 그래서 이 책이 학생들이 학문적 지식과 실생활 기술을 동시에 탐구할 수 있는 균형 잡힌 학습 자료가 되도록 노력했습니다.

예를 들어, 이 책에 포함된 작품들은 교과와 실생활 문제를 연결하여 흥미롭고 창의적인 학습을 제공합니다.

"좋은 말 나쁜 말" 작품을 통하여 국어 교과와 연결해 긍정적 언어 사용을 배우고, "마법 지팡이로 다각형 그리기"와 "즐거운 사각형 퀴즈 시간"은 수학적 사고와 문제 해결 능력을 키웁니다. 또한, "자랑스러운 우리 문화유산"과 "청개구리 구하기"를 통해 역사와 환경 보호의 중요성을 AI로 학습하며 교과 내용을 실질적으로 확장할 수 있습니다.

특히, 이번 책에서는 챗GPT를 활용해 코딩과 관련된 이야기를 만들어내고, 다양한 정보를 찾아내는 과정을 통해 풍부하고 생생한 콘텐츠를 담아냈습니다. 챗GPT와의 협업은 우리가 AI 기술을 이해하고 활용하는 방식을 새롭게 경험할 수 있는 흥미로운 기회였습니다. 이를 통해 독자 여러분도 AI와 친숙해지며, 자신의 상상력을 코딩으로 실현할 수 있는 영감을 얻게 되기를 기대합니다.

머리말

이 책이 여러분에게 교과와 코딩을 연결하는 즐거움을 선물하고, AI와 코딩의 무한한 가능성을 발견하며 스스로 도전하는 자신감을 키울 수 있는 계기가 되길 바랍니다. 지금 이 책과 함께 미래를 설계하는 멋진 여정을 시작해 보세요!

류경림

안녕하세요, 여러분!
여러분이 코딩이라는 멋진 도구를 통해 상상력을 마음껏 펼칠 수 있도록 이 책을 준비했어요. 혹시 머릿속에서 그려 본 생각들이 실제로 움직이는 모습을 상상해 본 적 있나요? 예를 들어, 로봇이 여러분의 지시에 따라 움직이거나, 화면 속 캐릭터가 버튼을 누를 때마다 점프하는 모습처럼요. 이런 신나는 일들을 가능하게 만드는 것이 바로 코딩과 인공지능이라는 특별한 기술이랍니다!

이 책에서는 엔트리 블록 코딩을 활용해 여러분이 인공지능(AI) 기술을 직접 체험하고, 다양한 프로젝트를 완성할 수 있도록 안내할 거예요. 단순히 코딩만 배우는 것이 아니라, 국어, 수학, 과학, 사회 등 교과에서 배우는 내용을 재미있는 코딩 프로젝트와 연결해 실제로 적용해 볼 수 있도록 구성했답니다.

코딩은 단순히 컴퓨터 기술을 배우는 것이 아니라, 여러분의 창의력과 아이디어를 자유롭게 표현할 수 있는 도구예요. 마치 블록을 하나씩 쌓아가며 멋진 건축물을 완성하는 것처럼, 코딩은 여러분만의 게임, 이야기, 앱 같은 창의적인 작품을 만드는 과정을 돕습니다.

이 책은 복잡한 코드 대신 처음 코딩을 배우는 여러분도 쉽게 따라 할 수 있도록 엔트리 블록코딩을 활용한 재미있고 쉬운 방법을 담았습니다. 또한, 인공지능 기술과 친숙해질 기회를 제공해 여러분의 상상이 코딩과 만나 놀라운 변화를 만들어내는 경험을 선사할 거예요.

이제 코딩과 인공지능이 만들어내는 흥미로운 세계로 떠날 준비가 되었나요? 여러분의 아이디어와 함께할 멋진 여정을 시작해 봅시다!

박은영

안녕하세요! 교과 연계 인공지능 블록 코딩의 세계로 여러분을 초대합니다.
이 책은 학생들이 코딩의 기본 원리와 AI 기술을 쉽고 재미있게 익히며, 교과 학습을 실생활 문제 해결과 연결할 수 있도록 설계되었습니다. 국어, 수학, 과학, 사회, 체육 등 다양한 교과와 연결된 작품들을 통해 학생들은 창의적 사고, 논리적 사고, 문제 해결 능력을 기를 수 있습니다.

책은 단계별로 구성되어 있어, 파트 2에서는 기본 블록과 AI 블록을 활용해 코딩의 기초를 다지고, 파트 3에서는 엔트리 AI 모델 학습 기능을 통해 데이터를 분석하고 처리하는 과정을 직접 체험합니다. 파트2와 3의 각 작품에는 순서도와 알고리즘을 포함해 문제를 체계적으로 설계하고 해결할 수 있도록 구성하였습니다.

파트 4와 5는 교과와 연결된 다양한 작품들을 통해 실생활 문제를 AI로 해결하는 경험을 제공합니다.
파트5에서는 "도전하기 과제"를 통해 학생들은 작품을 확장하거나 새로운 시도를 하며 자기주도적 학습과 창의적

머리말

응용을 경험할 수 있습니다. 특히 파트4와 5의 "〈ChatGPT와 함께하는 학습 이야기〉"는 AI와의 대화를 통해 새로운 아이디어를 발견하고 학습의 깊이를 더할 수 있도록 설계되었습니다. ChatGPT는 학생들에게 AI와 협력해 문제를 해결하는 경험을 제공하며, 미래를 준비하는 자신감을 키워줍니다.

이 책이 학생들에게 미래를 설계하는 즐거움과 가능성을 발견하는 시작점이 되길 바랍니다. 지금 이 책과 함께 코딩과 AI의 세계를 탐험해 보세요!

이정은

안녕하세요! 저는 수학을 전공하고 초등학생을 위한 창의적 코딩 교육에 열정을 가진 교육자입니다. 1994년부터 2000년까지 Apple Macintosh의 한국 사용자 교육을 담당하며 한글 매뉴얼과 교재를 집필했던 경험을 시작으로, 현재는 학교에서 알고리즘과 컴퓨팅 사고력을 주제로 한 수업을 진행하고 있습니다. 특히 단순한 컴퓨터 사용법을 넘어, 스스로 컴퓨터과학에 관심을 갖고 탐구하는 아이들의 모습에서 교육자로서 큰 보람을 느끼고 있습니다.

이 책은 교과 내용과 연계하여 실생활 속 다양한 주제를 코딩 프로젝트로 풀어낸 교재입니다. '발레 바른 자세', '지역 행사 안내', '기상캐스터봇 만들기', '칠교놀이 조각 도형의 넓이 구하기', '동요로 발음 연습', '바다거북과 해양 환경' 등 친근하면서도 실용적인 프로젝트를 통해, 아이들이 자연스럽게 알고리즘 사고와 문제 해결 방법을 익힐 수 있도록 구성했습니다.

수학 전공자로서의 체계적인 사고와 오랜 교육 경험을 바탕으로, 초보 학습자도 쉽게 이해할 수 있도록 알고리즘과 순서도, 단계별 코딩 로드맵을 체계적으로 기획해 넣었습니다. 이 책을 통해 더 많은 아이들이 코딩의 즐거움을 발견하고, 컴퓨터과학의 기본 원리를 이해하며, 미래를 준비하는 데 자신감을 갖게 되기를 바랍니다.

이현희

이 책은 초등학생 여러분이 엔트리 블록코딩을 통해 인공지능의 기본 개념을 재미있고 쉽게 배울 수 있도록 만들어졌습니다. '코딩'이라는 말이 낯설게 느껴질 수도 있지만, 걱정하지 않아도 괜찮습니다. 이 책은 엔트리 블록을 하나씩 쌓아가며 자연스럽게 코딩을 익히고, 더 나아가 인공지능의 원리와 활용 방법까지 배우도록 구성되어 있습니다.

블록코딩 과정을 통해 논리적으로 생각하는 힘을 키울 수 있고, 창의적인 아이디어를 구현하는 기쁨을 느낄 수 있습니다. 또한, 이 책에서는 국어, 수학, 과학, 사회 등 교과와 연계된 다양한 활동을 통해 교과 지식을 확장하고, 실생활 속 인공지능 기술의 역할을 경험할 수 있습니다.

책을 읽으면서 스스로 코딩하고, 직접 프로그램을 만들어 보세요.

여러분이 이 책을 통해 블록코딩과 인공지능을 즐겁게 배우고, 세상을 바라보는 새로운 시각을 얻을 수 있기를 진심으로 바랍니다. 그 여정 속에서 느낄 성취감과 기쁨이 여러분의 마음속에 오래도록 남길 응원합니다.

그럼, 함께 블록을 쌓아가며 멋진 코딩의 세계로 떠나볼까요?

이은정

추천사

관악여성인력개발센터에서 코딩콘텐츠기획과정 수료 후 열정적으로 동아리 활동을 해오신 여러분들의 노력이 이렇게 알차고 훌륭한 학습교재라는 결실로 출판되어 너무 감동적입니다. 이 학습교재는 단순한 학습도구를 넘어, 초등학생 아이들이 미래에 창의적 인재로 커가기 위한 출발점이 될 것이라 생각됩니다.

앞으로도 서로의 아이디어를 나누고, 협력하며 더 많은 성과를 이루어 나가시길 바라며, 항상 관악여성인력개발센터도 여러분의 도전과 열정에 많은 지지와 응원을 함께 하겠습니다.

관악여성인력개발센터 관장 이은혜

초등학교에서도 인공지능 교육에 관한 관심과 요구가 높아지고 있다. 실과수업 뿐만 아니라 각 교과수업에서도 인공지능을 적용한 수업에 대한 연구와 기대가 활발하다. 이 교재는 그림을 이용하여 학생들에게 쉽고 친숙하게 접근하는 인공지능 안내서가 될 것이다.

엔트리 코딩 알고리즘과 순서도 제시를 통해 직관적이고 절차적인 컴퓨팅 사고력을 기르는 데 도움이 된다. 각 작품 주제와 관련된 chatGPT를 활용한 다양한 질문 예시들을 통해 여러 교과 수업에 chatGPT 적용 아이디어들을 엿볼 수 있다.

경인교육대학교 졸업, 초등학교 교사 박주현

이 책은 엔트리 블록 코딩을 통해 인공지능 학습방법을 익히고, 코딩으로 구현하는 즐거운 학습 여행입니다. 기본적인 코딩을 넘어서 수학, 과학, 역사, 미술, 음악, 언어 교과와 연계하여 일상의 다양한 문제에 코딩을 접목하고 문제해결 방법을 학습합니다. 예를 들면, 환경보존, 진로 탐색, 역사탐방, 안전 문제, 건강 문제 등 교과서에 나오는 내용을 chatGPT와 함께 알아보고 순서도에 따라 적용해봅니다. 학생은 책을 보며 스스로 학습할 수 있고, 선생님들은 각 교과 수업에 적용하기에 편하게 만들어졌습니다.

chatGPT를 통해 질문하고 답을 얻어 그 결과를 적용하여 AI가 일상생활과 교실교육을 더 풍성하게 변화하기를 바랍니다.

전 경민대 겸임교수 박준원

독자 지원 센터

[책 소스 다운로드 / 정오표 / Q&A / 긴급 공지]

이 책의 실습에 필요한 책 소스 파일 다운로드, 정오표, Q&A 방법, 긴급 공지 사항 같은 안내 사항은 PC 기준으로 안내 드리면 앤써북 공식 카페의 [종합 자료실]에서 [도서별 전용 게시판]을 이용하시면 됩니다.

앤써북 네이버 카페에서 [종합 자료실] 아이콘(❶)을 클릭한 후 종합자료실 게시글에 설명된 표에서 214번 목록 우측 도서별 전용 게시판 링크 주소(❷)를 클릭하거나 아래 QR 코드로 바로가기 합니다. 도서 전용 게시판에서 설명하는 절차로 책소스 파일 다운로드, 정오표, 필독사항 등을 안내 받을 수 있습니다.

➡ 앤써북 공식 네이버 카페 종합자료실
https://cafe.naver.com/answerbook/5858

➡ 도서 전용게시판 바로가기
https://cafe.naver.com/answerbook/7622

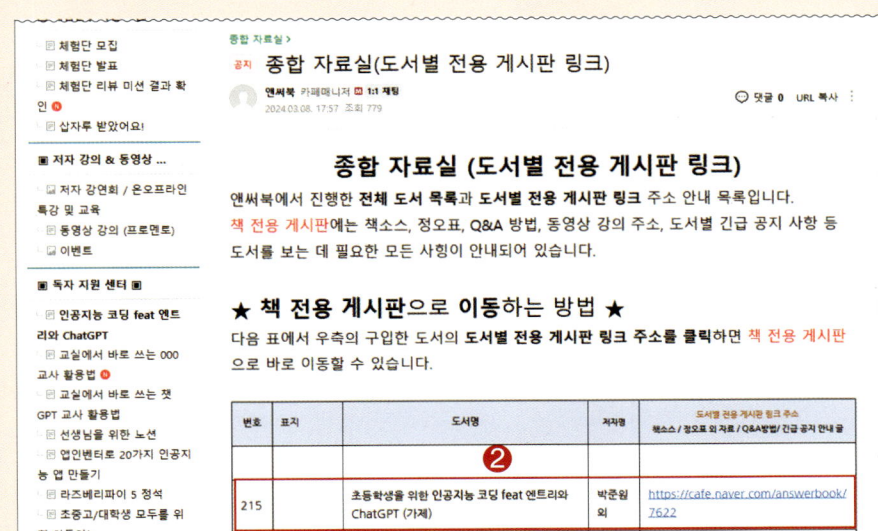

독자 지원 센터

[앤써북 공식 체험단]

앤써북에서 출간되는 도서와 키트 등 신간 책을 비롯하여 연관 상품을 체험해 볼 수 있습니다. 체험단은 수시로 모집하기 때문에 앤써북 카페 공식 체험단 게시판에 접속한 후 "즐겨찾기" 버튼(❶)을 눌러 [채널 구독하기] 버튼(❷)을 눌러 즐겨찾기 설정해 놓거나, 새글 구독을 우측으로 드래그하여 ON으로 설정해 놓으면 새로운 체험단 모집 글(❸)을 메일로 자동 받아보실 수 있습니다.

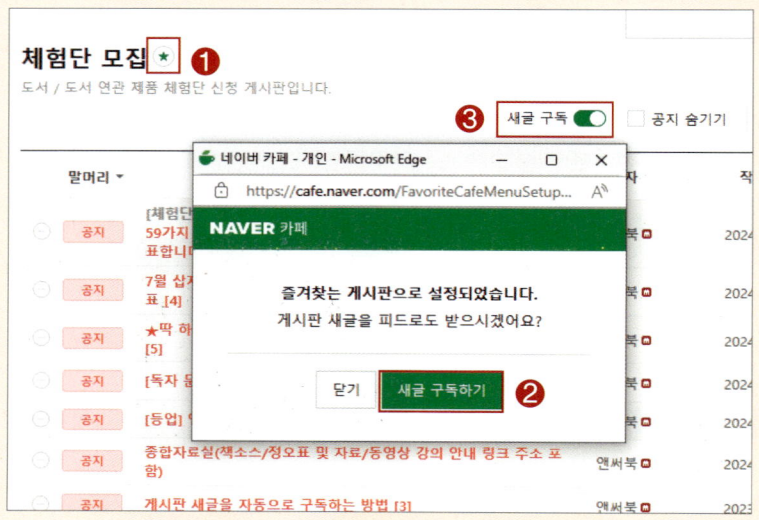

▶ 앤써북 카페 공식 체험단 게시판
https://cafe.naver.com/answerbook/menu/150

▲ 체험단 바로가기 QR코드

[저자 강의 안내]

앤써북에서 출간된 책 관련 주제의 온·오프라인 강의는 특강, 유료 강의 형태로 진행됩니다. 강의 관련해서는 아래 게시판을 통해서 확인해주세요. "앤써북 저자 강의 안내 게시판"을 통해서 앤써북 저자들이 진행하는 다양한 온·오프라인 강의를 확인할 수 있습니다.

▶ 앤써북 강의 안내 게시판
https://cafe.naver.com/answerbook/menu/144

▲ 저자 강의 안내 게시판 바로가기 QR코드

이 책의 작품 미리보기

작품 1 날아라 열기구

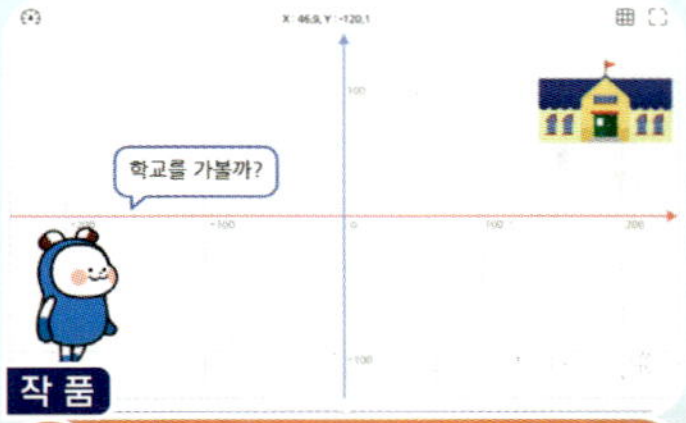

작품 2 학교 가는 길

작품 3 외계인과의 대화

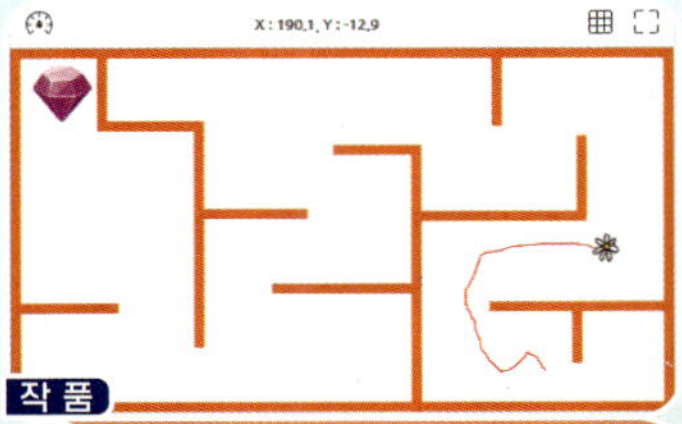

작품 4 미로따라 그리기

작품 5 스마트 전구

작품 6 성우꼬마 로봇

작품 7 한영, 영한 선생님

작품 8 우리집 출입 시스템

작품 9 척척 건강 요리사

작품 10 도서 추천

작품 11 응답하라, 긴급출동

작품 12 좋은말 나쁜말

작품 13 음성으로 감정인식

작품 14 강아지 초코의 모험

작품 15 다국어 번역 로봇

이 책의 작품 미리보기

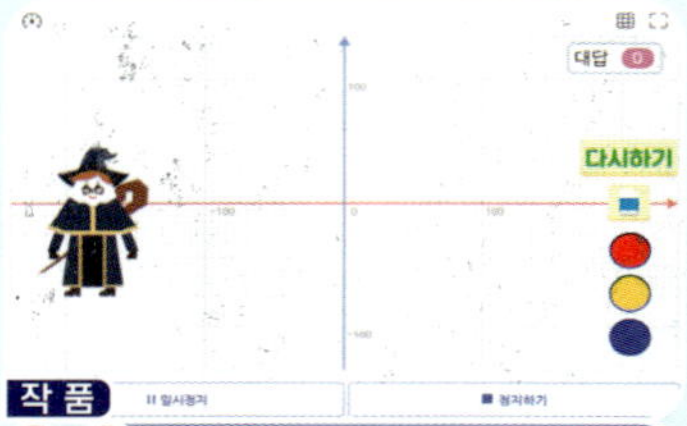

작품 16 마법 지팡이로 다각형 그리기 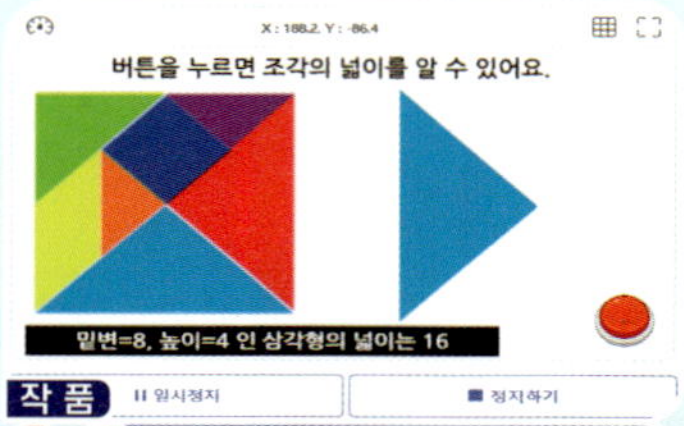
작품 17 칠교놀이 조각 도형의 넓이 구하기 
작품 18 즐거운 사각형 퀴즈 시간 
작품 19 토마토가 자라나요 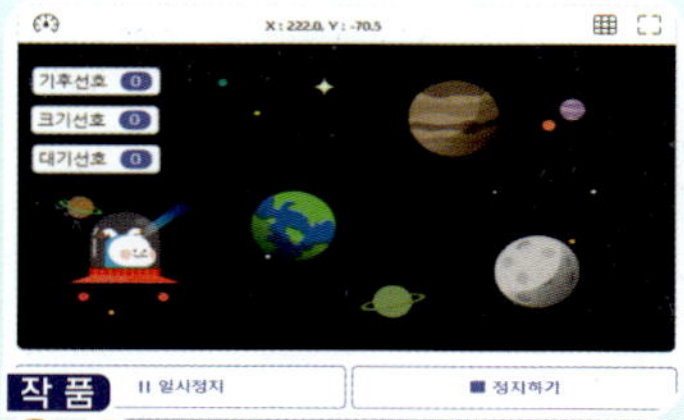
작품 20 나에게 맞는 행성은? 
작품 21 미래노인인구 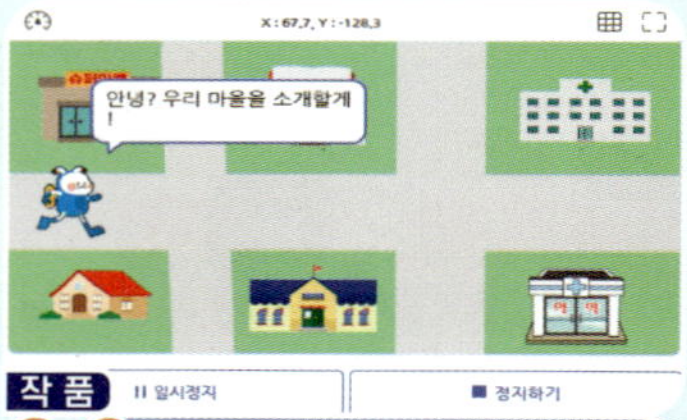
작품 22 마을지도 소개 
작품 23 자랑스러운 우리 문화유산 
작품 24 지역 행사 안내 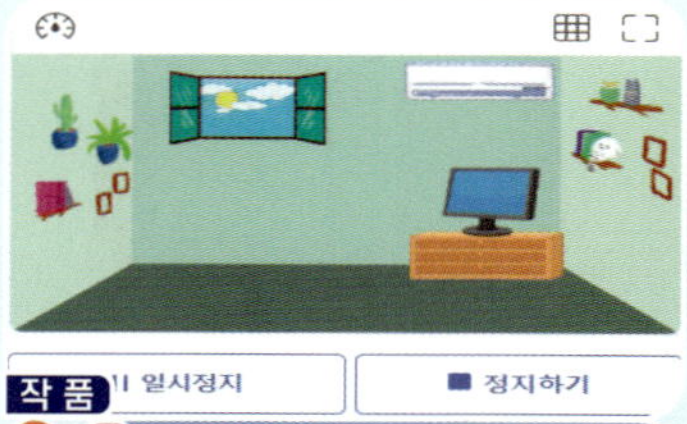
작품 25 스마트 홈 
작품 26 청개구리 구하기 
작품 27 흥겨운 장구 장단 
작품 28 분리수거 도우미봇 
작품 29 불이 났어요

이 책의 작품 미리보기

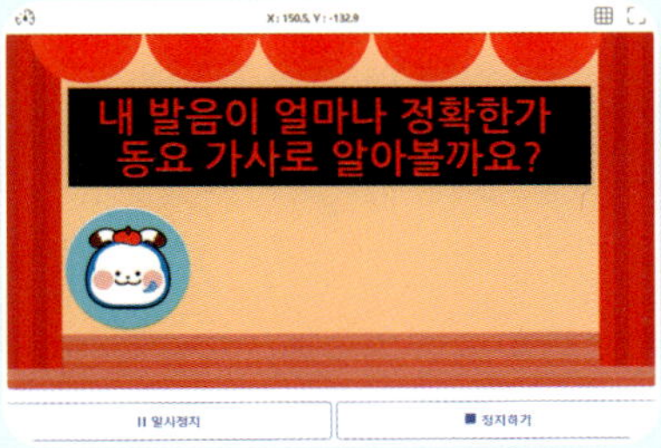

작품 30·31 동요로 발음 연습

작품 32·33 바다거북과 해양환경

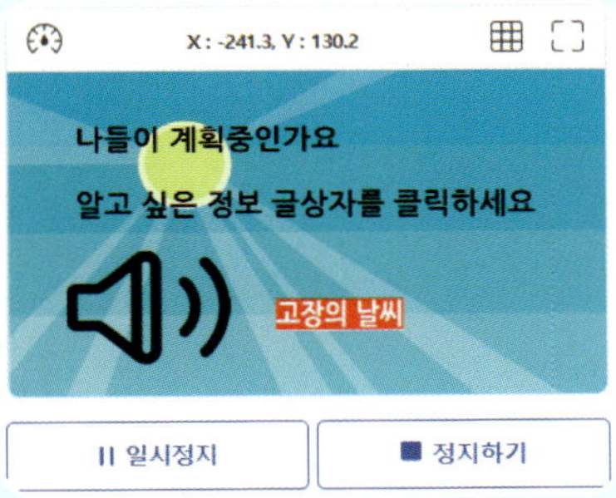

작품 34·35 일기예보 기상캐스터

작품 36·37 미술관 큐레이터

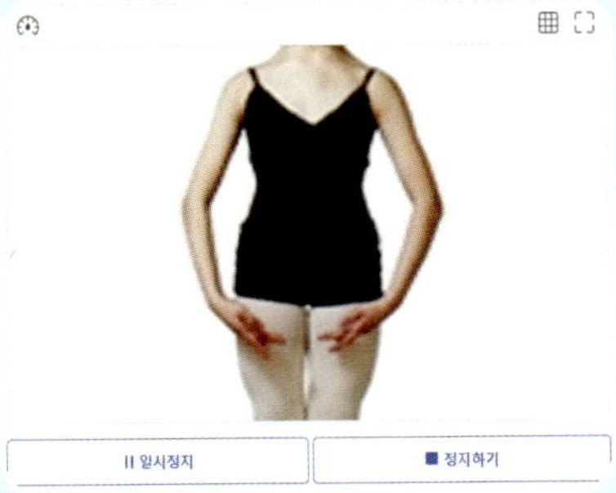

작품 38·39 발레 바른자세

작품 40·41 얼굴을 가려주세요

목 차

나래와 코드리노 소개 ·· 020

PART 1
엔트리와 인공지능, 챗GPT 소개

1 인공지능 이해하기 ·· 024

인공지능이란? • 024
인공지능은 어디에 사용할까? • 025
인공지능은 어떻게 만들까? • 025
인공지능은 어떻게 학습할까? • 026
여러 사람의 노력으로 빛을 본 인공지능 • 026

2 ChatGPT 이해하기 ·· 028

ChatGPT 소개 • 028
ChatGPT 효율적으로 사용하는 방법 • 029
ChatGPT에 적용된 인공지능 기술 • 031

3 엔트리 이해하기 ·· 032

엔트리란? • 032
엔트리 접속하고 회원 가입하기 • 032

목 차

PART 2

엔트리 기본 블록과 인공지능 블록 알아보기

엔트리 블록 알아보기 ······ 036
- 엔트리 기본 블록 알아보기 • 036
- 엔트리 인공지능 활용 블록 • 041

작품 1 날아라 열기구 ······ 046
- 완성 작품 미리보기 • 046   작품 만들기 • 047

작품 2 학교 가는 길 ······ 051
- 완성 작품 미리보기 • 051   작품 만들기 • 052

작품 3 외계인과의 대화 ······ 057
- 완성 작품 미리보기 • 057   작품 만들기 • 058

작품 4 미로따라그리기 ······ 062
- 완성 작품 미리보기 • 062   작품 만들기 • 063

작품 5 스마트 전구 ······ 067
- 완성 작품 미리보기 • 067   작품 만들기 • 068

작품 6 성우 꼬마 로봇 ······ 072
- 완성 작품 미리보기 • 072   작품 만들기 • 073

목 차

작품 7 한영, 영한 선생님 ··· 076
　　　완성 작품 미리보기 • 076　　작품 만들기 • 077

작품 8 우리집 출입 시스템 ··· 081
　　　완성 작품 미리보기 • 081　　작품 만들기 • 082

PART 3

인공지능 모델 학습하기 기초

인공지능 모델 학습하기 첫걸음 ·· 086

작품 9 척척 건강 요리사 ··· 087
　　　완성 작품 미리보기 • 087　　작품 만들기 • 088

작품 10 도서 추천 ··· 091
　　　완성 작품 미리보기 • 091　　작품 만들기 • 092

작품 11 응답하라, 긴급출동 ··· 095
　　　완성 작품 미리보기 • 095　　작품 만들기 • 096

목 차

PART 4

ChatGPT와 함께하는 교과연계 인공지능 모델 학습하기

작품 12 좋은 말 나쁜 말 ········· 104
  완성 작품 미리보기 • 104
  ChatGPT와 함께하는 학습 이야기 • 105
  작품 만들기 • 106

작품 13 음성으로 감정인식 ········· 112
  완성 작품 미리보기 • 112
  ChatGPT와 함께하는 학습 이야기 • 113
  작품 만들기 • 114

작품 14 강아지 초코의 모험 ········· 120
  완성 작품 미리보기 • 120
  ChatGPT와 함께하는 학습 이야기 • 121
  작품 만들기 • 122

작품 15 다국어 번역 로봇 ········· 131
  완성 작품 미리보기 • 131
  ChatGPT와 함께하는 학습 이야기 • 132
  작품 만들기 • 133

작품 16 마법 지팡이로 다각형 그리기 ········· 138
  완성 작품 미리보기 • 138
  ChatGPT와 함께하는 학습 이야기 • 139
  작품 만들기 • 140

목 차

작품 17 칠교놀이 조각 도형의 넓이 구하기 147
- 완성 작품 미리보기 • 147
- ChatGPT와 함께하는 학습 이야기 • 148
- 작품 만들기 • 149

작품 18 즐거운 사각형 퀴즈 시간 157
- 완성 작품 미리보기 • 157
- ChatGPT와 함께하는 학습 이야기 • 158
- 작품 만들기 • 159

작품 19 토마토가 자라나요 165
- 완성 작품 미리보기 • 165
- ChatGPT와 함께하는 학습 이야기 • 166
- 작품 만들기 • 167

작품 20 나에게 맞는 행성은? 171
- 완성 작품 미리보기 • 171
- ChatGPT와 함께하는 학습 이야기 • 172
- 작품 만들기 • 173

작품 21 미래노인인구 176
- 완성 작품 미리보기 • 176
- ChatGPT와 함께하는 학습 이야기 • 177
- 작품 만들기 • 178

작품 22 마을지도 소개 183
- 완성 작품 미리보기 • 183
- ChatGPT와 함께하는 학습 이야기 • 184
- 작품 만들기 • 185

작품 23 자랑스러운 우리 문화유산 189
- 완성 작품 미리보기 • 189

목 차

ChatGPT와 함께하는 학습 이야기 • 190
작품 만들기 • 191

작품 24 지역 행사 안내 ······ 200
완성 작품 미리보기 • 200
ChatGPT와 함께하는 학습 이야기 • 201
작품 만들기 • 202

작품 25 스마트 홈 ······ 213
완성 작품 미리보기 • 213
ChatGPT와 함께하는 학습 이야기 • 214
작품 만들기 • 215

작품 26 청개구리 구하기 ······ 219
완성 작품 미리보기 • 219
ChatGPT와 함께하는 학습 이야기 • 220
작품 만들기 • 221

작품 27 흥겨운 장구 장단 ······ 226
완성 작품 미리보기 • 226
ChatGPT와 함께하는 학습 이야기 • 227
작품 만들기 • 228

작품 28 분리수거 도우미봇 ······ 235
완성 작품 미리보기 • 235
ChatGPT와 함께하는 학습 이야기 • 236
작품 만들기 • 237

작품 29 불이 났어요 ······ 241
완성 작품 미리보기 • 241
ChatGPT와 함께하는 학습 이야기 • 242
작품 만들기 • 243

목 차

PART 5

ChatGPT와 함께하는 교과연계 인공지능 모델 학습 도전하기

작품 30 동요로 발음 연습 ··· 250

　완성 작품 미리보기 • 250
　ChatGPT와 함께하는 학습 이야기 • 251
　작품 만들기 • 252

작품 31 동요로 발음 연습 도전하기 ······································· 257

작품 32 바다거북과 해양환경 ··· 258

　완성 작품 미리보기 • 258
　ChatGPT와 함께하는 학습 이야기 • 259
　작품 만들기 • 260

작품 33 바다거북과 해양환경 도전하기 ································· 264

목 차

작품 34 일기예보 기상캐스터 ~~~~~~~~~~~~~~~~~~~~~~~~~~~~ 265
　　완성 작품 미리보기 • 265
　　ChatGPT와 함께하는 학습 이야기 • 266
　　작품 만들기 • 267

작품 35 일기예보 기상캐스터 도전하기 ~~~~~~~~~~~~~~~~~~~ 275

작품 36 미술관 큐레이터 ~~~~~~~~~~~~~~~~~~~~~~~~~~~~~~~ 276
　　완성 작품 미리보기 • 276
　　ChatGPT와 함께하는 학습 이야기 • 277
　　작품 만들기 • 278

작품 37 미술관 큐레이터 도전하기 ~~~~~~~~~~~~~~~~~~~~~~~ 281

작품 38 발레 바른자세 ~~~~~~~~~~~~~~~~~~~~~~~~~~~~~~~~~ 282
　　완성 작품 미리보기 • 282
　　ChatGPT와 함께하는 학습 이야기 • 283
　　작품 만들기 • 284

작품 39 발레 바른자세 도전하기 ~~~~~~~~~~~~~~~~~~~~~~~~~ 288

작품 40 얼굴을 가려주세요 ~~~~~~~~~~~~~~~~~~~~~~~~~~~~~~ 289
　　완성 작품 미리보기 • 289
　　ChatGPT와 함께하는 학습 이야기 • 290
　　작품 만들기 • 291

작품 41 얼굴을 가려주세요 도전하기 ~~~~~~~~~~~~~~~~~~~~ 295

나래와 코드리노 소개

안녕, 친구들! 우리는 엔트리 마을에 사는 나래예요. 우리의 이름은 우리의 역할과 같아요. 엔트리로 코딩하려면 우리의 도움이 필요하답니다.

내 이름은 시작이에요. 이제 친구들을 소개해 줄게요.
흐름, 움직임, 생김새, 붓, 소리, 판단, 계산, 자료, 함수, 데이터분석, 인공지능, 확장이라는 친구들이 함께 모여 엔트리 마을을 이루고 있어요. 우리와 함께라면 코딩은 어렵지 않아요.

우리와 함께 할 특별한 세 친구 코드리노를 소개합니다!
이 귀엽고 똑똑한 코뿔소 로봇은 각자 다른 색깔과 역할을 맡고 있답니다.

 코드리노 연두

안녕, 여러분! 저는 코드리노 연두예요. 인공지능의 개념과 함께 인공지능은 어떻게 학습시키는지 알려드릴게요. 그리고 생성형 AI의 대명사인 ChatGPT의 기능과 주의 사항도 함께 알려드릴 거예요. 연두와 함께라면 인공지능 어렵지 않아요!

 코드리노 하늘

안녕하세요, 여러분! 저는 코드리노 하늘이에요. 제 역할은 여러분에게 '엔트리'를 더 잘 사용할 수 있도록 해 주는 거예요. 엔트리를 사용할 때 도움이 되는 다양한 정보를 알려주고 있어요. 그러면 저와 함께 엔트리의 세계로 모험을 떠나볼까요?

 코드리노 핑크

안녕, 친구들! 저는 코드리노 핑크예요. 인공지능 블록을 사용해 여러분의 학교 공부와 관련된 멋진 프로그램을 만들어 볼 거예요. 직접 만들어 보면서 배우는 게 제일 재밌잖아요, 그렇죠? 그뿐만 아니라 유익한 정보도 제공해 드릴 거예요.
자, 우리 모두 함께 신나는 코딩 여행을 떠나볼까요?

PART

엔트리와 인공지능, 챗GPT 소개

1. 인공지능 이해하기

2. ChatGPT 이해하기

3. 엔트리 이해하기

 인공지능 이해하기

 인공지능이란?

인공지능(AI)이란 computer나 기계가 사람처럼 생각하고 학습할 수 있게 만든 기술입니다. 이 기술을 이용해서 computer는 여러 가지 정보를 분석하고, 스스로 문제를 해결하거나 결정을 내릴 수 있습니다. 예를 들면, 인공지능은 사진 속에서 사람의 얼굴을 알아보거나, 음성을 듣고 말한 내용을 이해할 수도 있습니다. 우리가 배우는 블록 코딩은 인공지능 프로그램을 이해하고 다루는 훌륭한 도구입니다. 코딩을 통해 computer에 명령을 주면, computer가 스스로 학습하면서 여러분이 원하는 방식으로 똑똑하게 행동하게 할 수 있습니다.

인공지능은 어디에 사용할까?

의료	인공지능(AI)은 환자의 진료 기록, X-레이, MRI와 같은 의료 이미지를 분석하여 의사가 아픈 부위를 빨리 찾아내고 정확하게 치료할 수 있도록 도와줍니다. 또한, 인공지능은 암과 같은 복잡한 질병을 조기에 발견하는 데도 사용됩니다.
교육	인공지능 시스템이 학생들의 이전 성적이나 학습 행동을 분석하여 각 학생에게 가장 적합한 문제나 학습 자료를 제공합니다. 이를 통해 학생들은 자신의 학습 속도와 스타일에 맞춰 더 효과적으로 배울 수 있습니다.
자동차	자율 주행 차량은 카메라와 센서를 통해 주변 환경을 인식하고, 그 정보를 바탕으로 스스로 경로를 계획하고 주행합니다. 이 기술은 안전하게 목적지에 도착하도록 도울 뿐만 아니라, 교통 체증도 줄일 수 있습니다.
음악	인공지능(AI)은 다양한 음악 데이터를 학습하여 새로운 곡을 작곡하거나, 사용자의 취향에 맞는 음악을 추천해 줄 수 있습니다. 이를 통해 더 많은 사람이 자신이 좋아하는 음악을 쉽게 찾을 수 있습니다.
게임	게임을 더 재미있고 도전적으로 만들 수 있습니다. 게임 속 인공지능 캐릭터는 플레이어의 행동을 학습하고, 그에 맞춰 스스로 전략을 세우거나 반응할 수 있습니다. 이렇게 되면 게임이 더 다양하고 예측 불가능한 경험을 제공하게 됩니다.

인공지능은 어떻게 만들까?

인공지능(AI)을 만들 때는 마치 사람이 새로운 것을 배우듯이 computer에게도 학습 과정이 필요합니다. 머신러닝은 인공지능의 한 분야로, computer에게 많은 데이터를 제공하여 스스로 학습하도록 하는 기술입니다. 머신러닝을 사용하면 computer는 주어진 데이터에서 패턴을 찾아내고, 그 패턴을 바탕으로 새로운 데이터에 대해 예측하거나 결정을 내릴 수 있습니다. 딥러닝은 머신러닝의 한 방법으로, 인간의 뇌가 정보를 처리하는 방식을 모방한 '신경망'이라는 구조를 사용합니다. 신경망은 여러 층(layer)으로 이루어져 있으며, 각 층은 데이터에서 특징을 추출하는 역할을 합니다. 딥러닝은 특히 이미지나 음성처럼 복잡한 데이터를 처리하는 데 강점을 가지고 있습니다.

인공지능은 어떻게 학습할까?

지도학습	정답(레이블)을 미리 알려주고 computer가 학습하도록 하는 방법입니다. 예를 들어, 고양이와 강아지 사진을 보여주며 "이건 고양이야", "이건 강아지야"라고 알려준 후, computer가 다음에 스스로 구분할 수 있도록 훈련합니다.
비지도 학습	정답(레이블)을 알려주지 않고, computer가 스스로 데이터를 그룹으로 나누며(군집화) 학습하는 방식입니다. 예를 들어, 여러 동물 사진을 보여주면 computer는 고양이와 강아지를 구분하지 않고 비슷한 모습끼리 자동으로 묶습니다.
강화학습	보상과 벌을 통해 computer가 점점 더 나아지는 방식입니다. 예를 들어, 게임 속 캐릭터가 미션을 성공하면 보상을 받고, 실패하면 벌을 받아 다음에는 더 잘하도록 학습합니다.

◆ 지도학습

◆ 비지도 학습

◆ 강화학습

여러 사람의 노력으로 빛을 본 인공지능

과학자/사례	주요 업적 및 설명
매컬러와 피츠	인공 신경망 연구
앨런 튜링	영국의 수학자, 논리학자, 암호학자 현대 computer 과학의 아버지 생각하는 기계 현대 인공지능 이론의 기초가 된 튜링 테스트
존 매카시	AI 연구의 선구자 1956년 다트머스 회의에서 인공지능 용어 사용
제프리 힌튼	머신러닝과 딥러닝의 발전에 이바지한 과학자 인공 신경망 연구 2024년 노벨물리학상 수상
알파고 vs 이세돌	2016년 바둑 대결

튜링 테스트

computer가 사람처럼 생각할 수 있는지를 확인하는 실험이에요. 사람이 computer와 대화를 나누면서, 그 상대가 사람인지 computer인지를 구분하지 못하면 computer는 생각할 수 있다고 판단해요.

기본 규칙	주요 업적 및 설명
• 세 참가자: 판단자 : 질문자C(판단자), 응답자B(인간), 응답자A(computer) • 질문자는 인간과 computer를 구분할 수 없는 상태에서 대화를 진행 • 대화는 텍스트로만 이루어짐 (음성이나 시각적 요소 배제) • 일정 시간(보통 5분) 동안 대화 진행 • 질문자가 어느 쪽이 computer인지 구분하지 못하면 computer가 테스트 통과	

인공지능 연구와 노벨상

2024 노벨 물리학상은 인공지능(AI) 분야의 선구자인 제프리 힌튼과 존 홉필드에게 수여되었어요.

AI 기술인 인공 신경망 개념은 물리학 연구에서 시작되었어요. 제프리 힌튼은 역전파 알고리즘과 합성곱 신경망 등 현대 AI 기술의 근간이 되는 알고리즘을 개발했고, 홉필드는 '홉필드 네트워크'를 개발하여 인간의 기억 작동 방식을 모방한 계산 시스템을 구현했어요.

노벨위원회는 이들의 연구가 현재의 강력한 머신러닝 방법론의 기초를 마련했다고 평가했어요.

2024 노벨화학상은 데이비드 베이커의 '로제타' 소프트웨어와 데미스 하사비스와 존 점퍼의 '알파폴드' AI 시스템 연구에 수여됐어요. 이는 AI 기술이 생명과학 분야에 미친 혁신적인 영향을 인정한 결과로, 인공지능과 화학, 생물학의 융합 연구의 중요성을 보여주는 사례라고 할 수 있어요.

ChatGPT 이해하기

 **ChatGPT 소개**

(1) ChatGPT는 무엇일까?

ChatGPT는 OpenAI에서 개발한 인공지능 챗봇으로, 사용자의 질문에 대해 자연스럽게 대화를 이어가며 정보를 제공합니다. 다양한 주제에 대해 답변할 수 있으며, 일상적인 질문부터 복잡한 문제까지 폭넓게 활용할 수 있습니다.

(2) ChatGPT는 어떻게 사용할까?

❶ 정보 제공: 궁금한 내용을 쉽게 찾아볼 수 있도록 도와줍니다.
- "코딩은 무엇인가요?"라고 물으면 ChatGPT가 코딩에 대한 정보를 알려줍니다.

❷ 학습 지원: 학습 자료를 찾거나 아이디어를 얻을 수 있습니다.
- 어떤 게임을 만들지 고민할 때 ChatGPT에게 물어보면 "동물 퀴즈 게임을 만들어 볼까요?"라고 제안해 주기도 합니다.

❸ 번역 지원: 여러 언어를 지원하므로 외국어 학습이나 번역 작업에 활용할 수 있습니다.
- 영어로 적힌 글의 내용을 알고 싶을 때 ChatGPT에게 번역을 부탁할 수 있습니다.

❹ 코딩 도움: 프로그램을 배우는 학생들에게 실시간으로 코드 관련 질문에 답변할 수 있습니다.
- ChatGPT에게 "엔트리로 블록깨기 게임을 만들고 싶어. 어떤 순서로 만들어야 할까?"라고 물어보면 코딩 작성하는 방법을 알려줍니다.

ChatGPT 효율적으로 사용하는 방법

(1) 구체적으로 질문하기

질문할 때 정확한 문제 상황을 전달하면 더 좋은 답을 받을 수 있습니다.

"문장 부호 사용법이 헷갈려요"보다는 "대화체에 쉼표를 언제 쓰는지 궁금해요"라고 물어봅니다.

"반복문이 멈춰요" 대신 "for 문이 조건을 다 돌지 않고 멈추는 이유가 궁금해요."라고 질문합니다.

(2) 이해가 어려울 땐 연속 질문하기

ChatGPT의 답이 잘 이해되지 않으면, 다른 방식으로 설명해 달라고 요청합니다.

"좀 더 쉽게 설명해 줄래요?" 또는 "어려워요. 다시 설명해 줄 수 있을까요?"

"변수와 리스트의 차이점을 더 쉽게 말해줄래요?"라고 물어보면 더 이해하기 쉬운 답을 받을 수 있습니다.

(3) 예시를 요청해서 질문하기

이론만으로 이해가 어려울 때 예시를 보여 달라고 요청합니다.

"고구려의 삼국 통일 과정을 연표로 보여줄래?"

"함수라는 게 뭐야? 간단한 예를 보여줄래?"

(4) 명확한 목적 설정하여 질문하기

'왜 이 질문을 하는지' 목적을 알려주면 ChatGPT가 필요한 정보를 정확히 찾아 알려줍니다.

"과학 프로젝트를 위해 화산 폭발에 대해 자세히 알고 싶어요."

"엔트리로 간단한 계산기를 만들고 싶어요. 숫자 버튼을 눌렀을 때 숫자가 화면에 나타나도록 하는 방법은 무엇인가요?"

(5) 받은 답은 항상 다시 확인하기

ChatGPT가 완벽하지 않을 수 있으니 다른 자료와 비교하거나 선생님과 함께 검토하는 것이 좋습니다.

"과학 실험의 결과는 ChatGPT에서 찾았지만, 교과서와 비교해 볼래요."

ChatGPT가 준 코드를 직접 실행해 보고, 오류가 나면 원인을 다시 확인해 봅니다.

꼭 확인하세요!

ChatGPT의 창 아래쪽에서 다음의 문구를 확인하세요.

> ChatGPT는 실수를 할 수 있습니다. 중요한 정보를 확인하세요.

ChatGPT에 적용된 인공지능 기술

(1) LLM(Large Language Models) 모델

LLM(대규모 언어 모델) 모델은 computer가 사람처럼 말할 수 있게 도와주는 도구입니다. computer는 스스로 생각하지 못하니깐 우리가 많은 책, 기사, 웹사이트의 글을 읽게 해서, 말하는 법을 배우는 인공지능입니다. 그렇게 많은 글을 읽은 computer는 우리가 질문하면 내용을 이해하고 마치 친구처럼 대답해 줄 수 있습니다. 예를 들어, "오늘 날씨가….."라고 말하면 "어때?"라고 이어질 것을 예측해 답을 준비합니다. 이런 LLM 모델은 국어, 영어, 코딩 등 다양한 과목 공부에 도움을 줄 수 있습니다. 하지만 답이 틀린 때도 있으니 여러 가지 방법을 스스로 생각하며 활용하는 습관이 필요합니다.

(2) 트랜스포머 모델

트랜스포머 모델은 AI가 사람들의 말을 더 잘 이해하도록 돕는 방법입니다. 예를 들어, 반 친구들과 조별 활동을 할 때, 한 친구가 자료를 조사하고, 다른 친구가 발표를 준비하는 식으로 협력하는 것과 비슷합니다. 모든 친구가 자신의 역할을 잘하면 조별 활동이 성공적으로 진행되듯, 트랜스포머 모델도 우리의 말을 듣고 빠르게 적절한 대답을 찾아냅니다.

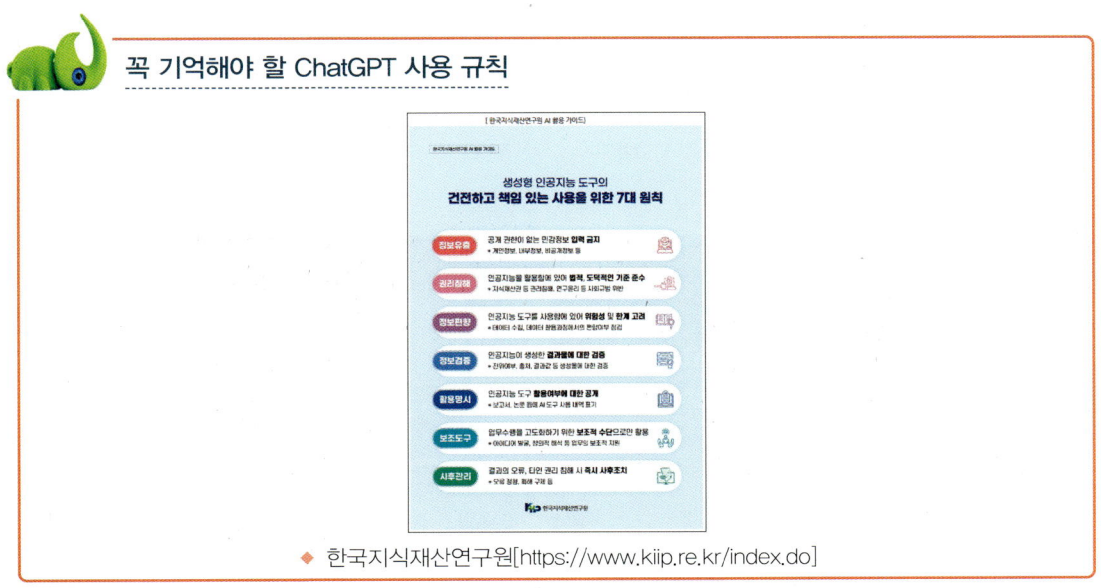

◆ 한국지식재산연구원[https://www.kiip.re.kr/index.do]

알아두기 ChatGPT 가입 절차와 고급 기능의 설명은 "파트 1. 엔트리 화면 둘러보기" PDF와 "파트1_부록.ChatGPT" PDF 파일을 참조합니다. PDF 파일 다운로드는 이 책의 7~8쪽 독자지원센터를 참조합니다.

3 엔트리 이해하기

엔트리란?

처음 프로그래밍을 접하는 누구나 쉽게 시작할 수 있는 소프트웨어 교육 플랫폼입니다. 엔트리에서는 블록을 조립하는 방식으로 코딩을 학습할 수 있으며, 게임, 애니메이션, 응용프로그램 등을 만들고 다른 사람과 공유할 수 있습니다.

엔트리 접속하고 회원 가입하기

엔트리는 인터넷상에서 이용하는 엔트리 온라인과 내 computer에 다운로드하여 인터넷 연결 없이 사용할 수 있는 엔트리 오프라인 두 가지 종류가 있습니다. 인공지능 블록은 인터넷이 연결되어 있어야 사용할 수 있으므로, 엔트리 온라인 사용을 권장합니다.

(1) 엔트리 온라인 접속하기

https://playentry.org에 접속합니다.

엔트리의 모델 학습 기능은 크롬 브라우저에서 사용을 권장합니다. 다른 브라우저에서는 동작하지 않거나, 속도가 크게 저하될 수 있습니다.

(2) 엔트리 회원가입

엔트리는 회원가입을 하지 않아도 무료로 이용할 수 있지만, 작품을 저장하고 내가 만든 작품을 공유하기 위해서는 회원가입이 필요합니다.

> **알아두기** 엔트리 회원 가입 절차와 메뉴 설명은 "파트1_부록. 엔트리 접속 회원가입 및 메뉴사용설명" PDF 파일을 참조합니다. PDF 파일 다운로드는 이 책의 7~8쪽 독자지원센터를 참조합니다.

PART

엔트리 기본 블록과 인공지능 블록 알아보기

1. 날아라 열기구
2. 학교 가는 길
3. 외계인과의 대화
4. 미로따라그리기
5. 스마트 전구
6. 성우 꼬마 로봇
7. 한영, 영한 선생님
8. 우리집 출입 시스템

엔트리 블록 알아보기

엔트리 기본 블록 알아보기

엔트리는 블록을 조립하듯 코딩을 할 수 있는 프로그램입니다. 각각의 블록은 시작, 흐름, 움직임, 생김새, 붓, 소리, 판단, 계산, 자료, 함수 카테고리로 구성되어 있습니다. 그 외에도 인터넷이 연결된 온라인 환경에서만 사용할 수 있는 데이터 분석, 인공지능, 확장 블록이 있고, 하드웨어 장치를 조작할 수 있는 하드웨어 블록이 있습니다. 하드웨어 블록은 먼저 [엔트리 메뉴]-[다운로드]-[하드웨어 연결 프로그램]에서 최신 버전을 다운로드하여 사용할 수 있습니다. 프로그램 설치 후 하드웨어를 컴퓨터와 연결하면, 엔트리에서 연결한 하드웨어를 위해 만들어진 전용 블록들을 사용할 수 있습니다.

다음과 같이 엔트리 블록들은 각각의 종류마다 다른 색깔을 가지고 있고, 색깔만으로 어떤 일을 하는 블록인지 쉽게 알 수 있습니다.

 [시작] 블록은 특정한 상황이나 사건이 일어났을 때 프로그램을 실행하도록 하는 블록입니다. 예를 들어 '스페이스 키를 눌렀을 때', '마우스를 클릭했을 때', '신호를 보냈을 때'와 같이 다양한 시작 조건을 설정할 수 있습니다. 이 블록은 프로그램의 시작점이 되어 그 아래에 연결된 블록들을 순서대로 실행하게 됩니다.

[시작] 블록 목록

시작하기 버튼을 클릭했을 때	다음 ▼ 장면 시작하기	그리기 ▼ 신호 보내기
마우스를 클릭했을 때	q ▼ 키를 눌렀을 때	대상 없음 ▼ 신호 보내기
오브젝트를 클릭했을 때	장면이 시작되었을 때	대상 없음 ▼ 신호를 받았을 때

[흐름] 블록은 프로그램의 진행 순서와 방식을 결정하는 블록입니다. '계속 반복하기', '만약 참이라면', '~초 기다리기'와 같이 다양한 제어 명령을 사용할 수 있습니다. 이 블록들은 마치 신호등처럼 프로그램의 흐름을 조절하여, 언제 멈추고, 반복하고, 조건에 따라 다른 동작을 할지 정해줍니다. 시간표대로 움직이는 것처럼, 프로그램도 이 흐름 블록들을 사용해 어떤 순서로 무엇을 할지 결정합니다.

[움직임] 블록은 오브젝트의 위치와 방향을 제어하는 블록입니다. '10만큼 움직이기', '마우스 포인터로 이동하기', '90도 회전하기'와 같이 다양한 동작을 설정할 수 있습니다. 이 블록들을 사용하면 오브젝트를 자유자재로 움직이고 회전시킬 수 있습니다.

[생김새] 블록은 오브젝트의 모양과 효과를 조절하는 블록입니다. '다음 모양으로 바꾸기', '크기를 10만큼 바꾸기', '상하 모양 뒤집기', '안녕! 을(를) 4초 동안 말하기'와 같이

다양한 시각적 효과를 설정할 수 있습니다. 이 블록들을 사용하면 오브젝트의 모습을 바꾸거나 대화를 표현할 수 있습니다.

[붓] 블록은 화면에 선과 도형을 그리는 블록입니다. '그리기 시작하기', '도장 찍기', '그리기 굵기를 1(으)로 정하기'와 같이 다양한 그리기 효과를 설정할 수 있습니다. 이 블록들을 사용하면 오브젝트의 움직임을 따라 그림을 그리거나 같은 모양을 여러 번 복사할 수 있습니다.

[소리] 블록은 프로그램에 음향 효과를 더하는 블록입니다. '배경음악으로 재생하기', '소리 1초 재생하기'와 같이 다양한 소리 설정을 할 수 있습니다. 이 블록들을 사용하면 게임의 배경음악을 넣거나 오브젝트의 동작에 효과음을 더할 수 있습니다.

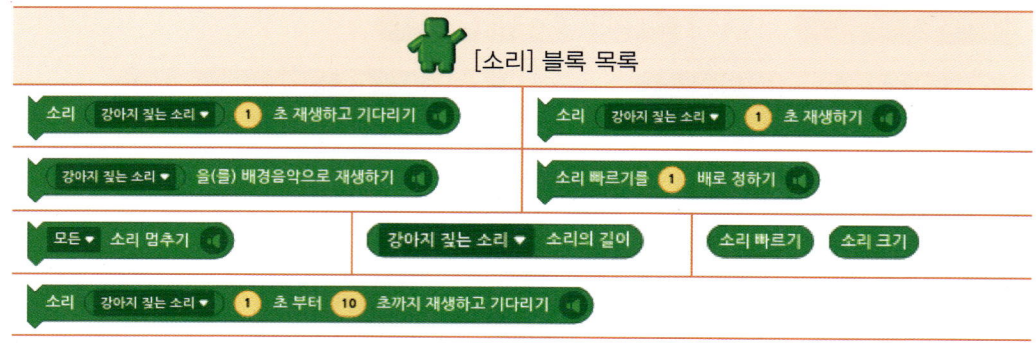

[판단] 블록은 프로그램이 조건을 확인하고 결정을 내리는 블록입니다. '특정 키가 눌러져 있는가?', '두수의 크기 비교', '그리고', '또는'과 같이 다양한 조건을 검사할 수 있습니다. 문제에 대해 참(True) 또는 거짓(False)의 결과를 내고, 프로그램이 상황에 맞는 동작을 선택하도록 합니다.

[판단] 블록 목록

[계산] 블록은 숫자와 값을 처리하는 블록입니다. '더하기', '빼기'와 같은 기본 연산부터 '오브젝트의 좌푯값', '현재 시각', '글자 합치기'와 같이 다양한 계산 기능을 사용할 수 있습니다. 이 블록들을 사용하면 점수를 계산하거나 시간을 측정하고, 위칫값을 확인할 수 있습니다.

[계산] 블록 목록

[자료] 블록은 프로그램에서 정보를 저장하고 관리하는 블록입니다. '변수 만들기', '리스트에 추가하기', '대답 묻고 기다리기'와 같이 다양한 데이터 처리 기능을 사용할 수 있습니다. 이 블록들을 사용하면 게임 점수를 저장하거나 여러 개의 데이터를 한 번에 관리하고, 사용자와 대화할 수 있습니다.

[자료] 블록 목록

[함수] 블록은 자주 반복되어 사용하는 명령어들을 하나로 묶어서 재사용할 수 있는 블록입니다. '함수 만들기', '함수 불러오기'와 같이 복잡한 동작을 간단하게 실행할 수 있습니다.

[데이터 분석] 블록은 우리 주변의 실제 데이터를 분석하고 활용하는 블록입니다. '시도별 인구 확인하기', '연령별 인구 비율 계산하기', '지역별 통계 보기'와 같이 다양한 공공 데이터를 활용할 수 있습니다. 이 블록들을 사용하면 실제 통계 자료를 기반으로 한 프로그램을 만들 수 있습니다.

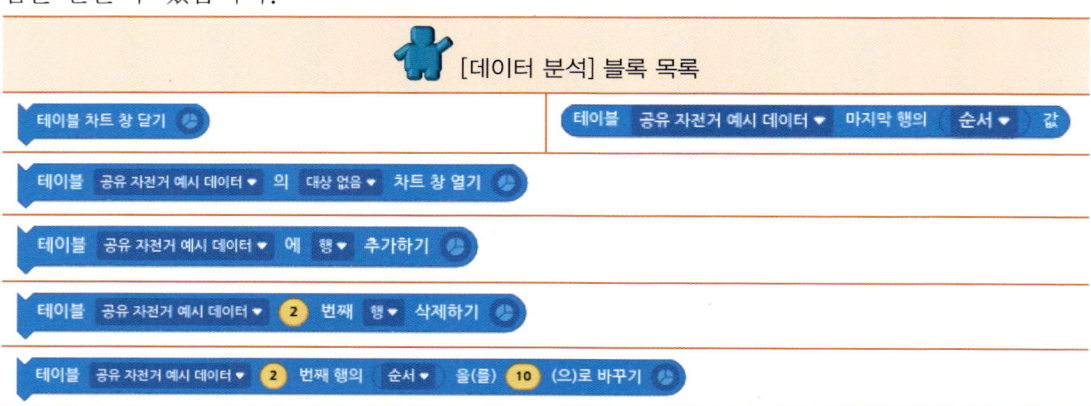

[확장] 블록은 실생활의 다양한 정보를 실시간으로 활용할 수 있는 블록입니다. '오늘의 날씨 확인하기', '내일의 최저 기온 가져오기', '현재 풍향 측정하기'와 같이 실시간 데이터를 프로그램에 가져올 수 있습니다. 이 블록들을 사용하면 일상생활의 정보를 바탕으로 한 실용적인 프로그램을 만들 수 있습니다.

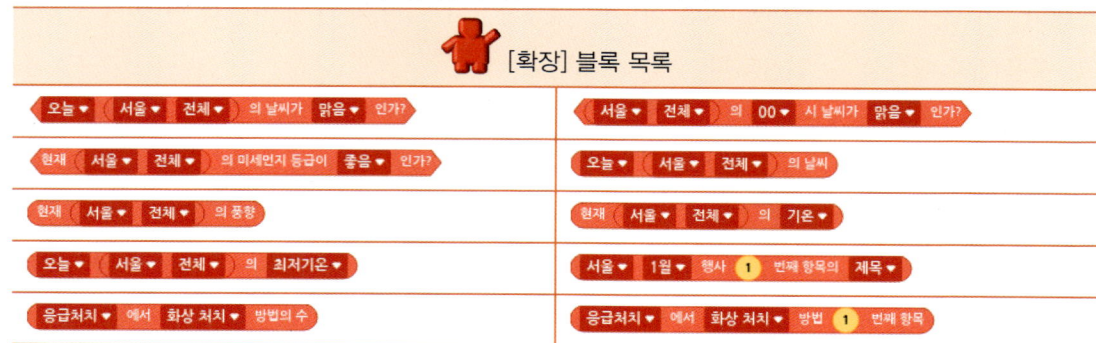

엔트리 인공지능 활용 블록

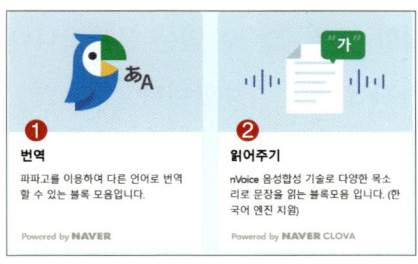

알아두기 엔트리에서 사용하는 인공지능 활용 블록에 대한 자세한 설명은 "파트2_부록. 엔트리 기본 블록&인공지능 블록 불러오기" PDF 파일을 참조합니다. PDF 파일 다운로드는 이 책의 7~8쪽 독자지원센터를 참조합니다.

인터넷 연결이 필요한 이유

엔트리 오프라인 프로그램에서는 기본 기능만 사용할 수 있습니다. 하지만 인공지능 블록 같은 고급 기능을 제대로 사용하려면 인터넷 연결이 필요합니다. 인터넷이 없으면 이 블록들의 기능이 매우 제한되거나 사용이 불가능할 수 있습니다.

- 인공지능 블록은 인터넷을 통해 외부의 강력한 컴퓨터와 연결된 클라우드 기반 서비스를 사용합니다.
- 번역, 음성 인식, 텍스트 읽기 등의 기능은 인터넷을 통해 외부 인공지능 서비스를 이용합니다.
- 비디오 감지 블록도 인터넷 연결이 필요합니다. 카메라 영상은 저장되거나 공유되지 않지만, 분석을 위해 인터넷이 필요합니다.
- 일부 간단한 인공지능 기능은 인터넷 없이 작동할 수 있지만, 이는 매우 제한적입니다.

❶ 번역

네이버가 개발한 인공신경망 기반 번역 서비스 '파파고'를 활용해서 입력된 텍스트의 언어가 무엇인지 파악하거나, 입력한 언어를 다른 언어로 번역하는 블록의 모음입니다. 인터넷에 연결되지 않았거나 인터넷 환경이 불안정할 경우, '알 수 없는 문장입니다.'를 가져오고 다음 블록으로 넘어갑니다. 내용은 3000자까지 입력이 가능합니다.

❷ 읽어주기

네이버가 개발한 인공지능 플랫폼 '클로바'의 nVoice 음성 합성 기술을 이용해 인공지능이 합성한 다양한 목소리로 문장을 읽는 블록입니다. 인터넷에 연결되지 않았거나 인터넷 환경이 불안정할 경우, '알 수 없는 문장입니다.'를 가져오고 다음 블록으로 넘어갑니다. 내용은 2500자까지 입력이 가능합니다.

❸ 비디오 감지

[비디오 감지] 기능은 컴퓨터나 기기의 카메라(웹캠)로 입력되는 이미지/영상을 통해 사물, 사람의 신체, 손, 얼굴을 인식합니다.

- **필요 장비**: 카메라 또는 웹캠이 필요합니다. 데스크탑 사용자는 별도의 웹캠을 연결해야 합니다.
- **사용 방법 및 주의 사항**:
    - 카메라 연결: 기능 사용 전 카메라를 연결해야 합니다.
    - 브라우저 설정: 카메라를 연결했는데도 블록이 동작하지 않거나 영상이 제대로 입력되지 않는 경우, 브라우저 설정에서 카메라 사용을 허용해야 합니다.
    - 개인정보 보호: 카메라로 입력되는 영상은 서버에 저장되거나 외부로 공유되지 않습니다.
- **활용 가능성**: 이 기능을 통해 학생들은 다음과 같은 프로젝트를 만들 수 있습니다.
    - 얼굴 인식을 통한 감정 분석 프로그램
    - 손 동작을 인식하여 제어하는 게임
    - 사물 인식을 활용한 교육용 앱
    - 신체 움직임을 감지하는 운동 보조 프로그램

카메라 설정

01 주소 표시줄의 ← → C 🔒 playentry.org/ [사이트 정보 보기] 아이콘 클릭

02 크롬 설정을 통한 방법
- 크롬 설정 → 개인정보 및 보안 → 사이트 설정 → 카메라
- 이 경로에서 엔트리 사이트의 카메라 사용을 허용할 수 있습니다.

03 비디오 감지 블록 정상 작동 확인
비디오 감지 블록은 처음 작동할 때마다 별도의 로딩이 필요합니다. 약 30초~1분 가량 로딩하면 블록을 사용할 수 있습니다. 로딩 시간은 컴퓨터 사양, 네트워크 상태에 따라 달라질 수 있습니다.

인공지능 비디오 감지 블록의 인식 모델 종류

 사람 인식: 신체 부위

코	왼쪽 눈 안쪽	왼쪽 눈	왼쪽 눈 바깥쪽	오른쪽 눈 안쪽	오른쪽 눈	오른쪽 눈 바깥쪽
왼쪽 귀	오른쪽 귀	왼쪽 입꼬리	오른쪽 입꼬리	왼쪽 어깨	오른쪽 어깨	왼쪽 팔꿈치
오른쪽 팔꿈치	왼쪽 손목	오른쪽 손목	왼쪽 소지	오른쪽 소지	왼쪽 검지	오른쪽 검지
왼쪽 엄지	오른쪽 엄지	왼쪽 엉덩이	오른쪽 엉덩이	왼쪽 무릎	오른쪽 무릎	왼쪽 발목
오른쪽 발목	왼쪽 발꿈치	오른쪽 발꿈치	왼쪽 발끝	오른쪽 발끝		

 사물: 인식 가능한 사물

가위	개	고양이	곰	공	그릇	기린	기차	꽃병
나이프	냉장고	넥타이	노트북	당근	도넛	리모컨	마우스	말
바나나	배낭	버스	벤치	변기	병	보드	브로콜리	비행기
사과	사람	새	샌드위치	서프보드	소	소파	소화전	숟가락
스노보드	스케이트보드	스키	시계	식탁	신호등	싱크대	야구글러브	야구배트
양	얼룩말	여행 가방	연	오렌지	오븐	오토바이	와인잔	우산
원반	의자	자동차	자전거	전자레인지	정지표시판	주차미터기	책	침대
칫솔	컵	케이크	코끼리	키보드	테니스라켓	테디베어	토스터	트럭
포크	피자	핫도그	핸드백	핸드폰	헤어드라이어	화분	TV	

손: 인식 부위와 선택 가능한 손의 모양

엄지: 끝, 첫째 마디	검지: 끝, 첫째 마디, 둘째 마디	중지: 끝, 첫째 마디, 둘째 마디	약지: 끝, 첫째 마디, 둘째 마디
소지: 끝, 첫째 마디, 둘째 마디	엄지 위로/엄지 아래로	가리킨 손/브이 사인/사랑해	손목

 얼굴: 부위, 성별, 나이, 감정

왼쪽 눈	오른쪽 눈	코	왼쪽 입꼬리	오른쪽 입꼬리	윗 입술	아랫 입술	여성	남성
나이	분노	혐오	두려움	행복	무표정	슬픔	놀람	

❹ 사람 인식

카메라로 입력되는 이미지(영상)를 통해 사람의 신체를 인식하는 블록입니다. 이 블록을 사용하여 인공지능이 신체 각 부위의 위치를 인식하는 것을 간단히 경험해 볼 수 있습니다.

❺ 사물 인식

카메라로 입력되는 이미지(영상)를 통해 사물을 인식하는 블록입니다. 인공지능이 80여 개의 다양한 사물을 인식하는 것을 경험해 볼 수 있습니다.

❻ 손 인식

카메라로 입력되는 이미지(영상)를 통해 사람의 손을 인식하는 블록입니다. 인공지능이 손의 각 부위 위치나, 제스처 등을 인식하는 것을 경험해 볼 수 있습니다.

❼ 얼굴 인식

카메라로 입력되는 이미지(영상)를 통해 사람의 얼굴을 인식하는 블록입니다. 인공지능이 얼굴 각 부위의 위치나, 표정 등을 통해 유추한 나이, 성별, 감정 등을 인식하는 것을 간단히 경험해 볼 수 있습니다.

❽ 오디오 감지

네이버가 개발한 인공지능 음성 인식 엔진 '클로바 스피치(CLOVA Speech)'를 활용해서, 마이크로 입력되는 음성을 인식해 문자로 바꿔 주는 블록의 모음입니다.

- 필요 장비: 마이크(또는 마이크가 포함된 이어폰) 또는 웹캠이 필요합니다.
- 사용 방법 및 주의 사항:
  - 마이크 연결: 기능 사용 전 마이크를 연결해야 합니다.
  - 브라우저 설정: 카메라를 연결했는데도 블록이 동작하지 않거나 음성이 제대로 입력되지 않는 경우, 브라우저 설정에서 마이크 사용을 허용해야 합니다.

- **개인정보 보호**: 마이크를 통해 입력되는 소리는 절대로 서버에 저장되거나 외부로 공유되지 않습니다.
- **활용 가능성**: 이 기능을 통해 학생들은 다음과 같은 프로젝트를 만들 수 있습니다:
  – 음성 명령으로 작동하는 프로그램
  – 소리의 크기에 반응하는 프로젝트

❾ 음성 인식

사용자가 말한 내용을 감지하여 특정 동작을 실행하거나 데이터를 활용할 수 있도록 하는 기능입니다.

날아라 열기구

움직임

[시작]   [흐름]   [움직임]   [판단]   [계산]

 완성 작품 미리보기   QR 코드   링크 주소 :
https://youtu.be/JWlNd1irJ-0

코딩 알고리즘과 순서도

시작하기 버튼을 클릭했을 때 배경이 움직이고, 키보드에 따라 오브젝트가 이동합니다.

▶ **시작하기 버튼을 클릭했을 때**

- 배경이 왼쪽으로 계속 움직입니다.
- 오른쪽 방향키를 누르면 열기구가 오른쪽으로 10만큼 이동합니다.
- 왼쪽 방향키를 누르면 열기구가 왼쪽으로 10만큼 이동합니다.
- 위쪽 방향키를 누르면 열기구가 위쪽으로 10만큼 이동합니다.
- 아래쪽 방향키를 누르면 열기구가 아래쪽으로 10만큼 이동합니다

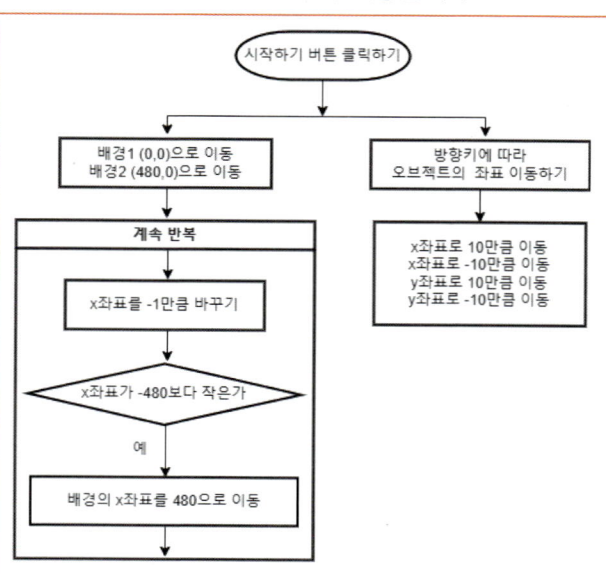

 작품 만들기   완성 파일 QR 코드   링크 주소 : https://naver.me/GwpXFACn

코딩 준비하기

1. 오브젝트 추가하기

오브젝트 선택	열기구	구름 세상
이름	열기구	구름 세상 1
X좌표	-204.2	0
Y좌표	-177.6	0
크기	100%	375.0%

1 오브젝트 복제하기

오브젝트를 추가하기 위해 [구름 세상] 오브젝트를 선택하고 마우스 오른쪽 버튼을 클릭하여 [복제하기]를 선택합니다.

2 [구름 세상] 이미지 앞의 자물쇠 모양을 클릭하여 풀어준 후 [구름 세상] 오브젝트와 복제된 [구름 세상1] 오브젝트의 이름을 각각 [구름 세상1]과 [구름 세상2]로 변경합니다.

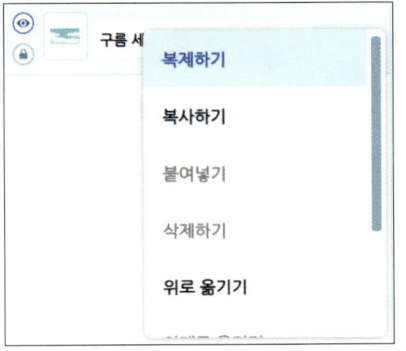 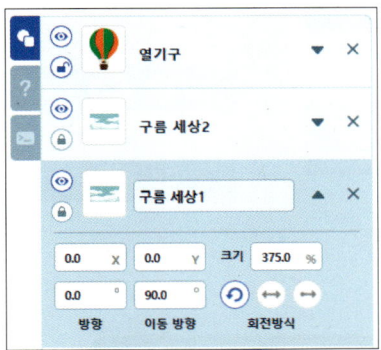

오브젝트의 순서

오브젝트는 추가된 순서대로 밑에서부터 위로 쌓여요. 나중에 추가된 오브젝트가 먼저 추가된 오브젝트를 가리게 되죠. 하지만 오브젝트의 순서를 바꿔서 어떤 오브젝트가 위에 보일지 결정할 수 있어요.

오브젝트의 순서를 바꾸는 방법
1 오브젝트 선택 후 드래그하기: 마우스를 사용해 오브젝트를 위아래로 끌어 순서를 바꿀 수 있어요.
2 목록에서 순서 변경하기: 오브젝트를 선택한 후 마우스 오른쪽 버튼을 클릭해요. 나타난 목록에서 [위로 옮기기] 또는 [아래로 옮기기]를 선택하세요.
이렇게 하면 어떤 오브젝트가 앞에 보이고, 어떤 오브젝트가 뒤에 보일지 정할 수 있어요. 단, 배경은 항상 맨 아래에 있고, 그 위로 오브젝트들이 쌓입니다.

코딩하기

1 🎈 [열기구] 오브젝트 : 다음과 같이 코딩 블록을 순서대로 조립합니다.

블록탭	블록 꾸러미에서 선택	블록 조립소에서 수정
시작	q▼ 키를 눌렀을 때	왼쪽 화살표▼ 키를 눌렀을 때 x 좌표를 -10 만큼 바꾸기
움직임	y 좌표를 10 만큼 바꾸기 x 좌표를 10 만큼 바꾸기	아래쪽 화살표▼ 키를 눌렀을 때 y 좌표를 -10 만큼 바꾸기

1 [시작] 탭에서 를 선택합니다.
2 블록의 흰색 삼각형을 눌러서 나타난 목록상자를 스크롤하여 [왼쪽 화살표]를 선택하거나, 키보드에서 왼쪽 방향키를 누릅니다.

3 [오른쪽 화살표], [아래쪽 화살표], [위쪽 화살표] 키도 같은 방법으로 선택해 조립합니다.

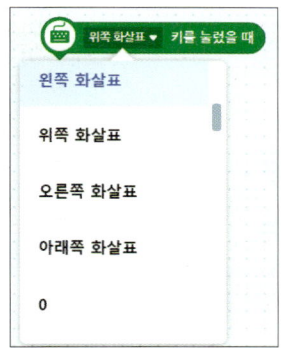

4 [왼쪽 화살표]와 [오른쪽 화살표]는 `x 좌표를 10 만큼 바꾸기` 의 `10` 자리에 왼쪽은 '–10', 오른쪽은 '10'을 입력합니다.

5 [아래쪽 화살표]과 [위쪽 화살표]는 `y 좌표를 10 만큼 바꾸기` 의 `10` 자리에 아래쪽은 '–10', 위쪽은 '10'을 입력합니다.

2 [구름 세상1], [구름 세상2] 오브젝트: 다음과 같이 코딩 블록을 순서대로 조립합니다.

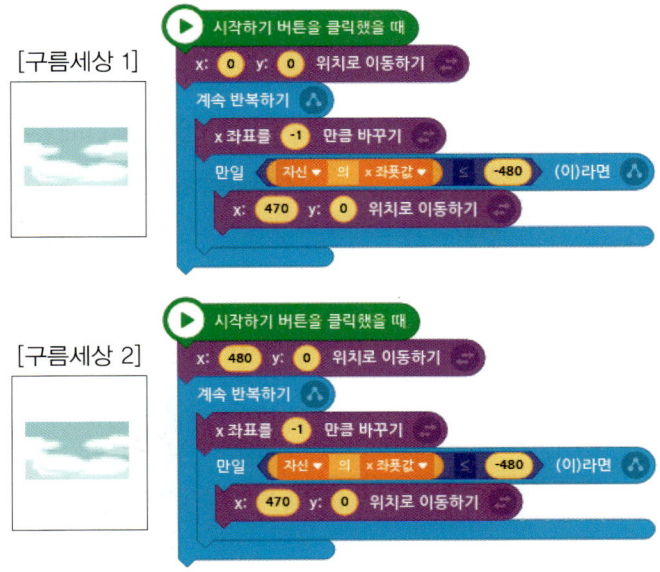

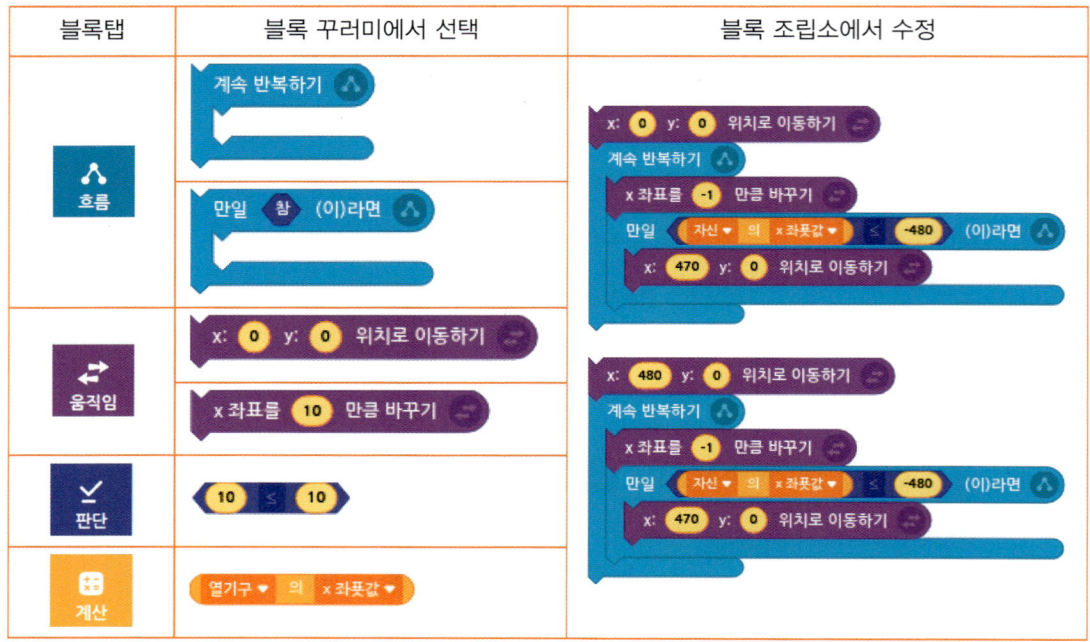

1 [흐름] 탭에서 [만약 참이라면] 블록을 선택합니다.

2 참 자리에 10 ≤ 10 을 조립합니다.

3 부등호의 왼쪽 10 자리에 열기구의 x좌푯값 를 조립합니다. 흰색 삼각형을 클릭해서 나타난 항목을 다음과 같이 선택합니다. 부등호의 오른쪽 10 자리에 '-480'을 입력합니다.

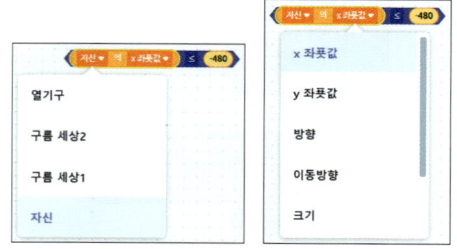

4 [움직임] 탭에서 x: 0 y: 0 위치로 이동하기 블록을 조립하여 x좌표에 '470'을 입력합니다.

실행하기

시작하기를 눌러서 코딩한 프로그램이 바르게 작동하는 지 바로 확인합니다.

원하는 결과를 위해 코딩 블록을 추가하거나 교체합니다.

작품 2 학교 가는 길
함수

[시작]　[소리]　[생김새]　[흐름]　[함수]　[판단]

 **완성 작품 미리보기**　QR 코드　링크 주소 : https://youtu.be/6_NqH6Tb2iI

PART 02

코딩 알고리즘과 순서도

시작하기 버튼을 클릭했을 때 엔트리봇이 걸어서 학교까지 이동합니다.

▶ **시작하기 버튼을 클릭했을 때**
- 배경음악이 재생됩니다.
- '학교를 가볼까?'라고 말하고, 엔트리봇의 모양을 변환하며 x좌표, y좌표를 각각 순차적으로 40씩 이동하기를 3회 반복합니다.
- '앗! 학교가 보인다. 오늘도 즐거운 하루'라고 말하고, 엔트리봇의 모양을 변환하며 x좌표를 30씩 이동하기를 8회 반복합니다.
- 만일 엔트리봇이 학교에 닿으면 배경음악을 멈추고 환호 소리를 재생한 후 '학교 도착!!'이라고 말합니다.

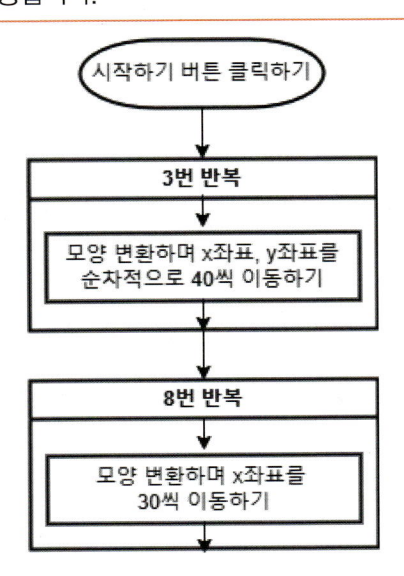

Part 02_엔트리 기본 블록과 인공지능 블록 알아보기 **051**

 **작품 만들기**   완성 파일 QR 코드 링크 주소 : https://naver.me/FG7jlnf7

코딩 준비하기

1. 오브젝트 추가하기

오브젝트 선택			
	[묶음] 걷기 옆모습	학교	모눈종이
이름	걷기 옆모습	학교	모눈종이
X좌표	−194.2	188.2	0
Y좌표	−66.0	85.9	0
크기	100%	78.3%	375.0%

2. 속성 추가하기

1 함수를 만듭니다.

2개의 _f_ [함수]가 필요합니다.

- [엔트리학교]: 엔트리의 걷는 모습을 표현하기 위해 모양을 바꾸며 x좌표와 y좌표를 순차적으로 40만큼 움직입니다.
- [엔트리학교직진]: 엔트리의 걷는 모습을 표현하기 위해 모양을 바꾸며 x좌표를 30만큼 움직입니다.
- _f_ [함수] 탭에서 [함수 추가하기] 클릭하면 블록 조립소에 함수 정의하기 블록이 나옵니다.

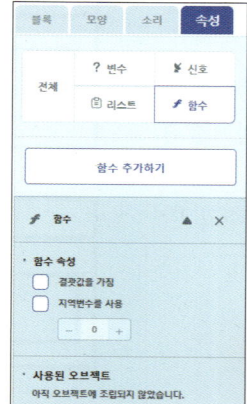

052 초등학생을 위한 인공지능 코딩 feat 엔트리와 ChatGPT

- 다음과 같이 엔트리가 학교를 향해 움직이는 함수를 만듭니다. 블록 꾸러미에서 필요한 블록을 가져와 함수 정의하기 블록에 조립하고 하단의 [저장]을 누릅니다.

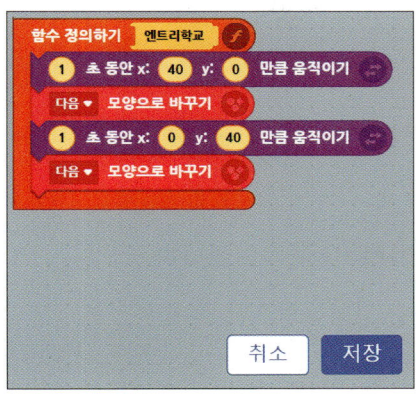 

1) ![함수 정의하기] 블록의 '함수' 자리에 '엔트리학교'라고 입력합니다.

2) [움직임] 탭에서 ![2초 동안 x: 10 y: 10 만큼 움직이기] 을 [함수 정의하기] 블록에 조립합니다. 2 자리에 '1'을, 10 자리에 '40'을, 10 자리에 '0'을 입력합니다.

3) [생김새] 탭에서 ![다음 모양으로 바꾸기] 을 [함수 정의하기] 블록에 조립합니다.

4) 2)와 3)의 과정을 반복합니다. 정확한 숫자는 완성 코드를 참고하여 입력합니다.

한 번 더 [함수 추가하기]를 클릭하고, [엔트리학교] 함수 만들기를 참고하여 [엔트리학교직진] 함수를 다음과 같이 조립합니다.

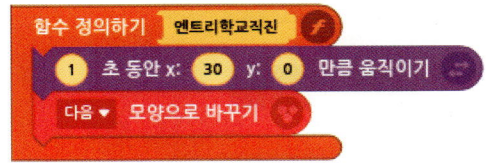

3. 소리 추가하기

1 소리를 삽입할 오브젝트를 선택 후 [소리] 탭을 클릭하고, [소리 추가하기]를 클릭합니다.

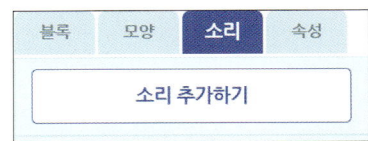

2 소리 추가하는 방법에는 아래와 같이 2가지 방법이 있습니다.

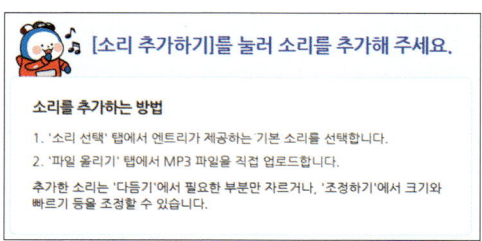

3 '소리 선택' 또는 '파일 올리기' 후 오른쪽 위의 [추가하기]를 클릭합니다.

- 다음과 같이 소리를 추가합니다.

[걷기 옆모습]	
천천히 걷는 길	환호3

코딩하기

1. [걷기 옆모습] 오브젝트: 다음과 같이 코딩 블록을 순서대로 조립합니다.

블록탭	블록 꾸러미에서 선택	블록 조립소에서 수정
시작	q 키를 눌렀을 때	
소리	천천히 걷는 길 을(를) 배경음악으로 재생하기	
생김새	안녕! 을(를) 4 초 동안 말하기	학교를 가볼까? 을(를) 4 초 동안 말하기 앗! 학교가 보인다. 오늘도 즐거운 하루 을(를) 4 초 동안 말하기
흐름	10 번 반복하기	3 번 반복하기 엔트리학교
함수	엔트리학교	
흐름	10 번 반복하기	8 번 반복하기 엔트리학교직진
함수	엔트리학교직진	
흐름	만일 참 (이)라면	
판단	마우스포인터 에 닿았는가?	만일 학교 에 닿았는가? (이)라면 배경음악 멈추기 소리 환호3 재생하기 학교 도착!! 을(를) 4 초 동안 말하기
소리	배경음악 멈추기 소리 천천히 걷는 길 재생하기	
생김새	안녕! 을(를) 4 초 동안 말하기	

1 안녕! 을(를) 4 초 동안 말하기 블록을 선택합니다.

2 안녕! 자리에 '학교를 가볼까?'를 입력합니다.

3 같은 블록을 2개 더 추가하여 안녕! 자리에 각각 '앗! 학교가 보인다. 오늘도 즐거운 하루', '학교 도착!!'을 입력합니다.

1 [만약 참이라면] 블록을 선택합니다.

2 참 자리에 마우스포인터에 닿았는가? 을 조립합니다.

3 [마우스포인터] 옆 흰색 삼각형을 눌러서 나타난 항목에서 [학교]를 선택해 학교에 닿았는가? 으로 변경합니다.

실행하기

시작하기를 눌러서 코딩한 프로그램이 바르게 작동하는 지 바로 확인합니다.

원하는 결과를 위해 코딩 블록을 추가하거나 교체합니다.

작품 3

외계인과의 대화

신호

[시작] [흐름] [생김새]

 **완성 작품 미리보기**   QR 코드 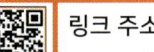   링크 주소 :
https://youtu.be/H01tD9PaJ5s

PART 02

코딩 알고리즘과 순서도

시작하기 버튼을 클릭했을 때 소년이 신호를 보내고 외계인을 클릭하면 외계인이 신호를 보냅니다.

▶ 시작하기 버튼을 클릭했을 때
- 소년이 우주를 향해 말을 하고, 외계인들에게 소년 신호를 보냅니다.
- 소년 신호를 받은 외계인들이 대답을 합니다.
- 보라외계인을 클릭하면 소년과 초록외계인에게 보라외계인 신호를 보냅니다.
- 보라외계인 신호를 받은 소년과 초록외계인이 대답을 합니다.
- 초록외계인을 클릭하면 소년과 보라외계인에게 초록외계인 신호를 보냅니다.
- 초록외계인 신호를 받은 소년과 보라외계인이 대답을 합니다.

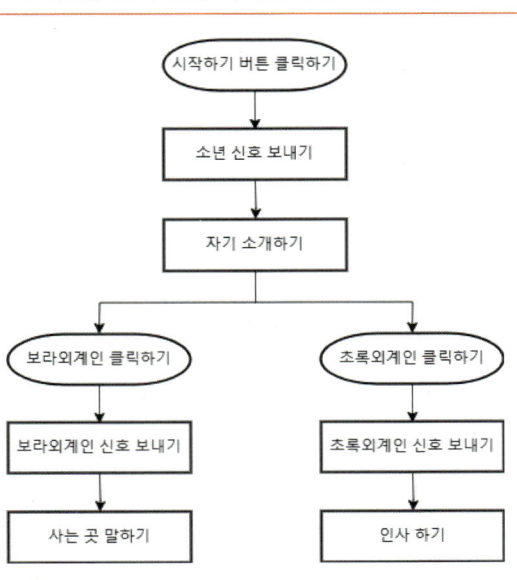

Part 02_엔트리 기본 블록과 인공지능 블록 알아보기   **057**

작품 만들기

완성 파일 QR 코드

링크 주소 : https://naver.me/5wWsbo72

코딩 준비하기

1. 오브젝트 추가하기

오브젝트 선택	소년(2)	외계인(1)	외계인(2)	행성(1)	행성(10)	우주(2)
이름	소년	초록외계인	보라외계인	행성(1)	행성(10)	우주(2)
X좌표	-123.3	145.1	26.5	-122.1	141.2	0
Y좌표	-12.8	39.2	-66	-54.9	-22.9	0
크기	70.1%	76.6%	68.2%	100.0%	82.6%	375.0%

2. 속성 추가하기

1️⃣ 신호를 만듭니다.

3개의 [신호]가 필요합니다.

- [보라외계인]: [보라외계인]은 [초록외계인]과 [소년]에게 사는 곳을 말하는 신호를 보냅니다.
- [초록외계인]: [초록외계인]은 [보라외계인]과 [소년]에게 인사를 하는 신호를 보냅니다.
- [소년]: [소년]은 [보라외계인]과 [초록외계인]에게 자기 소개하는 신호를 보냅니다.

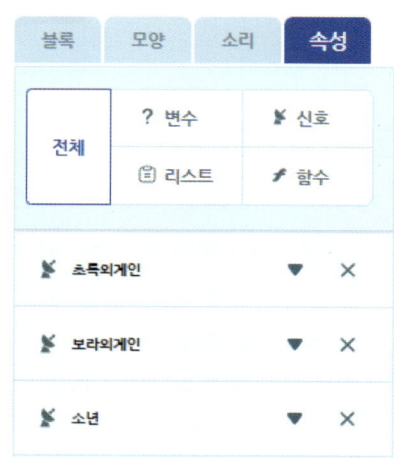

코딩하기

1 [소년] 오브젝트 : 다음과 같이 코딩 블록을 순서대로 조립합니다.

블록탭	블록 꾸러미에서 선택	블록 조립소에서 수정
시작	시작하기 버튼을 클릭했을 때	
	보라외계인▼ 신호 보내기	소년▼ 신호 보내기
	보라외계인▼ 신호를 받았을 때	보라외계인▼ 신호를 받았을 때 / 초록외계인▼ 신호를 받았을 때
흐름	2 초 기다리기	
생김새	안녕! 을(를) 4 초 동안 말하기▼	안녕! 내 목소리 들리니? 을(를) 3 초 동안 말하기▼ / 나는 지구에 살아 을(를) 3 초 동안 말하기▼ / 나도 반가워 을(를) 3 초 동안 말하기▼

1 안녕! 을(를) 4 초 동안 말하기▼ 블록을 선택합니다.

2 안녕! 자리에 '안녕! 내 목소리 들리니?'를 입력하고 4 자리에 '3'을 입력합니다.

3 다른 블록들도 위의 방법을 참고하여 수정합니다.

1 [보라외계인▼ 신호 보내기] 블록을 선택합니다.

2 [보라외계인] 옆 흰색 삼각형을 클릭하여 [소년]으로 변경합니다.

3 [보라외계인▼ 신호를 받았을 때] 블록도 위의 내용을 참고하여 [초록외계인▼ 신호를 받았을 때] 로 변경합니다.

2 [초록외계인]: [소년]의 코딩을 참고하여 다음과 같이 코딩 블록을 순서대로 조립합니다.

3 [보라외계인] : [소년]의 코딩을 참고하여 다음과 같이 코딩 블록을 순서대로 조립합니다.

실행하기

시작하기를 눌러서 코딩한 프로그램이 바르게 작동하는지 바로 확인합니다.
원하는 결과를 위해 코딩 블록을 추가하거나 교체합니다.

 신호의 뜻과 쓰임새

엔트리에서 신호란, 서로 다른 오브젝트들이 메시지를 주고받아 소통하는 방법이에요. 신호를 보내고 받으면, 특정 순간에 다른 오브젝트들이 반응할 수 있어서 여러 오브젝트가 협력할 때 유용하게 쓰여요. 예를 들어, 어떤 캐릭터가 특정 상황에서 움직이거나 대화를 시작하도록 할 때 신호를 사용할 수 있어요. 신호를 통해 순서대로 행동하거나 특정 조건에서만 반응하도록 만들 수 있어요.

신호 사용 예제 설명
이제 위의 코드 예제를 통해 신호가 어떻게 쓰이는지 살펴볼게요.
소년이 먼저 '안녕! 내 목소리 들리니?'라고 말한 다음, 신호를 보내요.
보라 외계인과 초록 외계인은 소년이 보낸 신호를 받았을 때 반응하도록 설정돼 있어요.
보라 외계인은 신호를 받으면 '안녕! 잘 들려~ 나는 보라외계인이야.'라고 말해요.
초록 외계인도 신호를 받으면 '안녕! 잘 들려~ 나는 초록외계인이야.'라고 말해요.
이렇게 소년이 신호를 보내면 외계인들이 차례로 반응하면서 자연스러운 대화를 이어갈 수 있어요. 신호 덕분에 각 캐릭터가 정해진 순서에 맞춰 행동하게 되는 거죠!

작품 4

미로따라그리기

붓

[시작] [흐름] [움직임] [붓] [소리] [판단]

 완성 작품 미리보기   QR 코드   링크 주소 : https://youtu.be/N7cWoq1zpxc

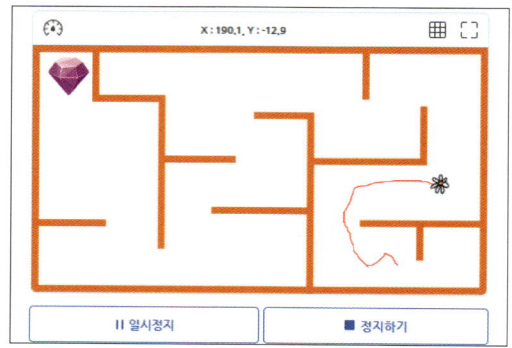

코딩 알고리즘과 순서도

시작하기 버튼을 클릭했을 때 마우스 포인터를 따라 오브젝트가 이동하고 선을 그립니다.

▶ **시작하기 버튼을 클릭했을 때**

- 붓 그리기를 시작합니다.
- 마우스를 움직이면 하얀 꽃 스티커가 마우스 포인터를 따라 이동하며 선을 그립니다.
- 미로에 닿으면 모든 붓을 지우고 처음 위치로 이동합니다.
- 보석에 닿으면 모든 코드가 멈춥니다.

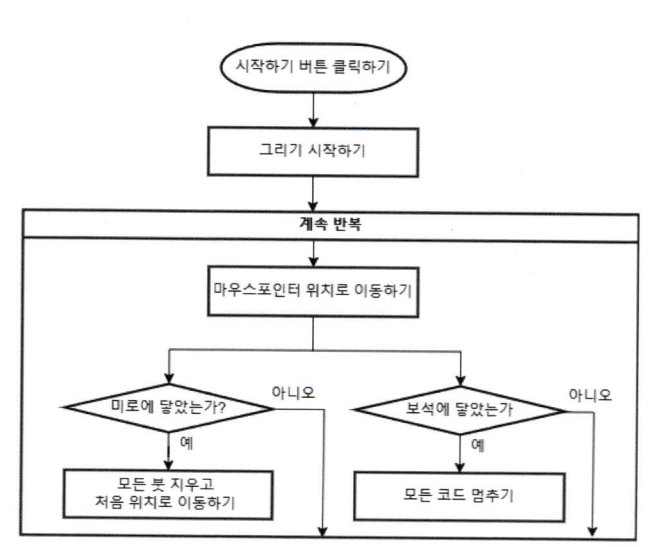

 작품 만들기　　완성 파일 QR 코드　링크 주소 : https://naver.me/FW6QLXxP

코딩 준비하기

1. 오브젝트 추가하기

오브젝트 선택	❋	💎	🌀
	하얀 꽃 스티커	보석	미로(4)
이름	하얀 꽃 스티커	보석	미로(4)
X좌표	200	−200	0
Y좌표	−100	100	0
크기	33%	45.0%	375.0%

2. 소리 추가하기

1️⃣ [하얀 꽃 스티커] 오브젝트를 선택 후 [소리] 탭을 클릭하고 [소리 추가하기]를 클릭합니다.

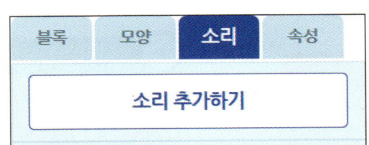

2️⃣ '소리 선택'에서 '박수갈채', '스프링처럼 뛰는 소리'를 선택 후 우측 상단의 [추가하기]를 클릭합니다.

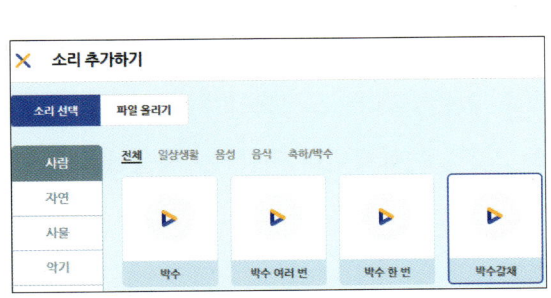
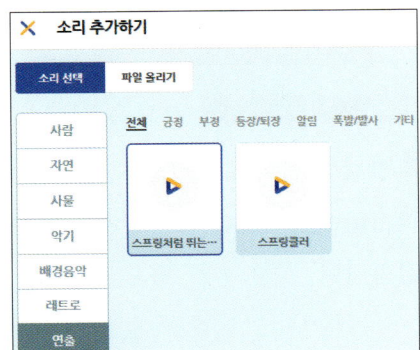

코딩하기

1 ❁ [하얀 꽃 스티커] 오브젝트 : 다음과 같이 코딩 블록을 순서대로 조립합니다.

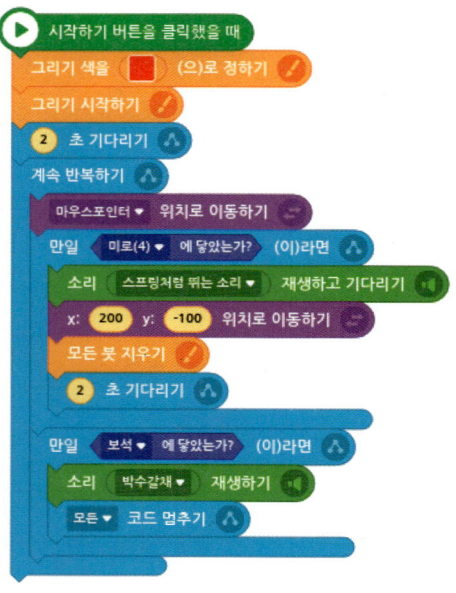

1 그리기 색을 (으)로 정하기 블록을 선택합니다.

2 ■[빨강색]을 클릭하면 색상을 선택할 수 있는 [슬라이드 모드]가 나옵니다. 오른쪽 상단의 [파레트 모드]를 클릭하면 [파레트 모드]로 바뀝니다. 원하는 색을 클릭하여 색상을 변경합니다.

슬라이드 모드	파레트 모드

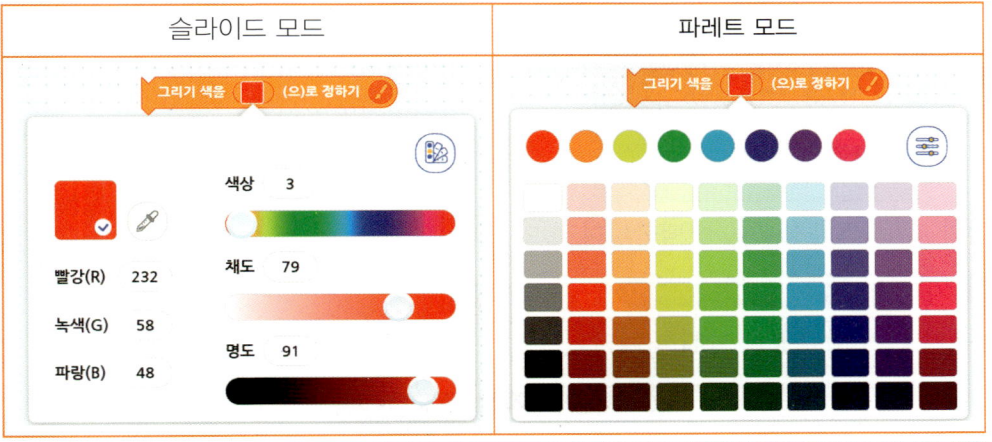

<table>
<tr><th>블록탭</th><th>블록 꾸러미에서 선택</th><th>블록 조립소에서 수정</th></tr>
<tr><td>흐름</td><td>계속 반복하기</td><td rowspan="2">계속 반복하기
마우스포인터 ▾ 위치로 이동하기</td></tr>
<tr><td>움직임</td><td>마우스포인터 ▾ 위치로 이동하기</td></tr>
<tr><td>흐름</td><td>만일 참 (이)라면</td><td rowspan="6">만일 미로(4) ▾ 에 닿았는가? (이)라면
소리 스프링처럼 뛰는 소리 ▾ 재생하고 기다리기
x: 200 y: -100 위치로 이동하기
모든 붓 지우기
2 초 기다리기</td></tr>
<tr><td>판단</td><td>마우스포인터 ▾ 에 닿았는가?</td></tr>
<tr><td>소리</td><td>소리 스프링처럼 뛰는 소리 ▾ 재생하고 기다리기</td></tr>
<tr><td>움직임</td><td>x: 0 y: 0 위치로 이동하기</td></tr>
<tr><td>붓</td><td>모든 붓 지우기</td></tr>
<tr><td rowspan="2">흐름</td><td>2 초 기다리기</td></tr>
<tr><td>만일 참 (이)라면
모든 ▾ 코드 멈추기</td><td rowspan="3">만일 보석 ▾ 에 닿았는가? (이)라면
소리 박수갈채 ▾ 재생하기
모든 ▾ 코드 멈추기</td></tr>
<tr><td>판단</td><td>마우스포인터 ▾ 에 닿았는가?</td></tr>
<tr><td>소리</td><td>소리 스프링처럼 뛰는 소리 ▾ 재생하고 기다리기</td></tr>
</table>

1️⃣ [만약 참이라면] 블록을 선택합니다.

2️⃣ 참 자리에 마우스포인터에 닿았는가? 를 조립합니다.

3️⃣ 블록의 흰색 삼각형을 눌러서 나타난 항목 중 [미로(4)]를 선택합니다.

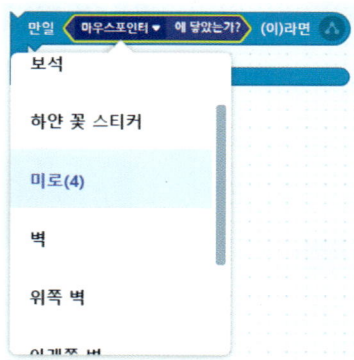

4️⃣ 소리 스프링처럼 뛰는 소리 재생하고 기다리기 를 조립합니다.

5️⃣ x: 0 y: 0 위치로 이동하기 블록의 x: 0 자리에 '200', y: 0 자리에 '-100'을 입력합니다.

6️⃣ 모든 붓 지우기 블록과 2초 기다리기 블록을 순서대로 조립합니다.

실행하기

시작하기를 눌러서 코딩한 프로그램이 바르게 작동하는 지 바로 확인합니다.

원하는 결과를 위해 코딩 블록을 추가하거나 교체합니다.

작품 5

스마트 전구
음성 인식

 **완성 작품 미리보기** QR 코드  링크 주소 : https://youtu.be/_hharlvTEBU

코딩 알고리즘과 순서도

시작하기 버튼을 클릭했을 때 사용자의 음성을 인식해 전구를 켜거나 끄는 동작을 10번 반복합니다.

▶ **시작하기 버튼을 클릭했을 때**
- 마이크가 연결됩니다.
- [마이크가 연결되었습니다. "불 켜줘"나 "불 꺼줘"를 말해보세요] 라고 말합니다.
- 만약 "불 켜줘"라고 말하면 전구의 불이 켜집니다.
- 만약 "불 꺼줘"라고 말하면 전구의 불이 꺼집니다.
- 음성인식으로 불을 켜거나 불을 끄는 것을 10번 반복합니다.

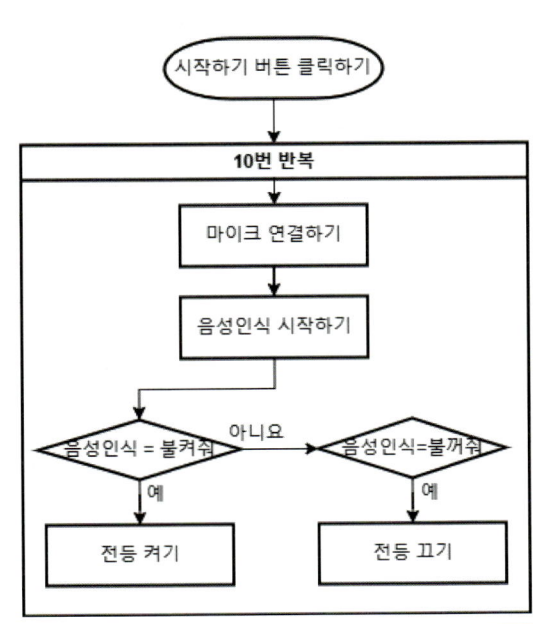

Part 02_엔트리 기본 블록과 인공지능 블록 알아보기

 **작품 만들기**   완성 파일 QR 코드   링크 주소 : https://naver.me/xNLh7D3k

코딩 준비하기

1. 오브젝트 추가하기

오브젝트 선택	전등(1)	창고
이름	전등(1)	창고
X좌표	-15.1	0
Y좌표	54.3	0
크기	76.5%	375.0%

2. 인공지능 블록 추가하기

❶ [인공지능 탭]에서 [인공지능 블록 불러오기]를 클릭합니다.

❷ 맨 아래 쪽 [오디오 감지]-[음성 인식]을 클릭합니다.

❸ 우측 상단의 [불러오기]를 클릭합니다.

블록 꾸러미에 [오디오 감지] 블록과 [음성 인식] 블록이 나타납니다.

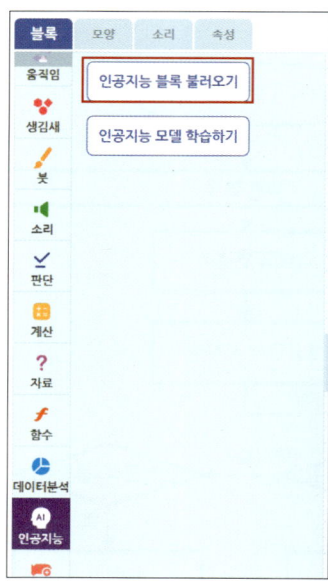

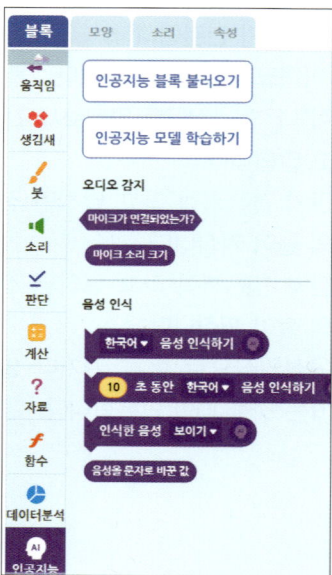

코딩하기

1 [전등(1)] 오브젝트: 다음과 같이 코딩 블록을 순서대로 조립합니다.

1. [흐름] 탭에서 이(가) 될 때까지 기다리기 블록을 선택합니다. 참 자리에 마이크가 연결되있는가? 블록을 조립합니다.

1. [생김새] 탭에서 안녕! 을(를) 4 초 동안 말하기 블록을 선택합니다. 안녕! 자리에 '마이크가 연결되었습니다. "불 켜줘"나 "불 꺼줘"를 말해보세요.'를 입력합니다.

1. [인공지능탭]에서 한국어 음성 인식하기 블록과 인식한 음성 보이기 블록을 선택합니다. 다음과 같이 세부 항목을 선택합니다.

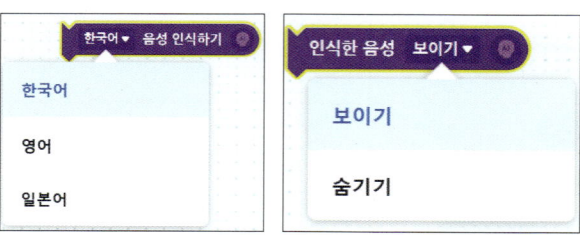

1. [흐름] 탭에서 [만일 참이라면] 블록 2개를 연결합니다.
2. 참 자리에 10 = 10 블록을 가져와서 조립합니다.
3. 등호 왼쪽의 10 자리에 음성을 문자로 바꾼 값 을, 오른쪽의 10 자리에 '불 켜줘'를 입력합니다.
4. 두 번째 판단 블록도 같은 방법입니다. 오른쪽의 10 자리에 '불 꺼줘'를 입력합니다.

엔트리에서 '불 꺼줘'와 '불꺼줘'를 다르게 인식하는 이유

음성 인식 시스템은 우리가 말한 소리를 글자로 바꿔주는 역할을 해요. 이때, 단어 사이에 공백이 있는지 없는지 또는 발음이 조금이라도 다른지에 따라 다르게 인식할 수 있어요. 그래서 '불 꺼줘'처럼 단어 사이에 공백이 있는 경우와 '불꺼줘'처럼 공백 없이 붙여서 말한 경우를 다르게 처리할 수 있어요.

이처럼 음성 인식 시스템은 우리가 말한 대로 글자를 정확하게 구분하고, 그에 맞는 명령을 실행해요.

따라서 음성 인식을 사용할 때는 단어 사이의 공백이나 발음을 신경 써서 말하는 것이 중요해요.

실행하기

시작하기를 눌러서 코딩한 프로그램이 바르게 작동하는 지 바로 확인합니다.

원하는 결과를 위해 코딩 블록을 추가하거나 교체합니다.

작품 6

성우 꼬마 로봇
읽어주기

 **완성 작품 미리보기** QR 코드 링크 주소 : https://youtu.be/_6jljw9ikEA

코딩 알고리즘과 순서도

시작하기 버튼을 클릭했을 때 꼬마로봇이 스페이스 키로 입력된 문장을 다양한 목소리로 읽습니다.

▶ 시작하기 버튼을 클릭했을 때
- 꼬마 로봇의 목소리 종류, 속도, 음높이가 설정됩니다.
- 스페이스 키를 눌렀을 때 꼬마 로봇이 문장을 입력하면 다른 목소리로 설정됩니다.
- 듣고 싶은 문장을 입력하면, 꼬마 로봇이 옆으로 60씩 움직이면서 목소리를 바꾸어 가면서 입력한 문장을 읽어줍니다.
- 반복을 위한 방법을 안내합니다

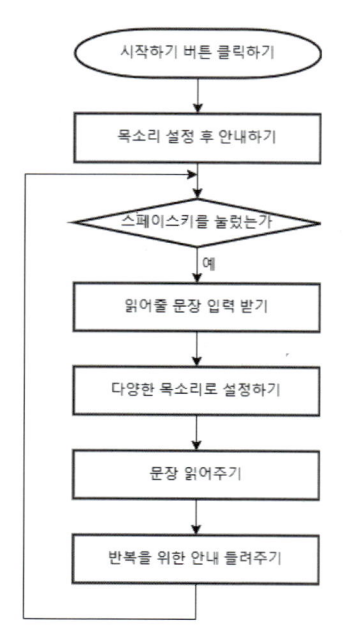

072 초등학생을 위한 인공지능 코딩 feat 엔트리와 ChatGPT

 **작품 만들기** | 완성 파일 QR 코드 | 링크 주소 : https://naver.me/GZZQC7ir

코딩 준비하기

1. 오브젝트 추가하기

오브젝트 선택		
	꼬마 로봇	칠판(2)
이름	꼬마 로봇	칠판(2)
X좌표	2.7	0.0
Y좌표	-33.8	0.0
크기	100.0%	375.0%

2. 인공지능 블록 추가하기

1️⃣ [인공지능 탭]에서 [인공지능 블록 불러오기]를 클릭합니다.

2️⃣ 상단의 [읽어주기]를 클릭합니다.

3️⃣ 우측 상단의 [불러오기]를 클릭합니다.

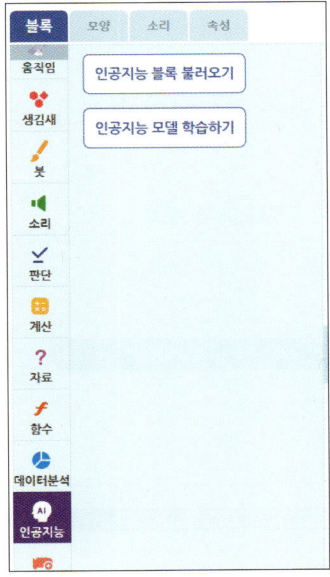
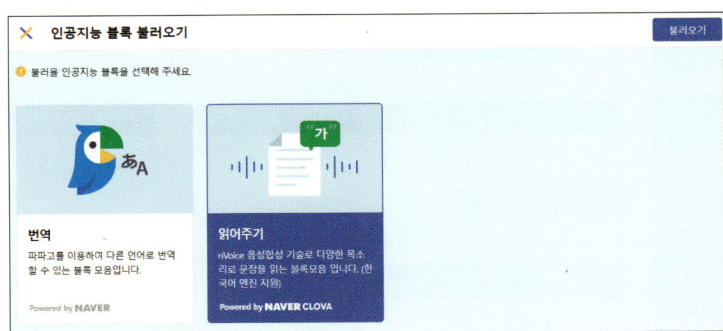

코딩하기

1 [꼬마 로봇] 오브젝트: 다음과 같이 코딩 블록을 순서대로 조립합니다.

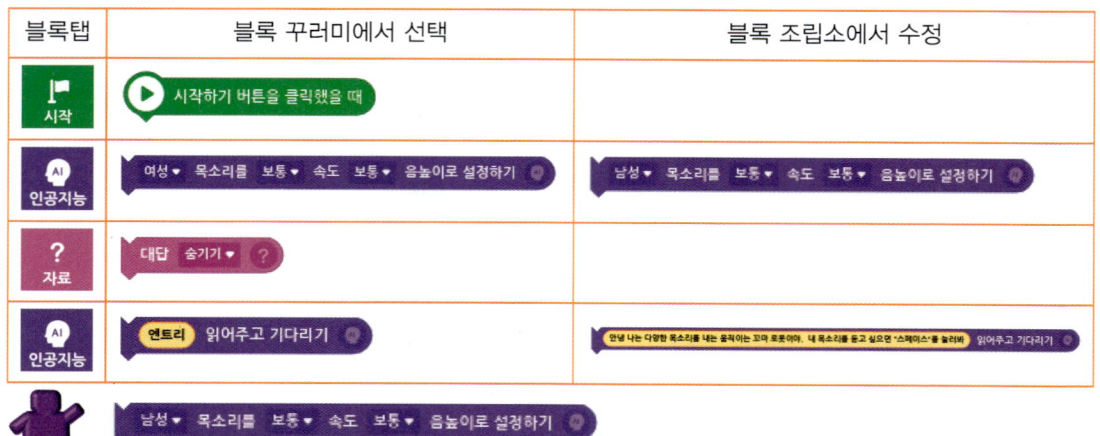

반복되는 동일한 유형의 블록은 다음의 대표 유형 블록의 조립법을 참고하여 블록을 완성합니다.

블록탭	블록 꾸러미에서 선택	블록 조립소에서 수정
시작	시작하기 버튼을 클릭했을 때	
인공지능	여성▼ 목소리를 보통▼ 속도 보통▼ 음높이로 설정하기	남성▼ 목소리를 보통▼ 속도 보통▼ 음높이로 설정하기
자료	대답 숨기기▼	
인공지능	엔트리 읽어주고 기다리기	안녕 나는 다양한 목소리를 내는 움직이는 꼬마 로봇이야. 내 목소리를 듣고 싶으면 "스페이스"를 눌러봐 읽어주고 기다리기

다음과 같이 흰색 삼각형을 클릭하여 여러 가지 유형을 보고 원하는 대로 설정합니다.

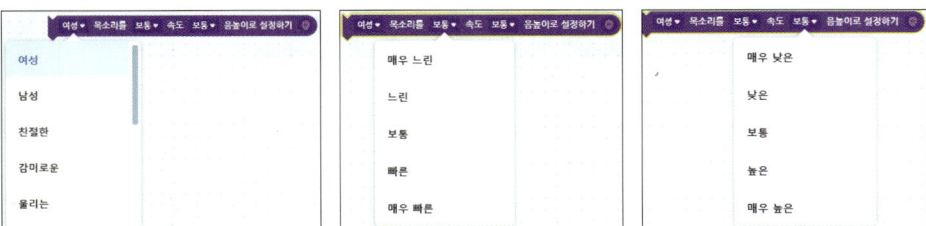

 [인공지능탭]에서 `엔트리 읽어주고 기다리기` 블록을 선택합니다.

② `엔트리` 자리에 '안녕 나는 다양한 목소리를 내는 움직이는 꼬마 로봇이야. 내 목소리를 듣고 싶으면 "스페이스"를 눌러봐'를 입력합니다.

블록탭	블록 꾸러미에서 선택	블록 조립소에서 수정
시작	q 키를 눌렀을 때	스페이스 키를 눌렀을 때
인공지능	엔트리 읽어주고 기다리기	듣고 싶은 문장을 입력해봐 내가 다른 목소리로 말해줄께 읽어주고 기다리기
자료	안녕! 을(를) 묻고 대답 기다리기	듣고 싶은 문장을 입력해봐 내가 다른 목소리로 말해줄께 을(를) 묻고 대답 기다리기
인공지능	여성 목소리를 보통 속도 보통 음높이로 설정하기	감미로운 목소리를 보통 속도 보통 음높이로 설정하기
	엔트리 읽어주고 기다리기	대답 읽어주고 기다리기
자료	대답	
움직임	x 좌표를 10 만큼 바꾸기	x 좌표를 60 만큼 바꾸기

 [자료] 탭에서 `안녕! 을(를) 묻고 대답 기다리기` 블록을 선택합니다.

② `안녕!` 자리에 '듣고 싶은 문장을 입력해봐 내가 다른 목소리로 말해줄께'를 입력합니다.

실행하기

시작하기를 눌러서 코딩한 프로그램이 바르게 작동하는 지 바로 확인합니다.

원하는 결과를 위해 코딩 블록을 추가하거나 교체합니다.

작품 7 한영, 영한 선생님
번역

 **완성 작품 미리보기** QR 코드 링크 주소 : https://youtu.be/dmgfy8l6O0Q

코딩 알고리즘과 순서도

시작하기 버튼을 클릭했을 때 한영선생님과 영한선생님이 소개 후 클릭 시 번역을 진행합니다.

▶ **시작하기 버튼을 클릭했을 때**
- 한영선생님과 영한선생님이 순서대로 자신을 소개합니다.
- 한영선생님을 클릭하면 번역하고 싶은 한글을 입력하라고 말합니다.
- 선생님은 입력받은 한글을 영어로 번역합니다.
- 영한선생님을 클릭하면 번역하고 싶은 영어를 입력하라고 말합니다.
- 선생님은 입력받은 영어를 한글로 번역합니다.

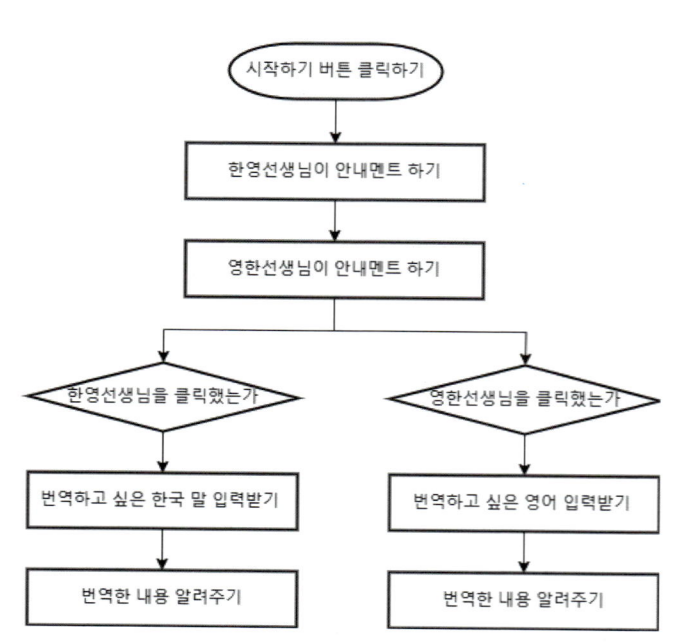

 작품 만들기 　완성 파일 QR 코드 　링크 주소 : https://naver.me/GZZQC7ir

코딩 준비하기

1. 오브젝트 추가하기

오브젝트 선택			
	선생님(2)	선생님(3)	교실
이름	한영선생님	영한선생님	교실
X좌표	-131.0	123.4	0.0
Y좌표	-73.4	-62.9	0.0
크기	100.0%	100.0%	375.0%

2. 속성 추가하기

1 신호를 만듭니다.

- 1개의 신호가 필요합니다.

- [상대방 말하기]: [한영선생님]은 [영한선생님]에게 말하기 목소리의 유형을 선택하고, 번역 관련 안내 멘트를 읽어주라는 신호를 보냅니다.

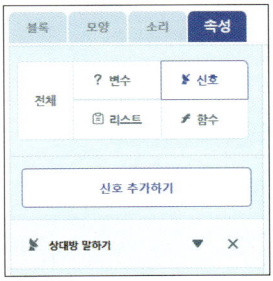

3. 인공지능 블록 추가하기

1 [인공지능 탭]에서 [인공지능 블록 불러오기]를 클릭합니다.
2 상단의 [번역]과 [읽어주기]를 클릭합니다.
3 우측 상단의 [불러오기]를 클릭합니다.

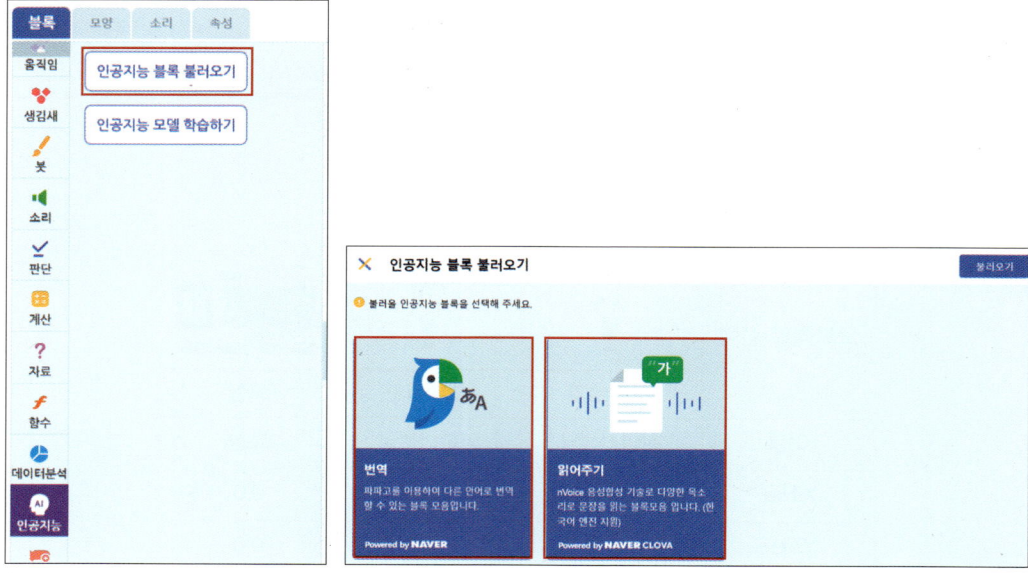

코딩하기

1 [한영선생님] 오브젝트: 다음과 같이 코딩 블록을 순서대로 조립합니다.

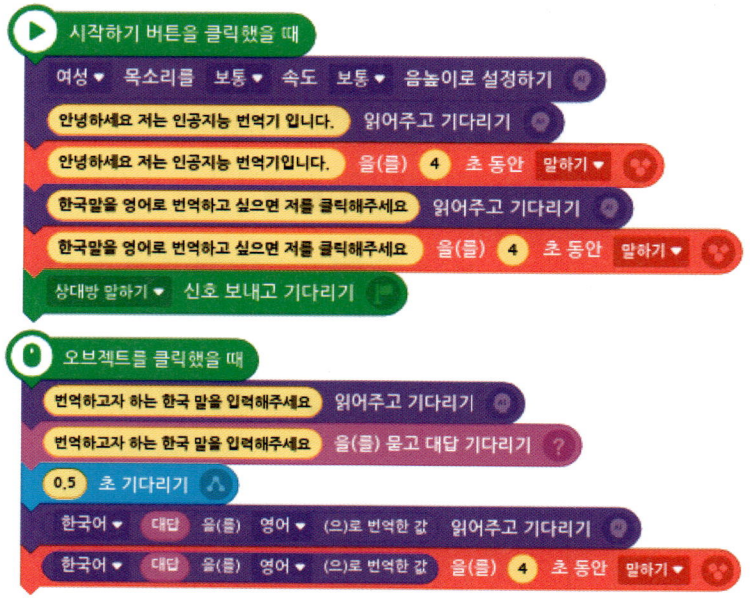

반복되는 동일한 유형의 블록은 다음의 대표 유형 블록의 조립법을 참고하여 블록을 완성합니다.

블록탭	블록 꾸러미에서 선택	블록 조립소에서 수정
인공지능	여성▼ 목소리를 보통▼ 속도 보통▼ 음높이로 설정하기	
	엔트리 읽어주고 기다리기	안녕하세요 저는 인공지능 번역기 입니다. 읽어주고 기다리기
	한국어▼ 엔트리 을(를) 영어▼ (으)로 번역한 값	
자료	대답	한국어▼ 대답 을(를) 영어▼ (으)로 번역한 값 읽어주고 기다리기
생김새	안녕! 을(를) 4 초 동안 말하기▼	안녕하세요 저는 인공지능 번역기입니다. 을(를) 4 초 동안 말하기▼
		한국어▼ 대답 을(를) 영어▼ (으)로 번역한 값 을(를) 4 초 동안 말하기▼
자료	안녕! 을(를) 묻고 대답 기다리기	번역하고자 하는 한국 말을 입력해주세요 을(를) 묻고 대답 기다리기
흐름	2 초 기다리기	0.5 초 기다리기

안녕하세요 저는 인공지능 번역기 입니다. 읽어주고 기다리기

1. [인공지능탭]에서 `엔트리 읽어주고 기다리기` 블록을 선택합니다.
2. `엔트리` 자리에 '안녕하세요 저는 인공지능 번역기입니다.'를 입력합니다.

한국어▼ 대답 을(를) 영어▼ (으)로 번역한 값 읽어주고 기다리기

1. [인공지능탭]에서 `엔트리 읽어주고 기다리기` 블록을 선택합니다.
2. `엔트리` 자리에 `한국어▼ 엔트리 을(를) 영어▼ (으)로 번역한 값` 블록을 조립합니다.
3. 한국어 옆의 `엔트리` 자리에 `대답` 을 넣어 조립합니다.

안녕하세요 저는 인공지능 번역기입니다. 을(를) 4 초 동안 말하기▼

1. [생김새] 탭에서 `안녕! 을(를) 4 초 동안 말하기▼` 블록을 선택합니다.
2. `안녕!` 자리에 '안녕하세요 저는 인공지능 번역기입니다.'를 입력합니다.

번역하고자 하는 한국 말을 입력해주세요 을(를) 묻고 대답 기다리기

1. [자료] 탭에서 `안녕! 을(를) 묻고 대답 기다리기` 블록을 선택합니다.
2. `안녕!` 자리에 '번역하고자 하는 한국 말을 입력해주세요'를 입력합니다.

2. [영한선생님] 오브젝트: 다음과 같이 코딩 블록을 순서대로 조립합니다.

```
상대방 말하기 ▼ 신호를 받았을 때
  여성 ▼ 목소리를 보통 ▼ 속도 보통 ▼ 음높이로 설정하기
  영어를 한국말로 번역하고 싶으면 저를 클릭해주세요 읽어주고 기다리기
  영어를 한국말로 번역하고 싶으면 저를 클릭해주세요 을(를) 4 초 동안 말하기 ▼

오브젝트를 클릭했을 때
  번역하고자 하는 영어를 입력해주세요 읽어주고 기다리기
  번역하고자 하는 영어를 입력해주세요 을(를) 묻고 대답 기다리기
  0.5 초 기다리기
  영어 ▼ 대답 을(를) 한국어 ▼ (으)로 번역한 값 읽어주고 기다리기
  영어 ▼ 대답 을(를) 한국어 ▼ (으)로 번역한 값 을(를) 4 초 동안 말하기 ▼
```

[한영선생님] 오브젝트의 코딩 설명을 참고하여 블록을 조립합니다.

실행하기

시작하기를 눌러서 코딩한 프로그램이 바르게 작동하는 지 바로 확인합니다. 원하는 결과를 위해 코딩 블록을 추가하거나 교체합니다.

작 품 8
우리집 출입 시스템
얼굴 인식

완성 작품 미리보기   QR 코드   링크 주소 : https://youtu.be/Napm90P9Ng4

코딩 알고리즘과 순서도

시작하기 버튼을 클릭했을 때 얼굴을 인식해 문을 열고 장면2로 이동합니다.

▶ **시작하기 버튼을 클릭했을 때**
- 문을 열려면 얼굴을 보여달라고 합니다.
- 얼굴을 인식하면 문이 열렸다가 닫힙니다.
- 실내가 나옵니다.

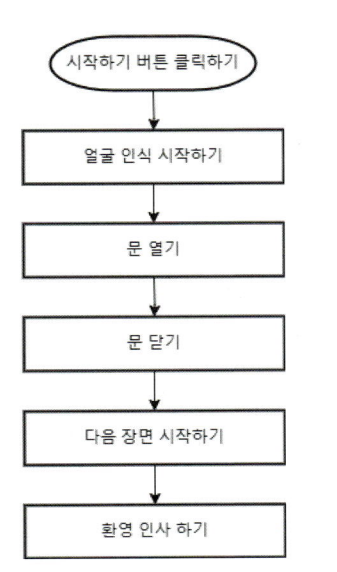

Part 02_엔트리 기본 블록과 인공지능 블록 알아보기 081

 **작품 만들기** | 완성 파일 QR 코드 | 링크 주소 : https://naver.me/x8tq4BS4

코딩 준비하기

1. 오브젝트 추가하기

[장면 1]

오브젝트 선택	문	제주도 돌담집
이름	문	집밖
X좌표	36.5	0
Y좌표	-7.7	0
크기	128.0%	375.0%

[장면 2]

오브젝트 선택	몽타주	거실(4)
이름	집주인	거실
X좌표	0	0
Y좌표	0	0
크기	100.0%	375.0%

2. 인공지능 블록 추가하기

❶ [인공지능 탭]에서 [인공지능 블록 불러오기]를 클릭합니다.

❷ 하단의 [비디오 감지]-[얼굴 인식]을 클릭합니다.

❸ 우측 상단의 [불러오기]를 클릭합니다.

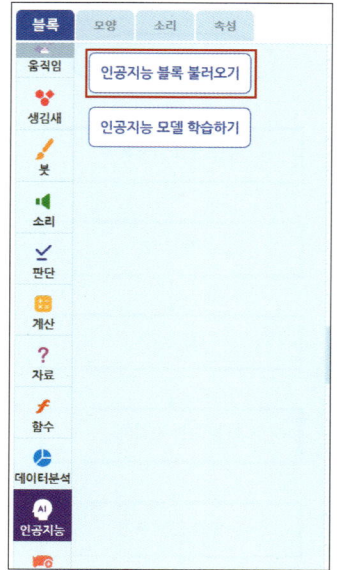

코딩하기

[장면 1]

1 [문] 오브젝트: 다음과 같이 코딩 블록을 순서대로 조립합니다.

 [생김새] 탭에서 블록을 선택합니다.

2 자리에 '문을 열려면 얼굴을 보여주세요'를 입력합니다.

[장면 2]

1 [집주인] 오브젝트: 다음과 같이 코딩 블록을 순서대로 조립합니다.

실행하기

시작하기를 눌러서 코딩한 프로그램이 바르게 작동하는 지 바로 확인합니다.

원하는 결과를 위해 코딩 블록을 추가하거나 교체합니다.

PART

인공지능 모델 학습하기 기초

9 척척 건강 요리사

10 도서 추천

11 응답하라, 긴급출동

인공지능 모델 학습하기 첫걸음

엔트리의 인공지능 모델 학습 기능을 통해 데이터 분류와 예측 방법을 쉽게 배울 수 있습니다. 엔트리에서는 이미지, 텍스트, 소리 데이터를 각각의 클래스로 분류하는 모델뿐만 아니라 숫자 데이터를 분류, 예측, 군집화하는 모델도 학습할 수 있습니다. 학습이 완료된 모델은 블록 형태로 제공되어 다양한 프로젝트에 직접 활용할 수 있습니다.

모델 학습이 완료된 후에는 학습에 사용되지 않은 새로운 데이터를 입력하더라도 모델이 이를 분석하여 분류하거나 예측한 결과를 제공합니다. 이를 통해 학습자는 인공지능의 기본 원리를 실제로 경험하고 이해할 수 있습니다.

1) 인공지능 모델 학습하기 [**분류: 이미지**]
2) 인공지능 모델 학습하기 [**분류: 텍스트**]
3) 인공지능 모델 학습하기 [**분류: 소리**]
4) 인공지능 모델 학습하기 [**예측: 숫자(선형회귀)**]

엔트리에서 인공지능 모델 학습시 주의 사항

❶ 크롬 브라우저 사용을 권장해요.
❷ 엔트리에서 모델을 학습하기 위해서는 반드시 로그인해야 해요.
❸ 최대 10개까지 모델 학습시킬 수 있어요. 학습한 모델이 10개를 초과하면 1개 이상의 모델을 비활성화해야 새로운 모델을 학습시킬 수 있어요.
❹ 비활성화된 모델은 작품에서 동작하지 않아요. 모델을 비활성화할 때는 이미 공유한 작품에 해당 모델이 추가되지 않았는지 꼭 확인해요.
❺ 학습한 모델을 추가한 작품에서 코드 보기를 누르거나 작품을 사본으로 저장해도 모델은 확인할 수 없어요. 학습한 모델은 모델을 만든 사용자만 확인할 수 있어요.
❻ 이미 학습이 완료된 학습 데이터는 서버 환경에 따라 비정기적으로 삭제될 수 있어요. 학습 데이터가 삭제되더라도 학습한 모델 자체는 유지돼요.
❼ 모델 학습에 사용하는 학습 데이터는 서버에 저장돼요. 저작권에 문제가 없고 개인정보가 아닌 데이터만 입력해 주세요. 이를 지키지 않아 발생하는 문제는 모두 사용자의 책임이에요.

알아두기 인공지능 모델 학습하기에 대한 내용은 "파트3_부록 인공지능 모델 학습하기" PDF 파일을 참조합니다. PDF 파일 다운로드는 이 책의 7~8쪽 독자지원센터를 참조합니다.

척척 건강 요리사

분류 : 이미지

 **완성 작품 미리보기**   QR 코드   링크 주소 :
https://youtu.be/iqplyzqoElI

코딩 알고리즘과 순서도

시작하기 버튼을 클릭했을 때 음식 사진을 입력받아 건강식품인지 아닌지를 알려줍니다.

▶ **시작하기 버튼을 클릭했을 때**
- 음식 사진을 보여달라는 안내 문구를 말합니다.
- 분류를 위해 이미지를 입력합니다.
- 학습한 모델로 건강식품인지 아닌지를 분류합니다.
- 분류 결과를 알려줍니다.

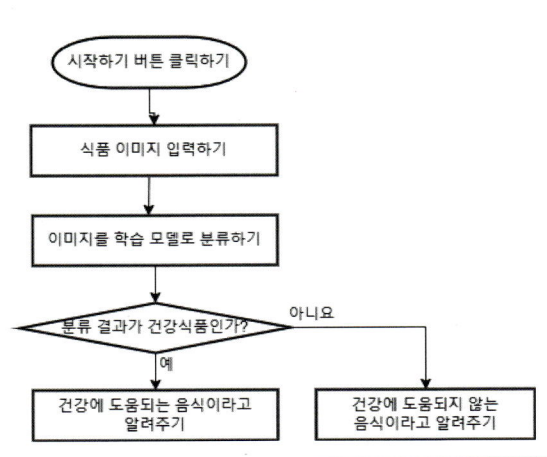

Part 03_인공지능 모델 학습하기 기초 **087**

 **작품 만들기**   완성 파일 QR 코드 링크 주소 : https://naver.me/GUwYkDhL

코딩 준비하기

1. 오브젝트 추가하기

오브젝트 선택	요리사(3)	부엌(3)
이름	요리사	부엌
X좌표	0.4	0.0
Y좌표	-49.7	0.0
크기	136.0%	375.0%

2. 인공지능 모델 학습하기

1 [인공지능 탭]에서 [인공지능 모델 학습하기]를 클릭합니다.

2 상단의 [분류:이미지]를 클릭합니다.

3 우측 상단의 [학습하기]를 클릭합니다.

4 모델 이름에 [건강식품]이라고 입력합니다.

5 클래스1, 클래스2에 각각 '건강에 좋은 식품', '건강에 좋지 않은 식품'이라고 입력합니다.

6 [클릭해서 데이터를 입력해 주세요.]를 클릭하고, 제목 아래에 있는 안내에 따라 데이터를 작성합니다. 또는 저장된 파일을 업로드하거나 카메라로 촬영해 입력할 수 있습니다.

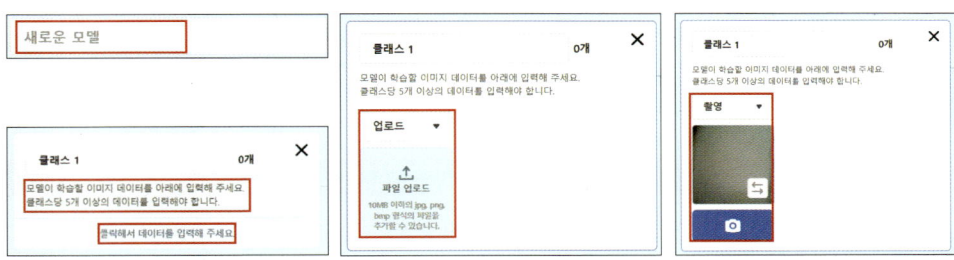

7 데이터 입력 후 [학습하기]를 눌러 모델을 학습합니다.

8 학습한 모델의 결과를 확인하고, 우측 상단의 [적용하기]를 클릭합니다.

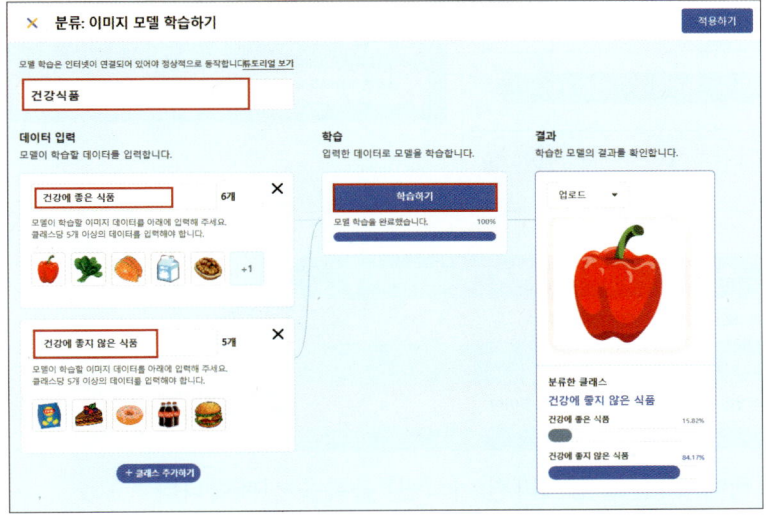

코딩하기

1 [요리사] 오브젝트: 다음과 같이 코딩 블록을 순서대로 조립합니다.

블록탭	블록 꾸러미에서 선택	블록 조립소에서 수정
시작	시작하기 버튼을 클릭했을 때	
생김새	안녕! 을(를) 4 초 동안 말하기	어떤 것이 건강식품인지 궁금하면 사진을 보여줘. 을(를) 4 초 동안 말하기
인공지능	학습한 모델로 분류하기	
흐름	만일 참 (이)라면 아니면	만일 분류 결과가 건강에 좋은 식품 인가? (이)라면 이것은 건강에 도움되는 식품이야 을(를) 4 초 동안 말하기 아니면 이것은 건강에 도움이 되지 않는 식품이야. 을(를) 4 초 동안 말하기
인공지능	분류 결과가 건강에 좋은 식품 인가?	
생김새	안녕! 을(를) 4 초 동안 말하기	

1  [흐름] 탭에서 [만일 참이라면 아니면] 블록을 선택합니다.

2 참 자리에 분류 결과가 건강에 좋은 식품 인가? 을 조립합니다.

3 [생김새] 탭에서 안녕! 을(를) 4 초 동안 말하기 블록을 선택해 [만일 참이라면 아니면] 블록에 조립합니다.

4 각각의 안녕! 자리에 '이것은 건강에 도움되는 식품이야.'('이것은 건강에 도움이 되지 않는 식품이야.')를 입력합니다.

실행하기

시작하기를 눌러서 코딩한 프로그램이 바르게 작동하는 지 바로 확인합니다.
원하는 결과를 위해 코딩 블록을 추가하거나 교체합니다.

 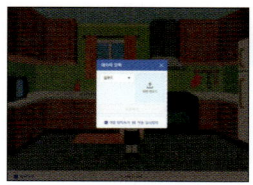  

도서 추천

분류 : 텍스트

 **완성 작품 미리보기**  QR 코드 링크 주소 :
https://youtu.be/LLz_9KjUni8

코딩 알고리즘과 순서도

시작하기 버튼을 클릭했을 때 단어를 입력받아 공상과학 또는 모험 장르로 분류하고 책을 추천합니다.

▶ 시작하기 버튼을 클릭했을 때
- 단어를 입력해 달라는 문구를 말합니다.
- 장르 분류를 위해 단어를 입력합니다.
- 학습된 모델을 사용하여 입력된 단어가 공상과학과 모험 중 어떤 장르에 관련이 있는지 분류합니다.
- 분류 결과에 해당하는 장르의 책을 추천합니다.

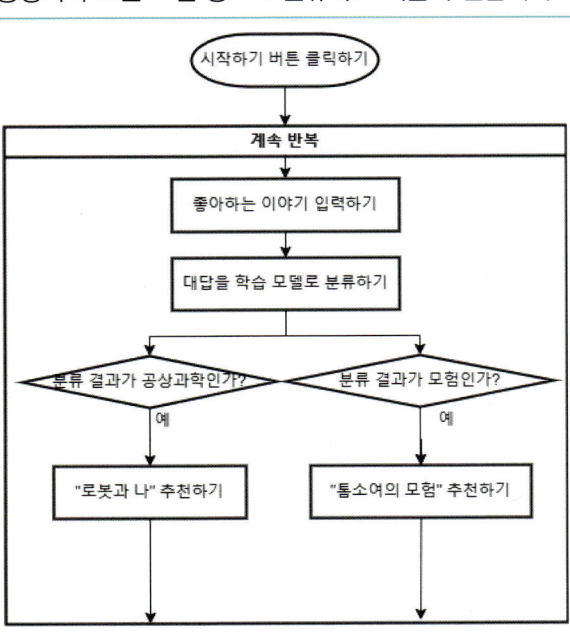

 **작품 만들기** — 완성 파일 QR 코드 링크 주소 : https://naver.me/GDaZv56g

코딩 준비하기

1. 오브젝트 추가하기

오브젝트 선택		
	[묶음] 말하는 앞모습	무대
이름	[묶음] 말하는 앞모습	무대
X좌표	5.4	0.0
Y좌표	-21.3	0.0
크기	100%	375.0%

2. 인공지능 모델 학습하기

1 [인공지능탭]에서 [인공지능 모델 학습하기]를 클릭합니다.
2 상단의 [분류:텍스트]를 클릭합니다.
3 우측 상단의 [학습하기]를 클릭합니다.

4 모델 이름에 [책추천]이라고 입력합니다.
5 클래스1, 클래스2에 각각 '모험', '공상과학'이라고 입력합니다.
6 다음과 같이 [클릭해서 데이터를 입력해 주세요.]를 클릭하고, 텍스트를 입력합니다.

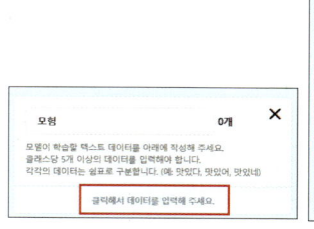
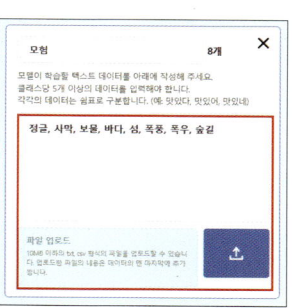

7 데이터 입력 후 [모델 학습하기]를 눌러 모델을 학습합니다.

8 모델 학습 완료 후 학습한 모델의 결과를 확인하고 우측 상단의 [적용하기]를 클릭합니다.

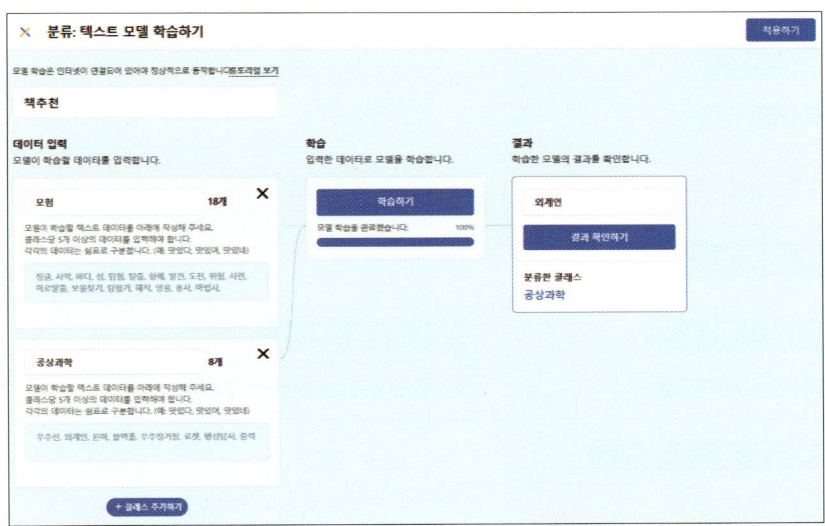

코딩하기

1 [[묶음]말하는 앞모습] 오브젝트: 다음과 같이 코딩 블록을 순서대로 조립합니다.

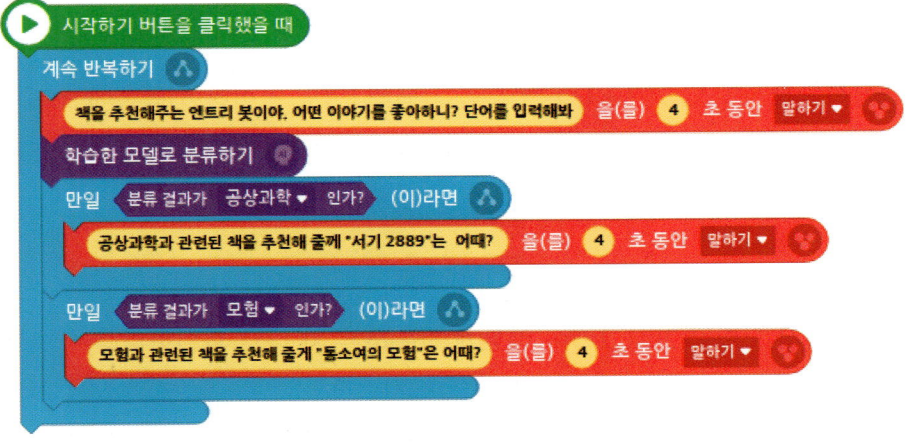

1 자리에 분류 결과가 공상과학 인가? 을 조립합니다.

2 탭에서  블록을 선택해 [만일 참이라면]블록에 조립합니다.

3 안녕! 자리에 '공상과학과 관련된 책을 추천해 줄게 "서기 2889"는 어때?'를 입력합니다.

실행하기

시작하기를 눌러서 코딩한 프로그램이 바르게 작동하는 지 바로 확인합니다.

원하는 결과를 위해 코딩 블록을 추가하거나 교체합니다.

 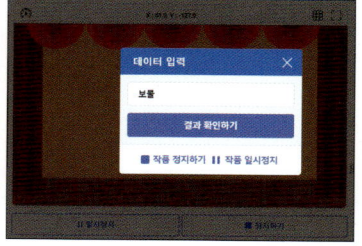 

응답하라, 긴급출동

분류 : 소리

 완성 작품 미리보기　QR 코드　링크 주소 :
https://youtu.be/Bd9D6R1xpx0

코딩 알고리즘과 순서도

시작하기 버튼을 클릭했을 때 스페이스 키로 음성을 입력받아 경찰차나 소방차를 분류해 호출합니다.

▶ 시작하기 버튼을 클릭했을 때
- "경찰차나 소방차가 필요하면 스페이스 키를 눌러봐"라고 말합니다.
- 스페이스 키를 누르면 안내 문구가 나옵니다. 분류를 위해 음성데이터를 입력시킵니다.
- 경찰차인지 아닌지 학습한 모델로 분류합니다.
- 분류 결과에 따라 '경찰차'나 '소방차'가 옵니다.
- 분류가 되지 않는다면 안내 멘트가 나옵니다.

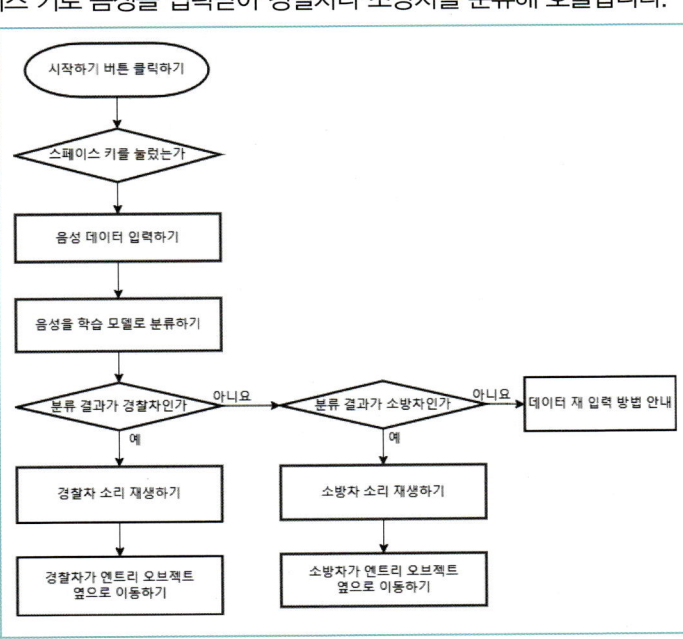

Part 03_인공지능 모델 학습하기 기초　095

 **작품 만들기** 완성 파일 QR 코드 링크 주소 : https://naver.me/Fw7vFSi9

코딩 준비하기

1. 오브젝트 추가하기

오브젝트 선택				
	[묶음] 손을 든 앞 모습	경찰차	소방차	호수가 있는 공원
이름	[묶음] 손을 든 앞 모습	경찰차	소방차	호수가 있는 공원
X좌표	0	−260	283	0.0
Y좌표	−28	−75	−70	0.0
크기	100%	101.3%	100%	375.0%

2. 속성 추가하기

1 신호를 만듭니다.

🏁 2개의 신호가 필요합니다.

- [소방차]: 🐻[[묶음]손을 든 앞 모습이 🚒[소방차]에게 신호를 보냅니다. 신호를 받으면 [소방차]는 소방차가 올거라고 생각하고, [소방차]가 🐻[[묶음]손을 든 앞 모습]옆으로 이동합니다.

- [경찰차]: 🐻[[묶음]손을 든 앞 모습]이 🚓[경찰차]에게 신호를 보냅니다. 신호를 받으면 [경찰차]는 경찰차가 올거라고 생각하고, 경찰차가 🐻[[묶음]손을 든 앞 모습]옆으로 이동합니다.

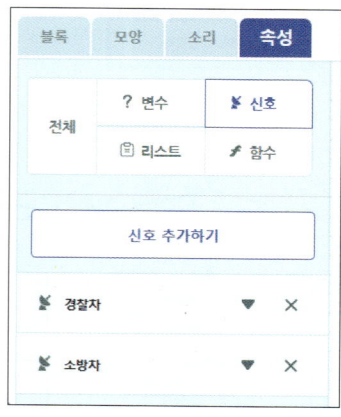

3. 인공지능 모델 학습하기

1️⃣ [인공지능탭]에서 [인공지능 모델 학습하기]를 클릭합니다.

2️⃣ 상단의 [분류: 소리]를 클릭합니다.

3️⃣ 우측 상단의 [학습하기]를 클릭합니다.

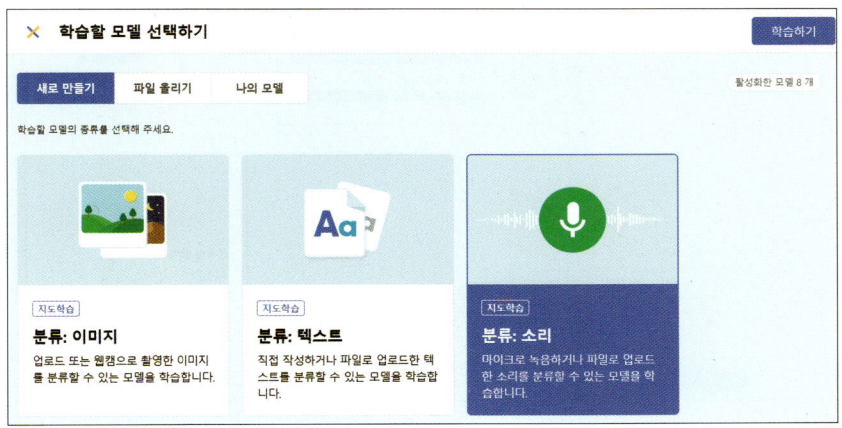

4️⃣ 모델 이름에 [응급 출동 호출]이라고 입력합니다.

5️⃣ 클래스1, 클래스2에 각각 '경찰차', '소방차'라고 입력합니다.

6️⃣ [클릭해서 데이터를 입력해 주세요.]를 클릭하고, 제목 아래에 있는 안내에 따라 소리 데이터를 업로드 하거나 녹음하여 입력합니다.

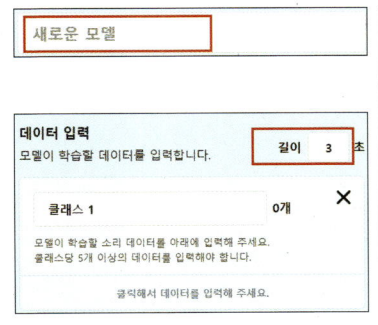 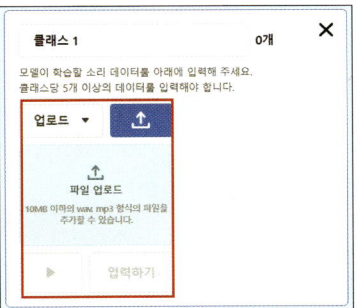 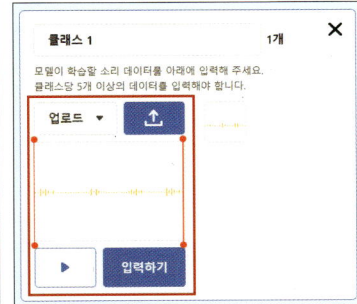

7️⃣ 데이터 입력 후 [모델 학습하기]를 눌러 모델을 학습합니다.

8 모델 학습 완료 후 학습한 모델의 결과를 확인하고 우측 상단의 [적용하기]를 클릭합니다.

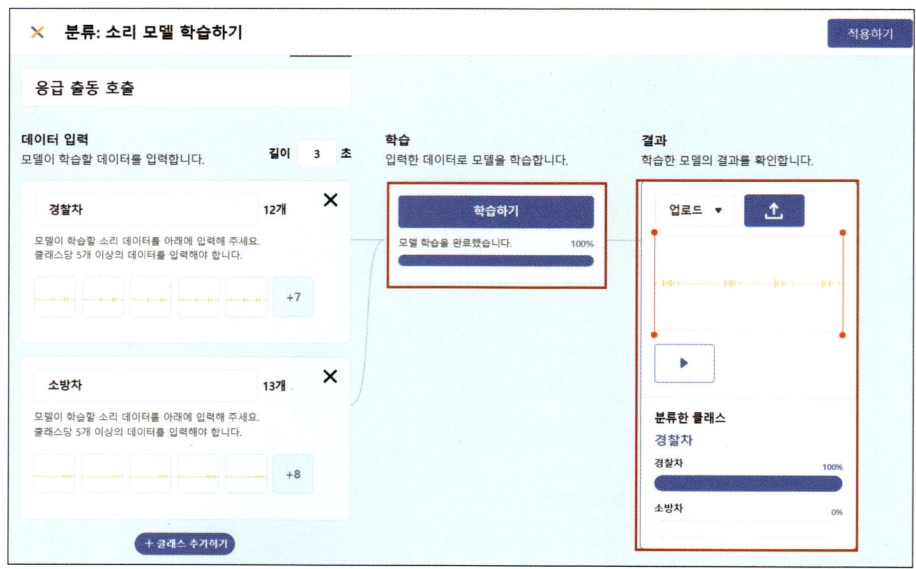

코딩하기

1 [[묶음]손을 든 앞 모습] 오브젝트: 다음과 같이 코딩 블록을 순서대로 조립합니다.

1 [만일 참이라면 아니면] 블록을 선택합니다.

2 참 자리에 분류 결과가 경찰차 인가? 블록을 조립합니다.

3 경찰이 올때까지 기다려야지 을(를) 2 초 동안 생각하기 블록과 경찰차 신호 보내고 기다리기 블록을 조립합니다.

4 마우스 오른쪽 버튼을 클릭하여 코드 복제하기로 같은 블록을 하나 더 만듭니다.

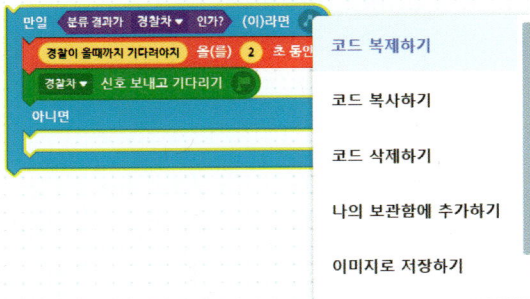

5 복제된 블록을 [아니면]의 빈 영역에 다음과 같이 조립합니다.

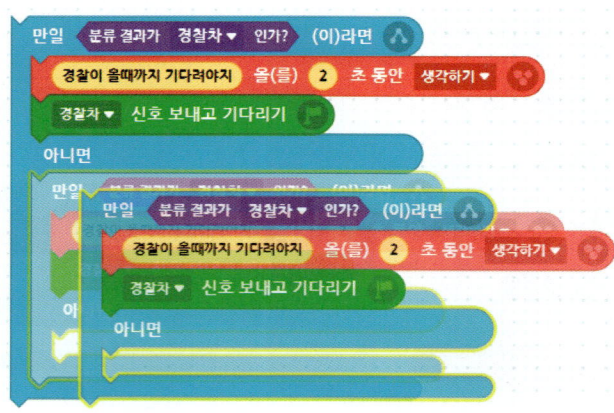

6 복제된 블록의 세부 사항은 전체 블록을 보고 입력하거나 수정합니다.

2 [경찰차] 오브젝트: 다음과 같이 코딩 블록을 순서대로 조립합니다.

3 [소방차] 오브젝트: 다음과 같이 코딩 블록을 순서대로 조립합니다.

실행하기

시작하기를 눌러서 코딩한 프로그램이 바르게 작동하는 지 바로 확인합니다.

원하는 결과를 위해 코딩 블록을 추가하거나 교체합니다.

1 시작하기를 누르면 데이터 입력 상자가 나타납니다.

2 🎤 마이크를 클릭하고 녹음을 시작합니다.

3 녹음이 완료되면 빨간색 막대를 조절하여 검증에 적용할 부분을 선택합니다.

4 [적용하기] 버튼을 누르면 분류 결과가 나타납니다.

 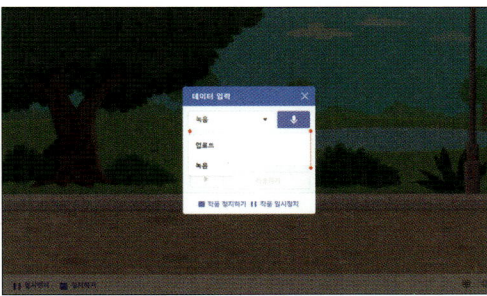

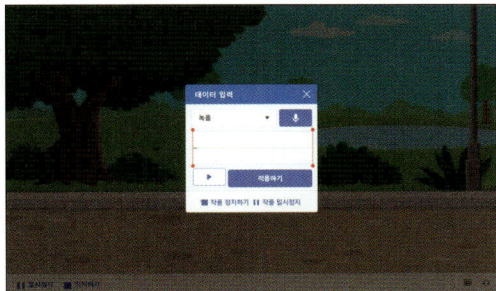 

오디오 구간 설정하기

빨간색 막대는 오디오 데이터의 시작과 끝을 조절하는 도구로 사용됩니다. 이 막대를 사용하면 오디오 데이터의 특정 부분을 선택하거나 잘라낼 수 있습니다. 이 기능은 특히 오디오 데이터를 학습할 때, 필요한 부분만 정확하게 선택하여 입력할 수 있도록 도와줍니다.

다음은 빨간색 막대의 사용법입니다.

- **빨간색 막대 드래그** : 막대를 마우스로 클릭한 후 좌우로 드래그하여 오디오 데이터의 시작 점과 끝점을 조절할 수 있습니다. 왼쪽 막대는 오디오의 시작 지점을, 오른쪽 막대는 끝 지점을 나타냅니다.
- **오디오 구간 설정** : 원하는 구간만 남기고 나머지 부분은 제외하려면, 막대를 움직여 해당 구간을 선택하세요.
- **재생 확인**: 선택한 구간을 재생하려면 아래에 있는 재생 버튼(▶)을 클릭하여 설정한 오디오 구간이 제대로 선택되었는지 확인할 수 있습니다.

PART 4

ChatGPT와 함께하는 교과연계
인공지능 모델 학습하기

12 좋은 말 나쁜 말

13 음성으로 감정인식

14 강아지 초코의 모험

15 다국어 번역 로봇

16 마법 지팡이로 다각형 그리기

17 칠교놀이 조각 도형의 넓이 구하기

18 즐거운 사각형 퀴즈 시간

19 토마토가 자라나요

20 나에게 맞는 행성은?

21 미래노인인구

22 마을지도 소개

23 자랑스러운 우리 문화유산

24 지역 행사 안내

25 스마트 홈

26 청개구리 구하기

27 흥겨운 장구 장단

28 분리수거 도우미봇

29 불이 났어요

작품 12 좋은 말 나쁜 말

분류 : 텍스트   교과 연계 : 국어❶

학습 목표
인공지능 블록 중 '읽어주기' 블록을 불러올 수 있습니다.
인공지능 모델 학습 중 [분류: 텍스트] 모델을 만들 수 있습니다.

완성 작품 미리보기   QR 코드   링크 주소 : https://youtu.be/Z48zQAGkDiU

코딩 알고리즘과 로드맵

▶ 시작하기 버튼을 클릭했을 때
- 단어를 입력하면 좋은 말인지 나쁜 말인지 알려준다는 신비한 마법책의 안내가 나옵니다.
- 단어를 입력하면 인공지능 지도학습 중 분류:텍스트로 학습한 결과에 따라 좋은 말인지 나쁜 말인지 알려줍니다.

❶ [2국01-06]바르고 고운 말을 사용하여 말하는 태도를 지닌다.
[6국04-06]일상생활에서 국어를 바르게 사용하는 태도를 지닌다.

ChatGPT와 함께하는 학습 이야기

질문 당신은 국어선생님 입니다. 초등학교 학생들에게 좋은 말 나쁜 말에 대해 알려주려고 합니다. 좋은 말과 나쁜 말을 어떻게 구분할 수 있는지 알려주세요.

좋은 말과 나쁜 말을 구분하는 방법을 쉽게 정리해볼게요.
1. 상대방이 기분 좋게 느끼는가?
좋은 말: 상대방을 기쁘게 하고 웃게 하는 말 ("오늘 멋지다!", "너 정말 잘했어!")
나쁜 말: 상대방을 속상하게 하고 자신감을 잃게 하는 말 ("넌 왜 이렇게 느려?")
2. 칭찬인가, 비난인가?
좋은 말: 상대방의 좋은 점을 칭찬하고 고마움을 표현하는 말 ("정말 고마워", "너 참 똑똑해!")
나쁜 말: 상대방을 비난하거나 나쁜 점을 지적하는 말 ("왜 그렇게 못하니?")
3. 상대방에게 도움이 되는가?
좋은 말: 상대방에게 힘을 주고 응원하는 말 ("네가 잘할 수 있을 거야!")
나쁜 말: 상대방의 의욕을 꺾고 실망하게 하는 말 ("네가 하는 건 다 틀렸어")
4. 상대방의 입장에서 생각해보기
내가 그 말을 들었을 때 기분이 좋다면 좋은 말, 속상할 것 같다면 나쁜 말일 가능성이 높아요.
결론: 상대방이 어떤 기분일지를 생각하면서, 기분 좋게 할 수 있는 말을 자주 사용하는 것이 중요해요!

질문 좋은 말과 나쁜 말에 관한 속담이 있나요?

네, 좋은 말과 나쁜 말에 관한 속담이 여러 가지 있어요. 속담은 말의 힘과 중요성을 잘 알려주죠. 몇 가지 예를 소개할게요.

좋은 말 관련 속담
"말 한마디로 천 냥 빚을 갚는다" : 좋은 말 한마디가 큰 문제를 해결할 수 있다는 의미로, 좋은 말이 사람 사이의 관계를 좋게 만든다는 뜻입니다.
"가는 말이 고와야 오는 말이 곱다" : 내가 상대에게 예쁜 말을 하면 상대도 나에게 좋은 말을 해준다는 뜻으로, 말의 긍정적인 순환을 강조합니다.
"웃는 얼굴에 침 못 뱉는다" : 밝고 부드러운 말과 표정에는 누구도 나쁘게 대하지 못한다는 뜻이에요. 좋은 말을 쓰면 상대도 나쁘게 대하지 않게 됩니다.

나쁜 말 관련 속담
"뿌린 대로 거둔다" : 내가 남에게 나쁜 말을 하면 결국 그 말이 자신에게 돌아온다는 의미로, 말의 영향이 크다는 것을 알려줍니다.
"낮말은 새가 듣고 밤말은 쥐가 듣는다" : 아무도 없는 곳에서 나쁜 말을 한다 해도 언젠가는 누군가에게 전해진다는 뜻으로, 항상 말을 조심해야 한다는 교훈입니다.
"혀 아래 도끼 들었다" : 함부로 내뱉은 말이 상대방에게 큰 상처가 될 수 있다는 의미로, 말이 날카로운 무기가 될 수 있음을 경고하는 속담입니다.

이 속담들은 좋은 말을 하면 좋은 결과가 따르고, 나쁜 말을 하면 나쁜 결과가 따라온다는 것을 잘 알려줍니다.

 **작품 만들기** 완성 파일 QR 코드 링크 주소: https://naver.me/xCBZ8Bxl

코딩 준비하기

1. 오브젝트 추가하기

오브젝트 선택	[묶음] 신비한 책 열림	NO 엔트리봇	OK 엔트리봇
이름	신비한 책	나쁜 말	좋은 말
X좌표	13	-47	80
Y좌표	-20	5	13
크기	300%	100.0%	130.0%

2. 오브젝트 모양 바꾸기

1 [OK 엔트리봇]을 선택하고 오브젝트의 이름을 [좋은 말]로 바꿔 줍니다.

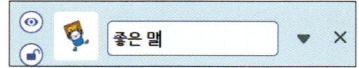

2 [모양] 탭을 클릭하여 모양 이름도 [좋은 말]로 바꿔 줍니다.

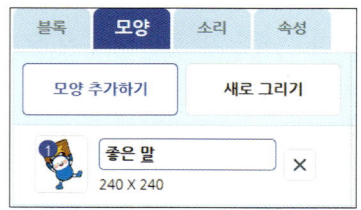

3 [벡터] 상태에서 왼쪽 메뉴 중 [선택]을 클릭 후 'OK' 글자를 선택해 삭제합니다.

4 왼쪽 메뉴 중 [T] [글상자]를 클릭 후 '좋은 말'을 입력하고 글상자에 달린 노랑 테두리 원을 움직여 회전시킵니다.

5 [저장하기]를 클릭합니다.

6 [나쁜 말] 오브젝트는 [좋은 말] 오브젝트를 참고하여 만듭니다.

3. 속성 추가하기

1 신호를 만듭니다. 2개의 ![신호아이콘] [신호]가 필요합니다.

[나쁜 말]: 📖[신비한 책]은 🐻[나쁜 말]에게 텍스트 분류 결과가 '나쁜 말'일 때 오브젝트 모양을 크게 보여주라는 신호를 보냅니다.

[좋은 말]: 📖[신비한 책]은 🐻[좋은 말]에게 텍스트 분류 결과가 '좋은 말'일 때 오브젝트 모양을 크게 보여주라는 신호를 보냅니다.

4. 인공지능 블록 추가하기

1 ![인공지능] [인공지능탭]에서 [인공지능 블록 불러오기]를 클릭합니다.

2 상단의 [읽어주기]를 클릭합니다.

3 우측 상단의 [불러오기]를 클릭합니다.

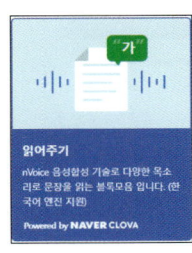

5. 인공지능 모델 학습하기

1 [인공지능탭]에서 [인공지능 모델 학습하기]를 클릭합니다.

2 상단의 [분류: 텍스트]를 클릭합니다.

3 우측 상단의 [학습하기]를 클릭합니다.

4 모델 이름에 [좋은 말,나쁜 말]이라고 입력합니다.

5 클래스 1, 클래스 2에 각각 '좋은 말', '나쁜 말'이라고 입력합니다.

6 [클릭해서 데이터를 입력해 주세요.]를 클릭하고, 제목 아래에 있는 안내에 따라 데이터를 입력합니다. 또는 하단의 안내에 따라 파일을 업로드할 수도 있습니다.

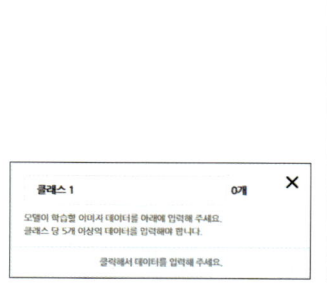 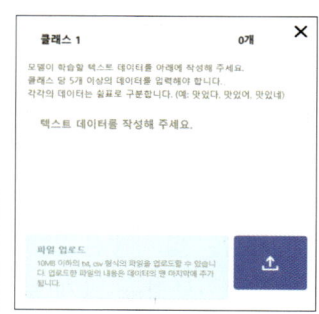

7 데이터 입력 후 [모델 학습하기]를 눌러 모델을 학습합니다.

8 모델 학습을 완료 후 학습한 모델의 결과를 확인하고 우측 상단의 [적용하기]를 클릭합니다.

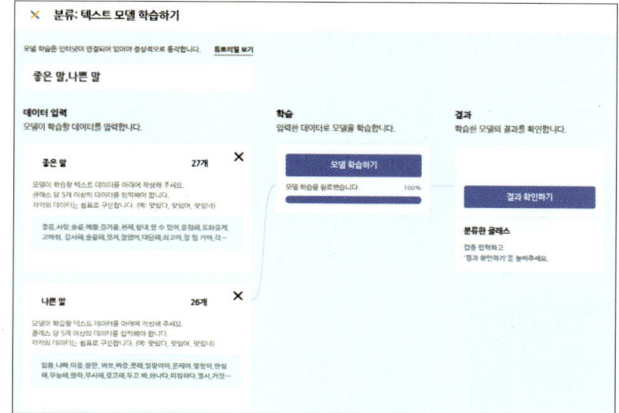

좋은 말의 예시	나쁜 말의 예시
좋음, 사랑, 훌륭, 예쁨, 힘내 등	싫음, 나빠, 미움, 불만, 바보 등

108 초등학생을 위한 인공지능 코딩 feat 엔트리와 ChatGPT

코딩하기

1 📖 [신비한 책] 오브젝트: 다음과 같이 코딩 블록을 순서대로 조립합니다.

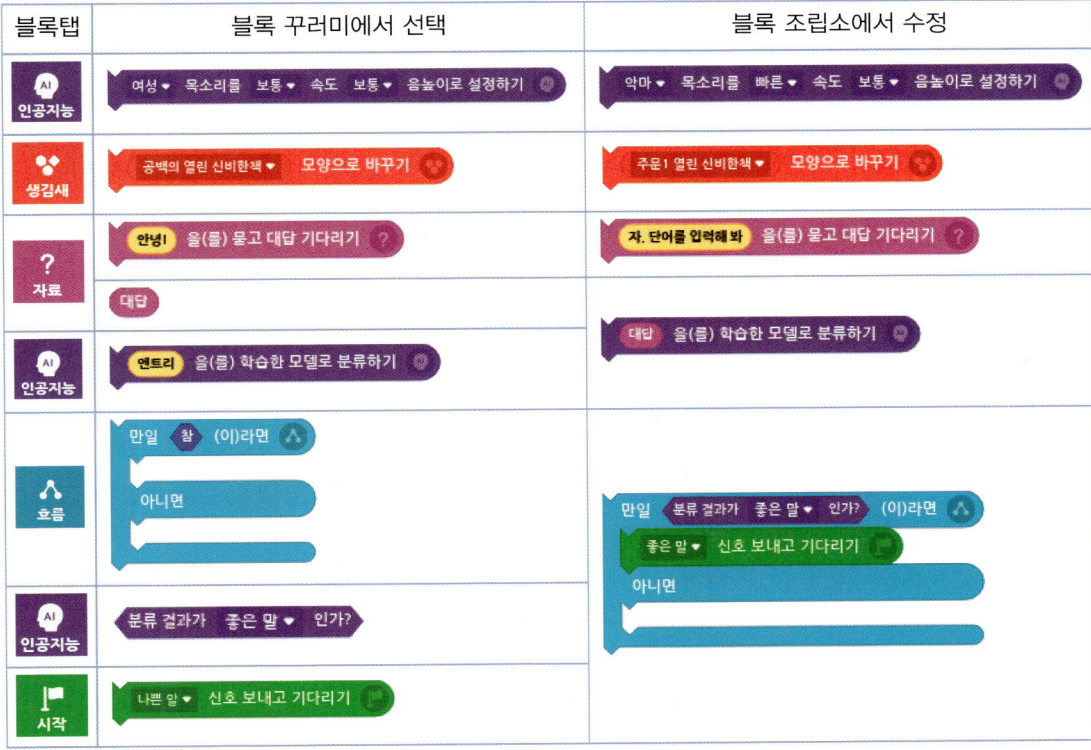

[인공지능탭]에서 블록을 선택합니다. 다음과 같이 흰색 삼각형을 눌러서 세부 사항을 선택합니다.

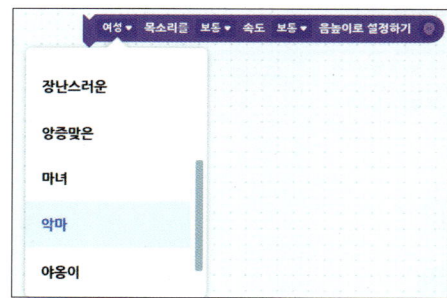 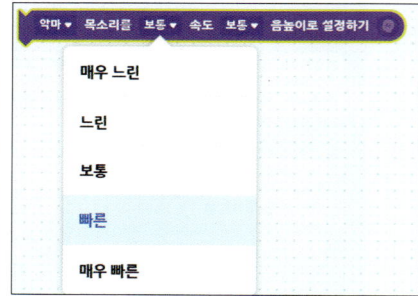

 [생김새] 탭에서 블록을 선택합니다. 흰색 삼각형을 눌러서 다음과 같이 선택합니다.

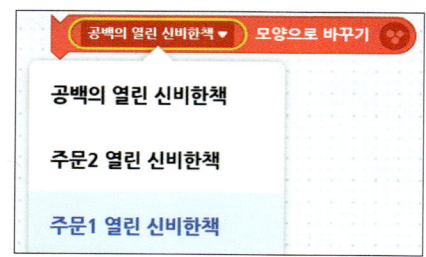

 [인공지능탭]에서 블록을 선택합니다. 엔트리 자리에 [자료] 탭에 있는 대답 을 조립합니다.

2 [좋은 말] 오브젝트: 다음과 같이 코딩 블록을 순서대로 조립합니다.

3 [나쁜 말] 오브젝트: 위의 [좋은 말] 오브젝트를 참고하여 블록을 순서대로 조립합니다.

실행하기

시작하기를 눌러서 코딩한 프로그램이 바르게 작동하는지 바로 확인합니다.

원하는 결과를 위해 코딩 블록을 추가하거나 교체합니다.

음성으로 감정인식

분류: 텍스트　　교과 연계 : 국어❷

 인공지능 블록 [읽어주기]와 [음성인식], [분류: 텍스트]를 학습합니다.
목소리를 듣고 그 사람이 어떤 감정을 느끼고 있는지 맞춰봅니다.

 완성 작품 미리보기　　QR 코드 　링크 주소 :
https://youtu.be/I42ttfAdvP8

코딩 알고리즘과 로드맵

▶ 시작하기 버튼을 클릭했을 때
- "저는 감정을 인식하는 AI로봇 입니다. 대화 내용을 듣고 어떤 감정인지 알 수 있어요."
- "지금 기분이 어떤지 이야기해 줄래요?"라고 음성이 나옵니다.
- 현재 기분을 말하면, 인공지능이 학습한 텍스트 분류에 따라 3가지 감정 '기쁨', '슬픔', '화남'으로 분류합니다.
- 분류된 감정에 따라 엔트리 봇이 모양을 변경합니다.

❷ [6국01-07]상대가 처한 상황을 이해하고 공감하며 듣는 태도를 지닌다.

112　초등학생을 위한 인공지능 코딩 feat 엔트리와 ChatGPT

ChatGPT와 함께하는 학습 이야기

 엔트리에서 인공지능 모델 학습하기를 사용하여 감정을 분류하는 프로그램을 코딩하는 다양한 방법을 제시해주세요. 간결하게 정리해서 보여주세요.

엔트리의 "인공지능 모델 학습하기" 기능을 활용해 감정을 분류하는 프로그램을 코딩하는 다양한 방법을 간결하게 정리했습니다.

1. 텍스트 기반 감정 분류
설명: 입력된 텍스트 데이터를 통해 감정을 분류.
방법: 감정 분류용 텍스트 데이터셋을 학습하여 사용자가 입력한 문장에 따라 감정을 예측.
2. 이미지 기반 감정 분류 (얼굴 표정 분석)
설명: 얼굴 이미지를 통해 감정을 분류.
방법: 얼굴 표정 데이터셋을 학습하여 이미지 속 표정을 분석해 감정을 예측.
3. 음성 데이터 기반 감정 분류
설명: 음성 톤이나 소리 크기를 기반으로 감정 분류.
방법: 음성 데이터셋을 학습하여 소리의 특징(높낮이, 빠르기 등)을 감정으로 분류.
4. 텍스트 속성 기반 분류 (단어 빈도, 길이 등)
설명: 텍스트 속성(단어 빈도, 길이, 특정 단어 사용 등)을 분석해 감정 분류.
방법: 특정 단어나 문장 구조에 따라 감정 학습 후 감정을 예측.
5. 이미지 색상 기반 감정 분류
설명: 이미지나 색상을 기반으로 감정 분류.
방법: 특정 색상과 감정을 연관 지어 학습하여 입력 이미지의 주요 색상에 따라 감정을 분류.
이렇게 다양한 접근 방식을 통해 인공지능 모델 학습을 활용하여 감정을 분류하는 프로그램을 만들 수 있습니다.

 이 중 가장 분류가 잘되는 분류 방식을 알려주세요.

가장 효과적으로 감정을 분류할 수 있는 방식은 텍스트 기반 감정 분류와 이미지 기반 감정 분류 (얼굴 표정 분석)입니다. 각각의 장점은 다음과 같습니다.

1. 텍스트 기반 감정 분류:
장점: 텍스트 데이터를 기반으로 감정을 분석할 때는, 사용자가 느끼는 감정이 직접적으로 드러나는 단어와 표현이 많아 비교적 정확한 분류가 가능합니다. 감정 분류용 텍스트 데이터셋이 잘 학습되면, 사용자의 다양한 문장을 기반으로 높은 정확도로 감정을 예측할 수 있습니다.
추천 상황: 문장이나 대화를 통한 감정 파악이 필요한 경우, 특히 채팅이나 문자 응답 등을 분석할 때 효과적입니다.
2. 이미지 기반 감정 분류 (얼굴 표정 분석):
장점: 얼굴 표정은 감정을 나타내는 중요한 지표이기 때문에, 표정 데이터셋을 학습하면 비교적 정확하게 감정을 분류할 수 있습니다. 특히, 사진이나 영상에서 사람의 표정을 분석할 때 매우 유용하며, 표정 변화를 통해 감정을 실시간으로 파악할 수 있습니다.
추천 상황: 이미지나 영상에서 사람의 표정을 분석해 감정을 파악해야 할 때, 특히 얼굴 표정을 통해 감정을 읽는 데 유리합니다.
텍스트와 얼굴 표정 분석 모두 강력한 분류 방식이지만, 사용하려는 데이터 유형에 따라 선택하는 것이 좋습니다.

 **작품 만들기** 완성 파일 QR 코드   링크 주소 : https://naver.me/GrmZwmTl

코딩 준비하기

1. 오브젝트 추가하기

오브젝트 선택					
	(3)엔트리봇	[묶음] 울고있는 옆 모습	[묶음] 행복한 앞 모습(2)	[묶음] 화가 난 앞 모습(2)	방
이름	(3)엔트리봇	울고있는 옆모습	행복한 앞 모습	화가 난 앞모습	집
X좌표	-7.4	-0.9	-0.6	5.4	0
Y좌표	-72.9	-72.9	-77.6	-73.6	0
크기	100%	136.4%	111.6%	121.7%	375.0%

2. 속성 추가하기

1 신호를 만듭니다.

3개의 신호가 필요합니다.

[기쁨]: [(3)엔트리봇]은 [행복한 앞 모습]에게 모양을 보이라는 신호를 보냅니다.

[슬픔]: [(3)엔트리봇]은 [울고있는 옆모습]에게 모양을 보이라는 신호를 보냅니다.

[화남]: [(3)엔트리봇]은 [화가 난 앞 모습]에게 모양을 보이라는 신호를 보냅니다.

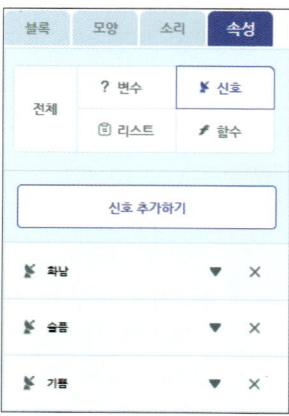

3. 인공지능 블록 추가하기

1 [인공지능탭]에서 [인공지능 블록 불러오기]를 클릭합니다.
2 상단의 [읽어주기]를 클릭합니다.

❸ 우측 상단의 [불러오기]를 클릭합니다.

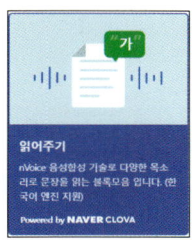

4. 인공지능 모델 학습하기

❶ [인공지능탭]에서 [인공지능 모델 학습하기]를 클릭합니다.
❷ 상단의 [분류: 텍스트]를 클릭합니다.
❸ 우측 상단의 [학습하기]를 클릭합니다.

❹ 우측 상단의 [학습하기]를 클릭합니다.
❺ 모델 이름에 '감정인식'을 입력합니다.
❻ 맨 아래의 [+클래스 추가하기]를 클릭하여 클래스1, 클래스2, 클래스3을 생성합니다.
❼ 각 클래스의 이름 '기쁨', '슬픔', '화남'으로 입력합니다.
❽ 다음과 같이 [클릭해서 데이터를 입력해 주세요.]를 클릭하고, 제목 아래에 있는 안내에 따라 데이터를 작성합니다. 또는 하단의 안내에 따라 파일을 업로드할 수도 있습니다.

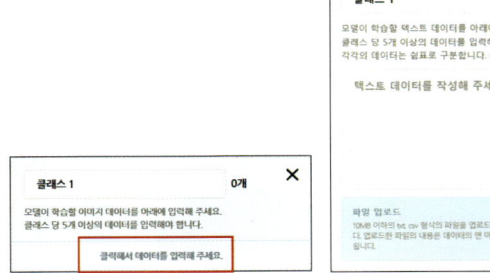

❾ 데이터 입력 후 [모델 학습하기]를 눌러 모델을 학습합니다.

10 모델 학습을 완료 후 학습한 모델의 결과를 확인하고 우측 상단의 [적용하기]를 클릭합니다.

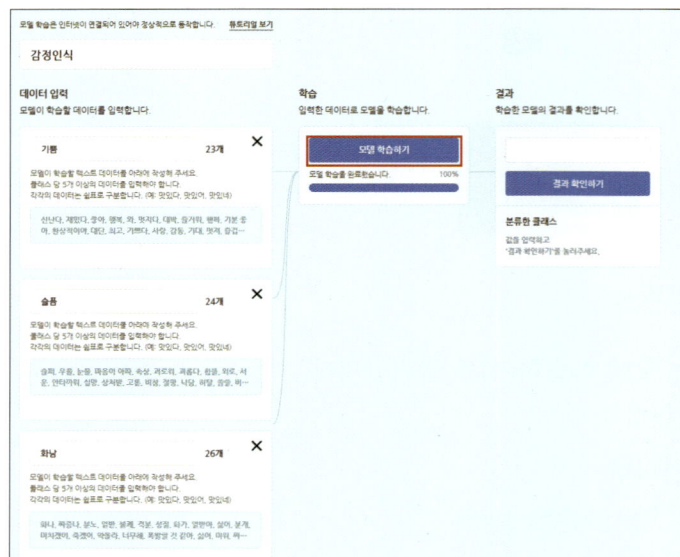

기쁨의 예시
신난다, 좋아, 행복, 최고, 사랑 등

슬픔의 예시
슬퍼, 눈물, 속상, 서운, 안타까워 등

화남의 예시
화나, 짜증나, 분노, 싫어, 너무해 등

코딩하기

1. [(3)엔트리봇] 오브젝트: 다음과 같이 코딩 블록을 순서대로 조립합니다.

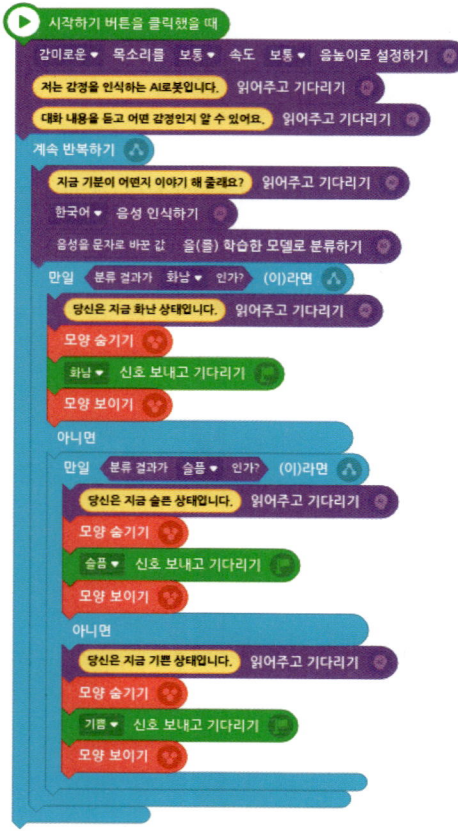

116 초등학생을 위한 인공지능 코딩 feat 엔트리와 ChatGPT

 [인공지능탭]에서 블록을 선택합니다. [여성] 옆 흰색 삼각형을 눌러서 나타난 항목 중 [감미로운]을 선택합니다.

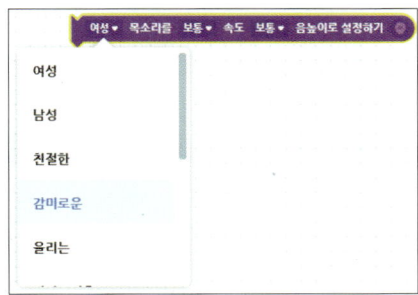

 [인공지능탭]에서 블록을 선택합니다.

엔트리 자리에 블록을 조립합니다.

Part 04_ChatGPT와 함께하는 교과연계 인공지능 모델 학습하기 117

1. [흐름] 탭에서 [만일 참이라면 아니면]블록을 선택합니다.
2. 참 대신 분류 결과가 기쁨▼ 인가? 를 넣어줍니다.
3. 이 블록을 복제하여 [아니면]자리에 결합해줍니다.

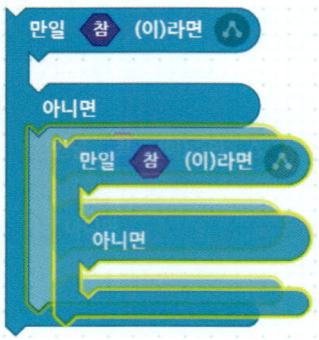

4. 첫 번째 블록에서 분류 결과가 기쁨▼ 인가? 블록의 [기쁨] 옆 흰색 삼각형을 눌러서 나타난 항목 중 [화남]을 선택합니다.

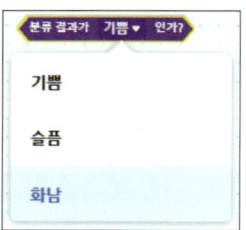

5. 결합한 두 번째 [만일 참이라면 아니면]블록의 분류 결과가 기쁨▼ 인가? 도 같은 방법으로 [슬픔]을 선택합니다.

2. [울고있는 옆모습] 오브젝트: 다음과 같이 코딩 블록을 순서대로 조립합니다.

3 [행복한 앞 모습] 오브젝트: 다음과 같이 코딩 블록을 순서대로 조립합니다.

4 [화가 난 앞모습] 오브젝트: 다음과 같이 코딩 블록을 순서대로 조립합니다.

실행하기

시작하기를 눌러서 코딩한 프로그램이 바르게 작동하는 지 바로 확인합니다.

원하는 결과를 위해 코딩 블록을 추가하거나 교체합니다.

강아지 초코의 모험

읽어주기 교과 연계 : 국어[3]

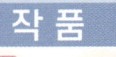
학습 목표
애니메이션 이야기를 만들어서 코딩 작품으로 만들 수 있습니다.
오브젝트의 모양을 변환하고 장면추가를 학습합니다.

완성 작품 미리보기   QR 코드   링크 주소 :
https://youtu.be/RHPr3bprmAI

코딩 알고리즘과 로드맵

▶ **시작하기 버튼을 클릭했을 때**
- 이야기가 시작되고 강아지가 걸어가다가 오른쪽 벽에 닿으면, 다음 장면으로 넘어갑니다.
- 다음 장면에서 강아지가 화면 오른쪽에 있는 화면 오른쪽에 있는 구멍으로 걸어갑니다. 구멍에 닿는 순간에 다음 화면으로 넘어갑니다.
- 다음 장면에 강아지가 화면 위에서 떨어진 후 이야기가 시작됩니다.
- 유령과 박쥐가 날아다니는 상황에서 강아지가 화면 오른쪽에 있는 덤블을 타고 올라갑니다. 다 올라가면 다음 화면으로 넘어갑니다.
- 남성과 강아지가 이야기를 하고 강아지는 오른쪽으로 걸어갑니다.
- 오른쪽 끝에 닿으면 처음 장면으로 돌아와 이야기가 마무리됩니다.

❸ [4국03-02]시간의 흐름에 따라 사건이나 행동이 드러나게 글을 쓴다.

ChatGPT와 함께하는 학습 이야기

질문 나의 꿈은 세계적인 동화 작가야. 지금은 초등학생이지만 열심히 노력해서 노벨문학상을 받고 싶어. 좋은 글을 쓰는 작가가 되려면 글을 어떻게 구상하고 써야 하는지 중요하게 지켜야 하는 것을 3가지만 알려줘.

초등학생으로서 동화 작가의 꿈을 가지고 계시다니 정말 대단해요! 좋은 동화를 쓰기 위한 가장 중요한 3가지 원칙을 알려드릴게요:

좋은 동화를 쓰는 3가지 비법:
1. 매일 상상하기
"만약에…" 게임하듯 상상해보기
평범한 것들을 신기한 것으로 바꿔보기
2. 재미있게 쓰기
친구한테 이야기하듯 쓰기
신나는 모험 넣어보기
3. 따뜻한 마음 담기
우정, 사랑, 용기 같은 좋은 마음 넣어 행복한 결말로 끝내기
이렇게 하면서 매일 조금씩 글을 쓰다 보면 점점 더 좋은 작가가 될 수 있어요.

질문 신나는 모험을 넣어 볼래. 우리집 강아지 초코가 모험을 하는 이야기를 상상해봤어. 초코가 집을 떠나 구멍에 빠져서 신비의 숲에서 집으로 나오는 과정을 시간 순서대로 만들 거야. 초코의 이야기를 크레파스로 그린 그림으로 2컷을 만들어줘.

 작품 만들기 완성 파일 QR 코드   링크 주소 : https://naver.me/GTnK06Vv

코딩 준비하기

1. 장면 추가하기

- 4개의 장면이 필요합니다.
- 실행 화면 상단에 [장면1] 오른쪽에 있는 [+]를 눌러서 장면을 3개 더 추가합니다.

2. 오브젝트 추가하기

[장면1]

오브젝트 선택	강아지	집
이름	강아지	집
X좌표	-44	0
Y좌표	-38.6	0
크기	100%	375.0%

[장면2]

오브젝트 선택	강아지	닭다리	새로 그리기	공원(5)
이름	강아지	닭다리	구멍	공원(5)
X좌표	-191.5	192.8	139.6	0
Y좌표	-27	-95.8	-108.9	0
크기	100%	51.7%	55.5%	375.0%

[장면3]

오브젝트 선택	강아지	강아지	수풀(2)	박쥐(2)	덤불	유령	[묶음] 이상한 숲속
이름	강아지	올라가는 강아지	수풀	박쥐	덤불	유령	[묶음] 이상한 숲속
X좌표	-176.6	143.8	-150.1	-12.7	191.4	115.5	0
Y좌표	81.4	-64.3	-95.1	74	10.2	-28.3	0
크기	100%	82.8%	100%	100%	149%	77.3%	375%

[장면4]

오브젝트 선택	강아지	숲속(2)
이름	강아지	숲속(2)
X좌표	-174.3	0
Y좌표	-76.4	0
크기	100%	375%

3. 모양 추가하기

[장면2]

1️⃣ [+오브젝트 추가하기]를 클릭한 후 [새로 그리기] 탭을 클릭합니다.

2️⃣ [이동하기]를 누릅니다.

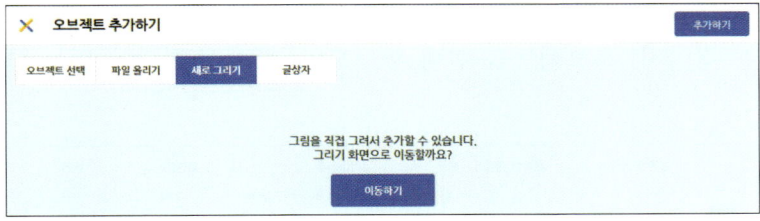

3️⃣ 왼쪽 탭에 [원]을 클릭하고 제일 밑에 있는 [채우기 색상]의 검은 삼각형을 클릭합니다.

4️⃣ 색상, 채도, 명도에 모두 '0'을 입력합니다.

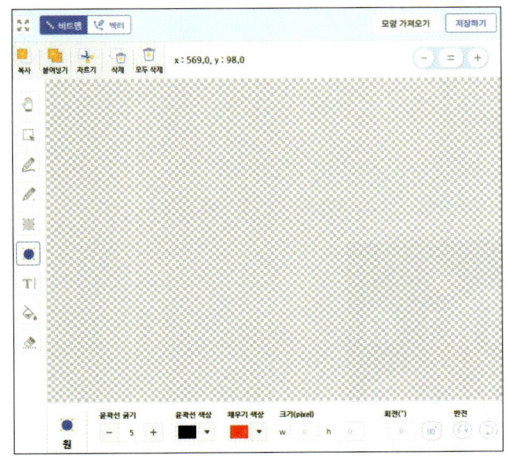 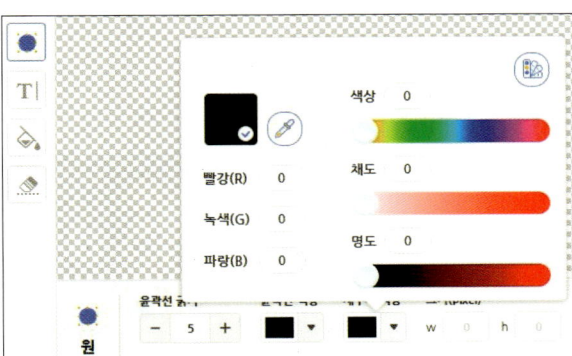

5️⃣ 중앙에 타원을 하나 그려주고, [새 그림] 이름에 '구멍'이라고 입력한 후, 오른쪽 위에 있는 [저장하기]를 클릭합니다.

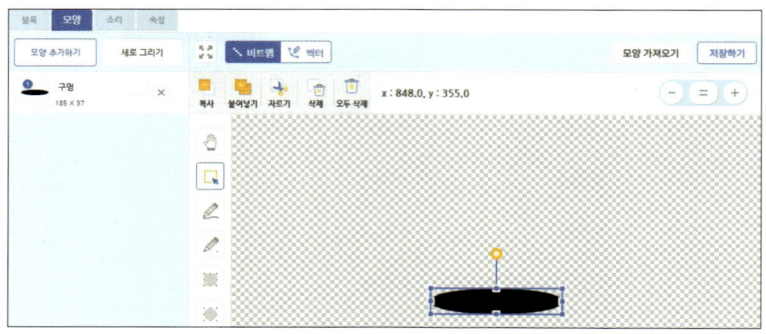

6️⃣  [구멍] 오브젝트의 위치와 크기는 '2. 오브젝트 추가하기'의 표를 참고합니다.

4. 모양 변경하기
[장면3]

1️⃣ 🐕 [올라가는 강아지] 오브젝트를 선택 후, [모양] 탭에서 하단에 있는 [회전]에 '270'을 입력합니다.

2️⃣ 우측 상단의 [저장하기]를 클릭합니다.

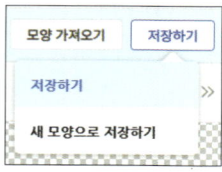

3️⃣ 🐕 [올라가는 강아지] 오브젝트의 화살표를 클릭하여 위쪽 방향으로 변경합니다.

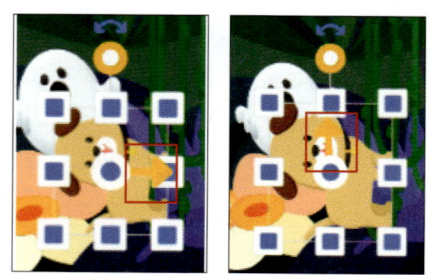

5. 소리 추가하기

- 소리를 추가할 오브젝트를 선택 후, [소리] 탭에서 [소리 추가하기]를 클릭합니다.
- 원하는 소리를 찾아서 선택하고 우측 상단의 [추가하기]를 선택합니다.

[장면1]

[강아지] 오브젝트	
강아지 짖는 소리	오후의 라이딩(배경음악→신나는)

[장면3]

[강아지] 오브젝트	[박쥐] 오브젝트	[유령] 오브젝트
빠르게 떨어지는 소리	휙 지나가는 소리1	혼란스러운

6. 인공지능 블록 추가하기

1 [인공지능탭]에서 [인공지능 블록 불러오기]를 클릭합니다.
2 상단의 [읽어주기]를 클릭합니다.
3 우측 상단의 [불러오기]를 클릭합니다.

7. 속성 추가하기

1 신호를 만듭니다.

1개의 📡 신호가 필요합니다.

- [오르기]: 🐶[강아지]가 덤불에 닿았을 때 🐕[올라가는 강아지]에게 모양을 보이라는 신호를 보냅니다.

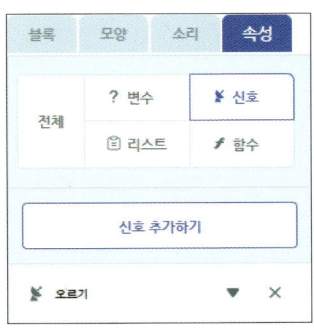

코딩하기

[장면1]

1 🐶 [강아지] 오브젝트: 다음과 같이 코딩 블록을 순서대로 조립합니다.

 블록의 [여성] 옆 흰색 삼각형을 눌러서 나타난 항목 중 [남성]을 선택합니다.

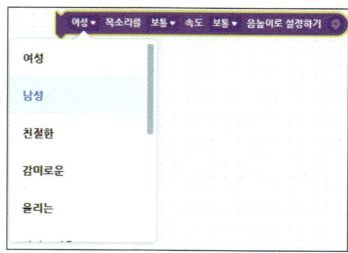

1️⃣ [만일 참이라면]블록을 선택합니다.

2️⃣ 참 에 마우스포인터 에 닿았는가? 를 조립합니다.

3️⃣ 마우스포인터 에 닿았는가? 블록의 [마우스포인터] 옆 흰색 삼각형을 눌러서 나타난 항목 중 [오른쪽 벽]을 선택합니다.

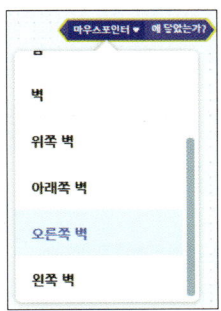

[장면2]

1️⃣ [강아지] 오브젝트: 다음과 같이 코딩 블록을 순서대로 조립합니다.

[장면3]

1 [강아지] 오브젝트: 다음과 같이 코딩 블록을 순서대로 조립합니다.

2 [박쥐] 오브젝트: 다음과 같이 코딩 블록을 순서대로 조립합니다.

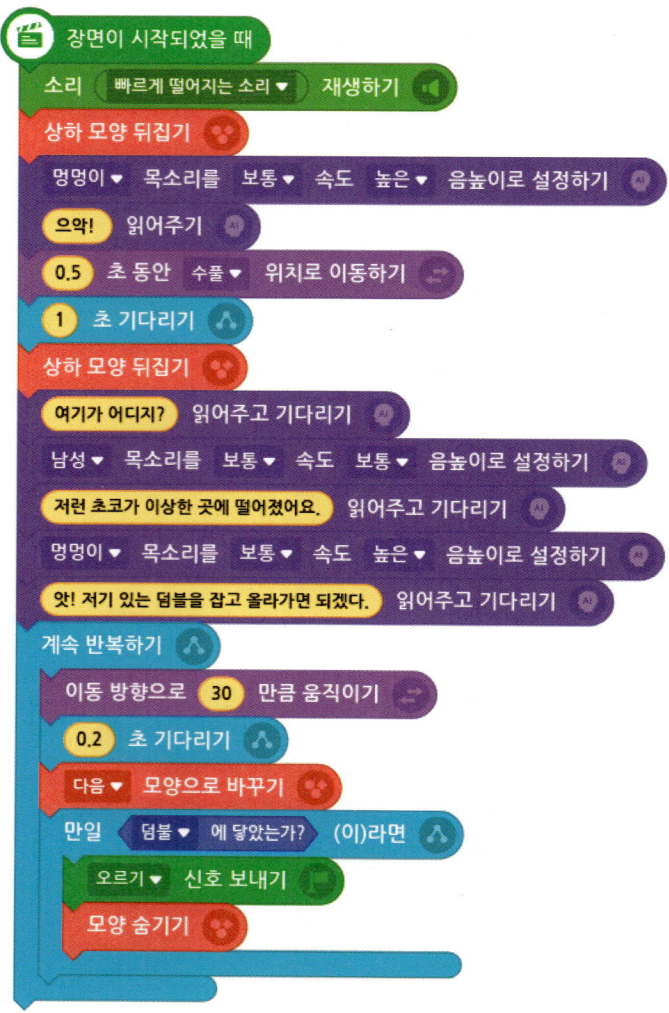

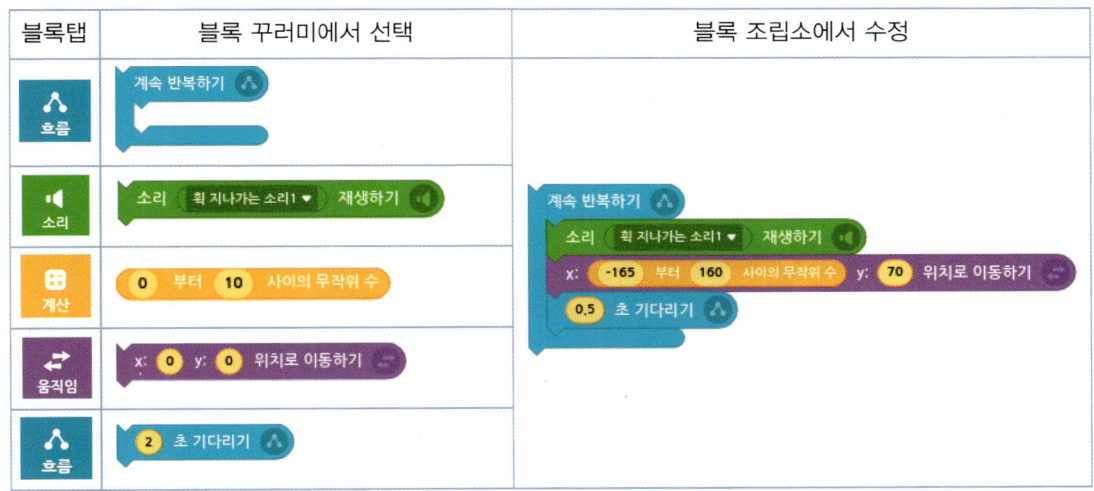

1 [x: 0 y: 0 위치로 이동하기] 블록의 y: 0 자리에 '70'을 입력합니다.

2 [0 부터 10 사이의 무작위 수] 블록을 가져와서 위의 블록을 x: 0 자리에 조립합니다.

3 x: 0 자리에 '-165', 10 자리에 '160'을 입력합니다.

3 [유령] 오브젝트: 다음과 같이 코딩 블록을 순서대로 조립합니다.

4 [올라가는 강아지] 오브젝트: 다음과 같이 코딩 블록을 순서대로 조립합니다.

[장면4]

1 [강아지] 오브젝트: 다음과 같이 코딩 블록을 순서대로 조립합니다.

실행하기

시작하기를 눌러서 코딩한 프로그램이 바르게 작동하는 지 바로 확인합니다.
원하는 결과를 위해 코딩 블록을 추가하거나 교체합니다.

작품 15 다국어 번역 로봇

번역   교과 연계 : 영어❹

학습 목표
인공지능 블록 번역을 활용해 다국어 번역기를 만들 수 있습니다.
오브젝트 동작 제어 변수를 학습하고 응용하여 사용할 수 있습니다.

완성 작품 미리보기   QR 코드   링크 주소 :
https://youtu.be/W8s6peb34lM

코딩 알고리즘과 로드맵

▶ **시작하기 버튼을 클릭했을 때**
- 영어나 스페인어 중 번역하고 싶은 언어를 고르라는 멘트가 나옵니다.
- 영어를 클릭하면 번역과 관련된 안내 멘트가 나옵니다.
- '그만'이라고 쓰기 전까지 한국어를 입력하면 번역한 영어를 보여주고 말해줍니다.
- 스페인어를 클릭하면 "내가 스페인어로 번역해 줄게. 번역하고 싶은 문장을 써봐. 멈추고 싶으면 '그만'이라고 써줘"라는 음성이 나옵니다.
- '그만'이라고 쓰기 전까지 한국어를 입력하면 번역한 스페인어를 보여주고 말해줍니다.

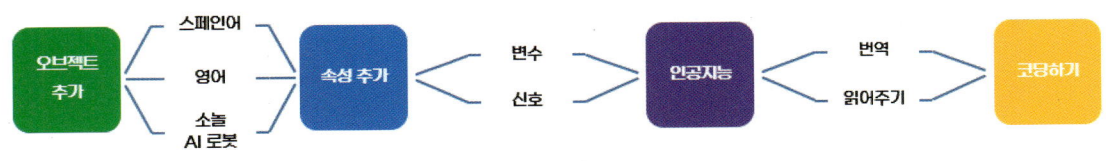

❹ [6영02-02] 주변 사람에 관해 쉽고 간단한 문장으로 소개할 수 있다.

ChatGPT와 함께하는 학습 이야기

질문 번역기를 활용하여 영어 일기 쓰는 방법을 알려주세요. 초등학생의 시선에서 설명해 주세요.

1) 오늘 있었던 일을 간단히 떠올리기
먼저, 오늘 하루 동안 어떤 일이 있었는지 떠올려 보세요. 어떤 일이 있었는지, 어떤 기분이 들었는지 생각해 보면 일기를 쓸 준비가 돼요!

2) 한글로 짧게 적어보기
한글로 "오늘 뭐 했는지", "어땠는지" 짧게 적어보세요. 예를 들어, "오늘 친구랑 축구를 했어요. 너무 재미있었어요!"처럼요.

3) 번역기 활용하기
이제 번역기를 열고, 적은 한글 문장을 영어로 바꿔보세요. 예를 들어, "오늘 친구랑 축구를 했어요. 너무 재미있었어요!"를 영어로 번역해 보면 "I played soccer with my friend today. It was so much fun!" 이렇게 나와요.

4) 간단한 단어 추가하기
더 표현하고 싶은 내용이 있으면, 간단한 영어 단어를 추가해 보세요. 예를 들어 "happy", "excited", "fun" 같은 기분을 나타내는 단어를 써서 "I felt happy" 또는 "I was excited"처럼 표현할 수 있어요.

5) 자주 쓰는 표현 익히기
자주 쓰는 표현을 익혀두면 일기를 더 쉽게 쓸 수 있어요. 예를 들어 "I played", "I went to", "It was fun", "I felt happy" 같은 문장을 반복해서 사용해 보세요. 조금씩 영어로 적는 것이 쉬워질 거예요.

질문 학생이 번역기를 이용해서 일기 쓰는 일러스트를 그려주세요.

 **작품 만들기** 완성 파일 QR 코드 링크 주소 : https://naver.me/58NvOqyY

코딩 준비하기

1. 오브젝트 추가하기

오브젝트 선택	소놀 AI 로봇	학교 배경
이름	소놀 AI 로봇	학교 배경
X좌표	-8	0
Y좌표	-20	0
크기	165.0%	375.0%

2. 글상자 추가하기

1 [오브젝트 추가하기]에서 [글상자]를 클릭합니다.

2 아무런 설정 없이 [추가하기]를 눌러서 2개의 글상자를 만듭니다.

3 모두 생성되면 아래의 표처럼 이름을 바꾸고 적절한 위치를 정합니다.

4 글꼴, 정렬, 글씨의 속성, 글씨 색, 글씨 배경색을 정합니다.

5 글상자의 입력창에 다음과 같이 입력합니다.

글상자의 이름	영어	스페인어
글상자의 내용	영어	스페인어

6 용도에 맞게 한 줄 쓰기 또는 여러 줄 쓰기를 선택합니다.

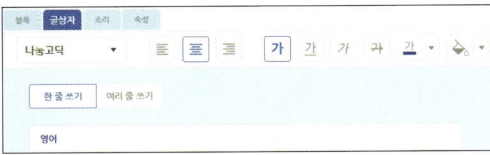 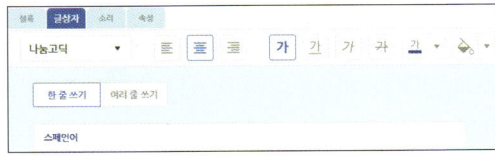

3. 속성 추가하기

1 1개의 ❓ 변수를 만듭니다.

- [클릭가능]: 여러 개의 오브젝트를 동시에 클릭할 때 한 개의 오브젝트만 실행되도록 하는 변수입니다.

오브젝트 동작 제어 변수

우리가 만든 프로그램에서 여러 개의 오브젝트를 클릭할 수 있다고 상상해 볼까요? 그런데 이 오브젝트들이 모두 한꺼번에 움직이면 어떻게 될까요? 아마도 조금 혼란스러울 거예요. 그래서 우리는 특별한 변수를 만들어 이 문제를 해결할 수 있답니다.

이 변수는 마치 교통 신호등처럼 작동해요. 어떻게 동작하는지 함께 알아볼까요?

❶ 처음에는 모든 오브젝트가 클릭 될 수 있도록 신호등이 초록 불(0)이에요.
❷ 우리가 어떤 오브젝트를 클릭하면, 신호등이 빨간불(1)로 바뀌어요.
❸ 빨간불일 때는 다른 오브젝트들이 우리의 클릭에 반응하지 않아요. 마치 차들이 빨간불에 멈추는 것처럼요.
❹ 지금 동작 중인 오브젝트가 할 일을 다 마치면, 신호등이 다시 초록 불(0)로 바뀌어요.
❺ 초록 불이 되면 우리는 다시 어떤 오브젝트든 클릭할 수 있어요.

이렇게 하면 여러 오브젝트가 차례차례 동작하게 되어 우리 프로그램이 더 깔끔하고 안정적으로 작동할 수 있답니다. 마치 우리가 줄을 서서 차례대로 놀이기구를 타는 것처럼 말이에요.

이 변수를 사용하면 우리의 프로그램이 더 똑똑해지고, 사용하는 사람들도 더 편하게 이용할 수 있어요.

2 신호를 만듭니다.

2개의  신호가 필요합니다.

- [스페인어]: 가 [스페인어]는 🤖 [소놀 AI 로봇]에게 스페인어로 번역하라는 신호를 보냅니다.

- [영어]: 가 [영어]는 🤖 [소놀 AI 로봇]에게 영어로 번역하라는 신호를 보냅니다.

4. 인공지능 블록 추가하기

1. [인공지능탭]에서 [인공지능 블록 불러오기]를 클릭합니다.
2. 상단의 [번역], [읽어주기]를 클릭합니다.
3. 우측 상단의 [불러오기]를 클릭합니다.

코딩하기

1. [소놀 AI 로봇] 오브젝트: 다음과 같이 코딩 블록을 순서대로 조립합니다.

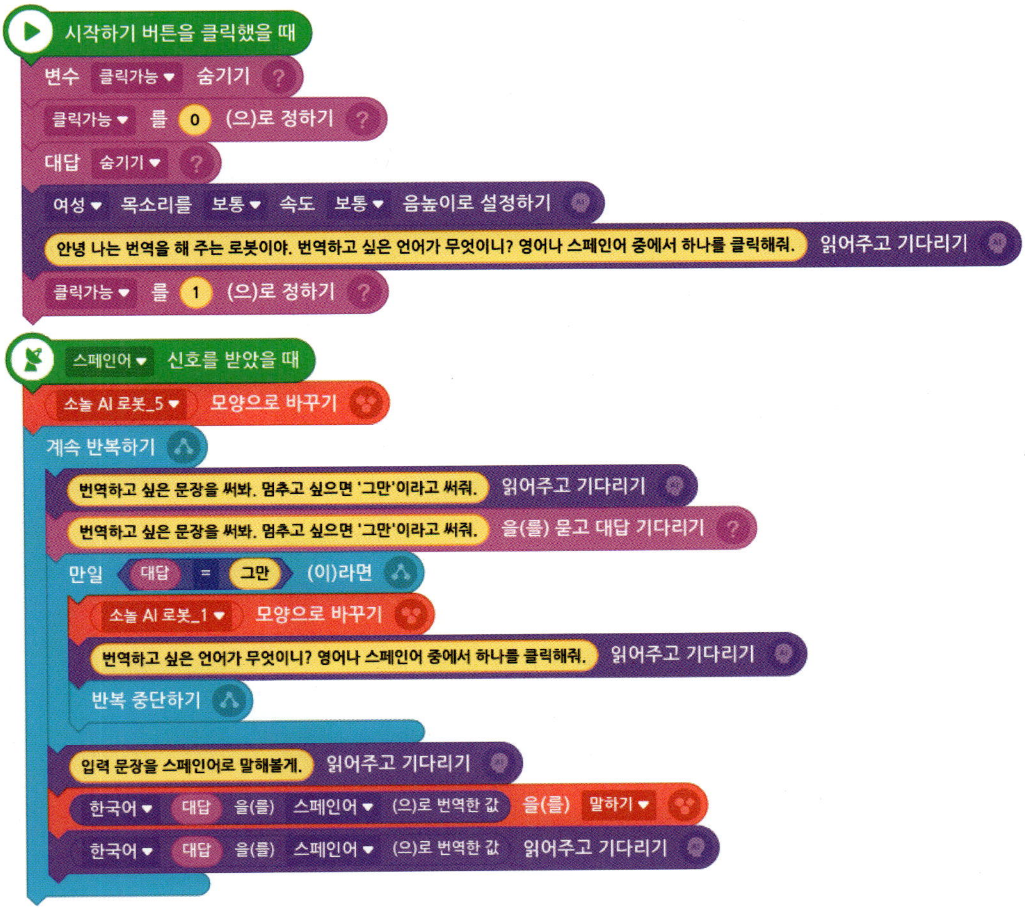

```
시작하기 버튼을 클릭했을 때
변수 클릭가능▼ 숨기기
클릭가능▼ 를 0 (으)로 정하기
대답 숨기기▼
여성▼ 목소리를 보통▼ 속도 보통▼ 음높이로 설정하기
안녕 나는 번역을 해 주는 로봇이야. 번역하고 싶은 언어가 무엇이니? 영어나 스페인어 중에서 하나를 클릭해줘. 읽어주고 기다리기
클릭가능▼ 를 1 (으)로 정하기

스페인어▼ 신호를 받았을 때
소놀 AI 로봇_5▼ 모양으로 바꾸기
계속 반복하기
    번역하고 싶은 문장을 써봐. 멈추고 싶으면 '그만'이라고 써줘. 읽어주고 기다리기
    번역하고 싶은 문장을 써봐. 멈추고 싶으면 '그만'이라고 써줘. 을(를) 묻고 대답 기다리기
    만일 대답 = 그만 (이)라면
        소놀 AI 로봇_1▼ 모양으로 바꾸기
        번역하고 싶은 언어가 무엇이니? 영어나 스페인어 중에서 하나를 클릭해줘. 읽어주고 기다리기
        반복 중단하기
    입력 문장을 스페인어로 말해볼게. 읽어주고 기다리기
    한국어▼ 대답 을(를) 스페인어▼ (으)로 번역한 값 을(를) 말하기▼
    한국어▼ 대답 을(를) 스페인어▼ (으)로 번역한 값 읽어주고 기다리기
```

1 <인공지능탭>의 `한국어▼ 엔트리 을(를) 영어▼ (으)로 번역한 값` 에서 `엔트리` 자리에 블록을 `대답` 조립합니다.

2 [영어] 옆 흰색 삼각형을 눌러서 나타난 항목에서 스페인어를 선택합니다.

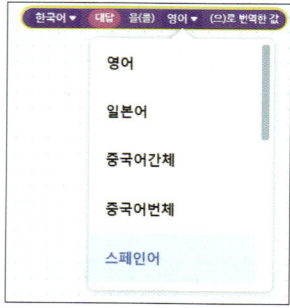

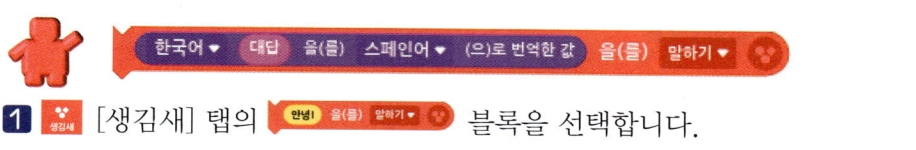

1 [생김새] 탭의 `안녕! 을(를) 말하기` 블록을 선택합니다.

2 `안녕!` 자리에 위에서 조립한 `한국어▼ 대답 을(를) 스페인어▼ (으)로 번역한 값` 블록을 넣어줍니다.

1 [인공지능탭]의 `엔트리 읽어주고 기다리기` 블록을 선택합니다.

136 초등학생을 위한 인공지능 코딩 feat 엔트리와 ChatGPT

❷ [엔트리] 자리에 위에서 조립한 (한국어▼ 대답 을(를) 스페인어▼ (으)로 번역한 값) 블록을 넣어줍니다.

2 가 [스페인어] 글상자: 다음과 같이 코딩 블록을 순서대로 조립합니다.

3 가 [영어] 글상자 : 다음과 같이 코딩 블록을 순서대로 조립합니다.

실행하기

시작하기를 눌러서 코딩한 프로그램이 바르게 작동하는지 바로 확인합니다.

원하는 결과를 위해 코딩 블록을 추가하거나 교체합니다.

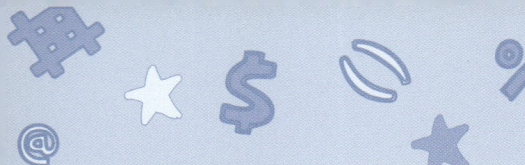

작품 16 마법 지팡이로 다각형 그리기

읽어주기 　 교과 연계 : 수학⑤

학습 목표

인공지능 블록 중 '읽어주기' 블록을 불러올 수 있습니다.
그리고 싶은 다각형의 숫자를 입력받아 다각형을 그릴 수 있습니다.

완성 작품 미리보기

QR 코드

링크 주소 :
https://youtu.be/9uRJWYaILPU

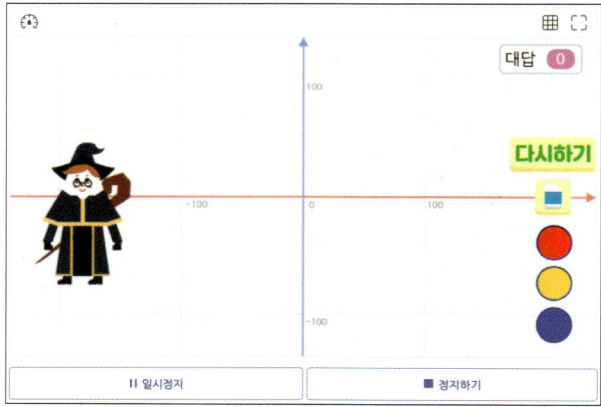

코딩 알고리즘과 로드맵

▶ **시작하기 버튼을 클릭했을 때**

- 꼬마 마법사가 그리고 싶은 다각형의 숫자(3~12)를 입력하라고 안내합니다. 숫자를 입력 받고 다각형을 그릴 색상을 선택하면 꼬마 마법사가 다각형을 그려줍니다. 다시 그리고 싶으면 [지우개 버튼]을 클릭한 후 [다시하기 버튼]을 클릭하면 깨끗한 상태에서 다각형을 그려주고, [다시하기 버튼]만 클릭하면 기존의 다각형이 있는 상태에서 그 위에 새로운 다각형을 그려줍니다.

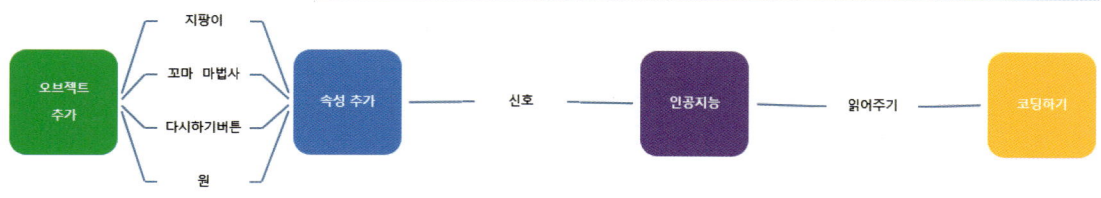

❺ [4수03-11] 다각형과 정다각형을 이해한다.

ChatGPT와 함께하는 학습 이야기

질문 당신은 초등학교 수학선생님입니다. 마법 지팡이로 다각형을 그리기 위해 다각형에 대해서 친구들과 문답을 하려고 합니다. 질문1) 다각형이란 무엇인가요? 질문2) 변이 많아질수록 각도도 변할까요? 각도는 삼각형이 클까요? 육각형이 클까요? 질문3) 블록코딩을 통한 도형 그리기 프로젝트가 가능할까요?

1) 다각형이란 무엇인가요?

다각형은 직선으로 된 변들이 연결되어서 만든 도형이에요.

삼각형은 변이 3개, 사각형은 변이 4개, 육각형은 변이 6개예요.

변들이 끝과 끝이 연결돼야 다각형이 돼요!

원이나 곡선은 직선이 없으니까 다각형이 아니랍니다.

2) 변이 많아질수록 각도도 변할까요? 삼각형과 육각형 중 어디가 각이 더 클까요?

좋은 질문이에요! 변이 많아질수록 내각의 크기도 커져요.

삼각형: 모든 내각의 합이 180도

육각형: 모든 내각의 합이 720도

정삼각형의 한 각은 60도, 정육각형의 한 각은 120도예요.

그래서 변이 많은 도형의 각도가 더 커져요. 육각형의 내각이 삼각형보다 더 크답니다!

3) 블록코딩으로 도형 그리기

블록코딩에서는 반복문을 사용해 쉽게 정다각형을 그릴 수 있어요. 예를 들어, 육각형을 그리고 싶다면:

반복(6번) 앞으로 100만큼 이동, 오른쪽으로 60도 돌기 이렇게 반복하면 멋진 육각형이 완성돼요! 블록코딩으로 다양한 도형을 만들어 보세요!

질문 삼각형부터 12각형까지 다각형을 그려줄 수 있나요?

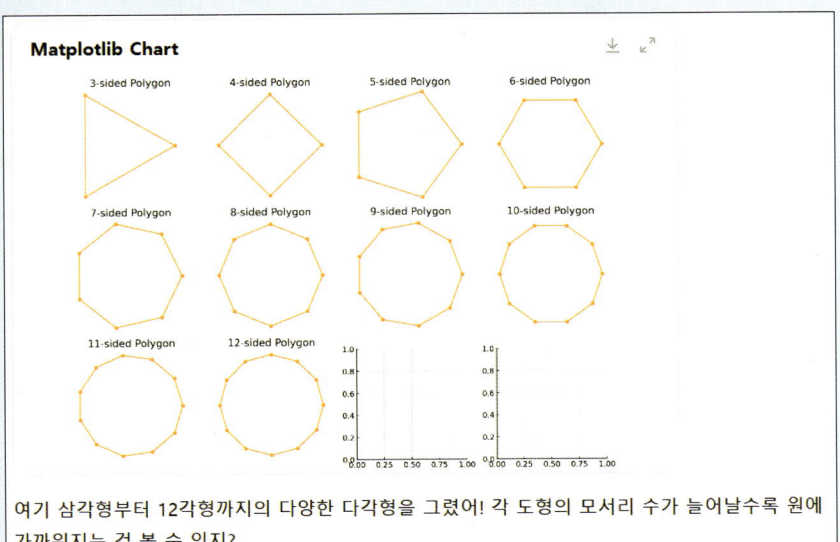

 **작품 만들기** 완성 파일 QR 코드   링크 주소 : https://naver.me/5huSZrKx

코딩 준비하기

1. 오브젝트 추가하기

오브젝트 선택						
	지팡이(1)	꼬마 마법사	지우개 버튼	다시하기 버튼	원	모눈종이
이름	지팡이	꼬마 마법사	지우개 버튼	다시하기 버튼	파랑원	모눈조이
X좌표	0.23	-181	205	205	206	0
Y좌표	-97.75	-15	0	36	-108	0
크기	20.0%	100.0%	30.0%	50.0%	30.0%	375.0%

2. 오브젝트 모양 바꾸기

1 빨강색과 노랑색 원을 추가하기 위해 [원] 오브젝트를 선택하고 마우스 오른쪽 버튼을 클릭하여 [복제하기]를 선택합니다.

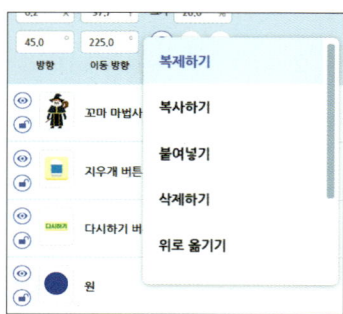

2 복제된 [원1] 오브젝트의 색상을 변경하기 위해 [모양] 탭을 클릭합니다.

3 [비트맵] 상태에서 왼쪽 메뉴 중 [채우기]를 클릭 후 [채우기 색상]의 검정색 삼각형을 눌러 바꾸고 싶은 색을 선택합니다. [채도]와 [명도]를 조절해서 다양한 색을 만들 수 있습니다.

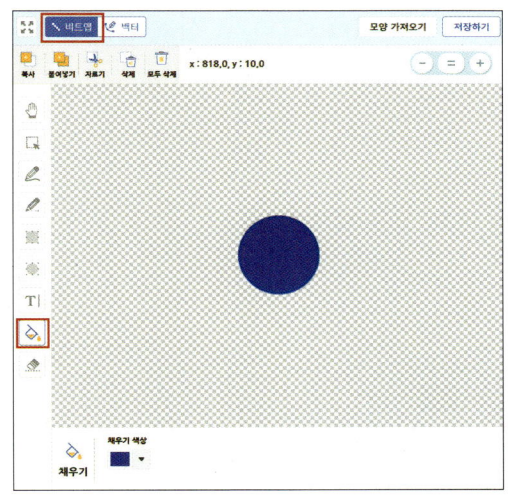
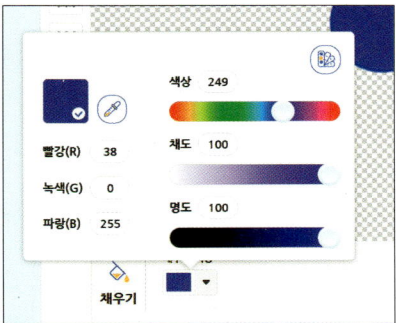

4 색상을 선택 후 원을 클릭하면 선택한 색상으로 원의 색상이 바뀝니다.

5 우측 상단의 [저장하기]를 클릭합니다.

6 새로 만들어진 원의 이름을 각각 ●'빨강원', ●'노랑원'으로 변경합니다.

3. 속성 추가하기

1 신호를 만듭니다.

6개의 [신호]가 필요합니다. [신호 추가하기]를 클릭해서 [그리기], [파랑색], [노랑색], [빨강색], [지우기], [다각형그리기] 신호를 만듭니다.

- [그리기]: [꼬마 마법사]와 다시하기 [다시하기 버튼]은 [꼬마 마법사]에게 그리고 싶은 다각형의 숫자를 입력받고, 도형을 그릴 색상을 선택한 후 [다각형그리기]신호를 보내라는 신호를 보냅니다.

- [파랑색]: ●[파랑원]은 [지팡이]에게 도형을 그릴 색상을 [파랑색]으로 설정하라는 신호를 보냅니다.

- [노랑색]: ●[노랑원]은 [지팡이]에게 도형을 그릴 색상을 [노랑색]으로 설정하라는 신호를 보냅니다.

- [빨강색]: ●[빨강원]은 [지팡이]에게 도형을 그릴 색상을 [빨강색]으로 설정하라는 신호를 보냅니다.

- [지우기]: ■ [지우개 버튼]은 ⌐ [지팡이]에게 그렸던 다각형을 모두 지우라는 신호를 보냅니다.
- [다각형그리기] : 🧙 [꼬마 마법사]는 ⌐ [지팡이]에게 [그리기] 신호에서 입력받은 다각형을 그리라는 신호를 보냅니다.

4. 인공지능 블록 추가하기

1 [인공지능탭]에서 [인공지능 블록 불러오기]를 클릭합니다.
2 상단의 [읽어주기]를 클릭합니다.
3 우측 상단의 [불러오기]를 클릭합니다.

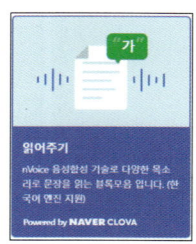

코딩하기

1 ⌐ [지팡이] 오브젝트: 다음과 같이 코딩 블록을 순서대로 조립합니다.

블록탭	블록 꾸러미에서 선택	블록 조립소에서 수정
흐름	만일 〈참〉 (이)라면 / 아니면	
판단	〈10 ≥ 10〉	만일 〈대답 ≥ 8〉 (이)라면 이동 방향으로 50 만큼 움직이기 대답 - 1 번 반복하기 이동 방향을 360 / 대답 만큼 회전하기 1 초 기다리기 이동 방향으로 50 만큼 움직이기 아니면
자료	대답	
움직임	이동 방향으로 10 만큼 움직이기	
흐름	10 번 반복하기	
계산	10 - 10	
움직임	이동 방향을 90° 만큼 회전하기	
계산	10 / 10	
흐름	2 초 기다리기	
움직임	방향을 90° (으)로 정하기 이동 방향을 90° (으)로 정하기	방향을 45° (으)로 정하기 이동 방향을 225° (으)로 정하기
생김새	모양 숨기기	

만일 〈대답 ≥ 8〉 (이)라면
　이동 방향으로 50 만큼 움직이기
　대답 - 1 번 반복하기
　　이동 방향을 360 / 대답 만큼 회전하기
　　1 초 기다리기
　　이동 방향으로 50 만큼 움직이기
아니면

1 [흐름] 탭에서 [만약 참이라면 아니면] 블록을 선택합니다.

2 참 자리에 10 ≥ 10 블록을 조립합니다.

3 부등호의 왼쪽 10 자리에 대답 블록을 조립하고, 부등호의 오른쪽 10 자리에 '8'을 입력합니다.

1 [흐름] 탭에서 [10번 반복하기] 블록을 선택합니다.

2 10 자리에 10 - 10 블록을 조립합니다.

3 빼기의 왼쪽 10 자리에 대답 블록을 조립하고, 빼기의 오른쪽 10 자리에 '1'을 입력합니다.

1 [움직임] 탭에서 이동 방향을 90° 만큼 회전하기 블록을 선택합니다.

2 90° 자리에 10 / 10 블록을 조립합니다.

3 나누기의 왼쪽 10 자리에 '360'을 입력하고, 나누기의 오른쪽 10 자리에 대답 블록을 조립합니다.

색상 설정하기: 슬라이드와 팔레트 모드 활용하기

1 그리기 색을 (으)로 정하기 블록을 선택합니다.

2 [빨강색]을 클릭하면 색상을 선택할 수 있는 [슬라이드 모드]가 나옵니다. 오른쪽 상단의 [파레트 모드]를 클릭하면 [파레트 모드]로 바뀝니다. 원하는 색을 클릭하여 색상을 변경합니다.

2 [꼬마 마법사] 오브젝트 : 다음과 같이 블록을 순서대로 조립합니다.

Part 04_ChatGPT와 함께하는 교과연계 인공지능 모델 학습하기

① `참 그리고▼ 참` 블록을 선택합니다.

② 2개의 `참` 자리에 `10 ≤ 10` 블록을 각각 조립합니다.

③ 다음 표를 보고 부등호의 왼쪽과 오른쪽에 있는 `10` 자리에 블록을 삽입하거나, 수정합니다.

왼쪽 `10 ≤ 10`		오른쪽 `10 ≤ 10`	
왼쪽 `10` 자리	오른쪽 `10` 자리	왼쪽 `10` 자리	오른쪽 `10` 자리
'3' 입력	`대답` 블록을 조립	`대답` 블록을 조립	'12' 입력

3 [지우개 버튼] 오브젝트 : 다음과 같이 블록을 조립합니다.

4 [다시하기 버튼] 오브젝트 : 다음과 같이 블록을 조립합니다.

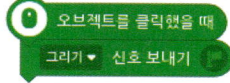

5 [파랑원], [빨강원], [노랑원] 오브젝트 : 다음과 같이 블록을 조립합니다.

실행하기

시작하기를 눌러서 코딩한 프로그램이 바르게 작동하는지 바로 확인합니다.
원하는 결과를 위해 코딩 블록을 추가하거나 교체합니다.

칠교놀이 조각 도형의 넓이 구하기

읽어주기 　교과 연계 : 수학⁶

학습 목표 칠교놀이세트를 구성하는 도형의 넓이를 구하는 공식을 익힙니다.
인공지능 블록 읽어주기와 변수를 사용한 함수의 사용법을 익힙니다.

완성 작품 미리보기 QR 코드 링크 주소 : https://youtu.be/vWhHkbwq8aQ

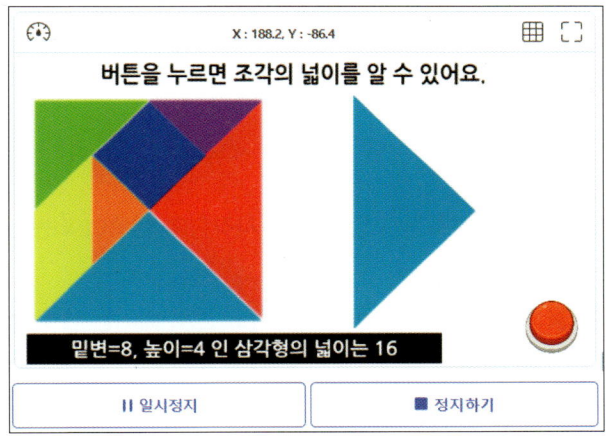

코딩 알고리즘과 로드맵

▶ **시작하기 버튼을 클릭했을 때**
- "칠교놀이 조각의 넓이의 합을 알아보아요"라는 음성이 나옵니다.
- 이어서 "밑변과 높이가 8인 정사각형의 넓이는 64입니다."라는 음성이 나옵니다.
- 빨간색 버튼을 누르면 칠교놀이 조각 중의 하나가 무작위로 나타나고, 넓이를 읽어주고, 화면에 표시합니다.

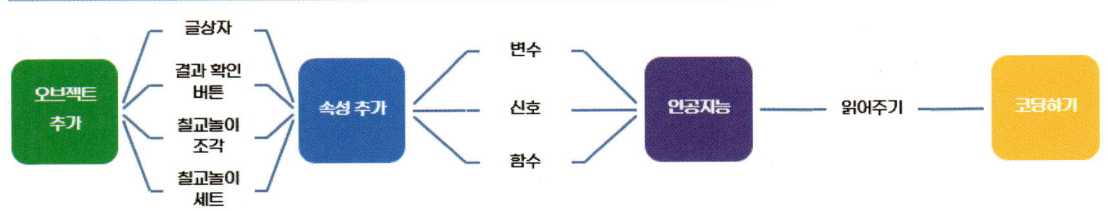

❻ [6수03-14]평행사변형, 삼각형, 사다리꼴, 마름모의 넓이를 구하는 방법을 다양하게 추론하고, 이와 관련된 문제를 해결할 수 있다.

Part 04_ChatGPT와 함께하는 교과연계 인공지능 모델 학습하기   147

ChatGPT와 함께하는 학습 이야기

질문 당신은 수학 선생님입니다. 초등학생 친구들의 물음에 답해주세요.
질문 1) 조각을 다 붙이면 넓이도 더해지는 거예요?
질문 2) 삼각형이랑 사각형은 넓이 구하는 방법이 다르죠?
질문 3) 모양을 바꿔도 넓이는 똑같아요?

1) 조각을 다 붙이면 넓이도 더해지는 거예요?
네! 조각을 모두 붙이면 넓이도 더해져요. 각 조각의 넓이를 더한 것이 전체 도형의 넓이가 돼요.
예를 들어:
- 두 조각의 넓이가 5cm²와 3cm²라면, 다 붙이면 전체 넓이는 8cm²가 돼요. 그래서 조각이 몇 개로 나누어져 있든, 모든 조각의 넓이를 더하면 전체 도형의 넓이와 같아져요.
  마치 퍼즐 조각처럼요!

2) 삼각형이랑 사각형은 넓이 구하는 방법이 다르죠?
맞아요! 삼각형과 사각형의 넓이를 구하는 방법이 달라요. 하지만 그렇게 어렵지 않으니 걱정 마세요!
- 사각형의 넓이 (직사각형): 직사각형은 가로와 세로의 길이를 곱하기만 하면 돼요!
  넓이 = 가로 × 세로
- 삼각형의 넓이: 삼각형은 뾰족한 모양이라서, 사각형의 반쪽이 되는 넓이로 계산해요.

3) 모양을 바꿔도 넓이는 똑같아요?
같은 넓이의 조각들을 재배치하면, 모양은 달라져도 전체 넓이는 변하지 않아요.
예를 들어:
직사각형을 두 개의 삼각형으로 나눠도, 삼각형 두 개의 넓이를 더하면 원래 직사각형의 넓이와 똑같아요!
평행사변형도 옆으로 밀어서 직사각형 모양으로 바꿀 수 있지만, 두 모양의 넓이는 변하지 않아요. 넓이는 전체 공간을 얼마나 차지하는지를 의미하니까요!

궁금증이 풀렸나요? 넓이는 도형을 이해하는 재미있는 수학 개념이에요!

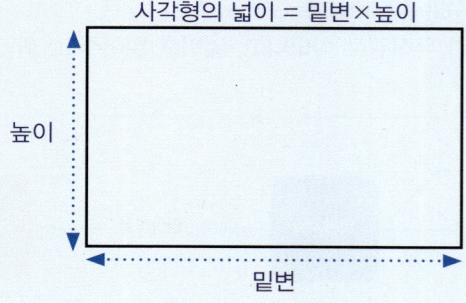
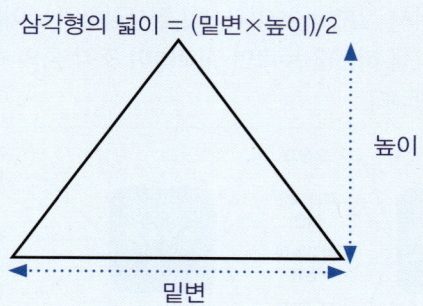

 **작품 만들기** 완성 파일 QR 코드 링크 주소 : https://naver.me/I550SNKq

코딩 준비하기

1. 오브젝트 추가하기

오브젝트 선택	결과 확인 버튼	칠교놀이 조각	파일 올리기
이름	결과 확인 버튼	칠교놀이 조각	칠교놀이 세트
X좌표	203.7	90.8	0
Y좌표	-101.3	-2.0	0
크기	55%	100.0%	100.0%

[칠교놀이 세트] 오브젝트는 기본으로 제공되지 않습니다.

[파일 올리기] 탭을 클릭하여, 저장된 이미지 파일을 선택하고 [추가하기]를 클릭합니다.

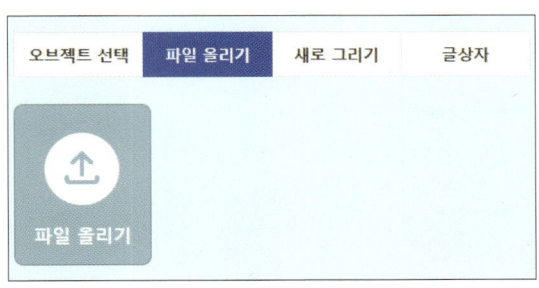 

2. 글상자 추가하기

1️⃣ [오브젝트 추가하기]에서 [글상자]를 클릭합니다.

2️⃣ 아무런 설정 없이 [추가하기]를 눌러서 2개의 글상자를 만듭니다.

3️⃣ 모두 생성되면 위의 표처럼 이름을 바꾸고 적절한 위치를 정합니다.

4️⃣ 글꼴, 정렬, 글씨의 속성, 글씨 색, 글씨 배경색을 정합니다.

5️⃣ 글상자의 입력창에 다음과 같이 입력합니다.

글상자의 이름	밑변 높이 안내	안내 글상자
글상자의 내용	밑변 높이 안내	안내 글상자

6 용도에 맞게 한 줄 쓰기 또는 여러 줄 쓰기를 선택합니다.

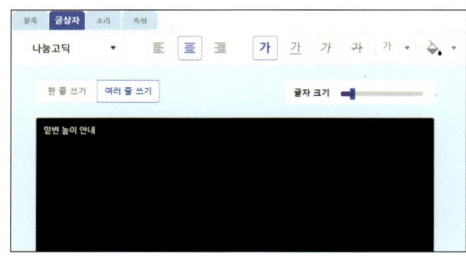 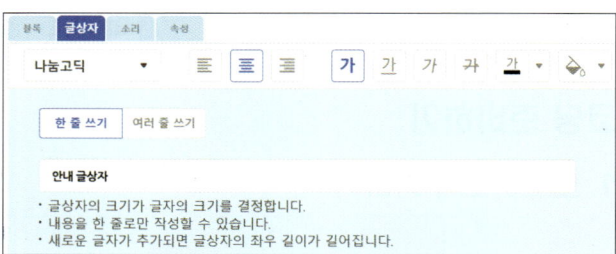

3. 속성 추가하기

1 변수를 만듭니다.

2개의 ? 변수가 필요합니다. [변수 추가하기]를 클릭한 후 [높이], [밑변] 변수를 추가합니다.

- [높이]: 도형의 높이 값을 저장하는 변수입니다.
- [밑변]: 밑변의 값을 저장하는 변수입니다.

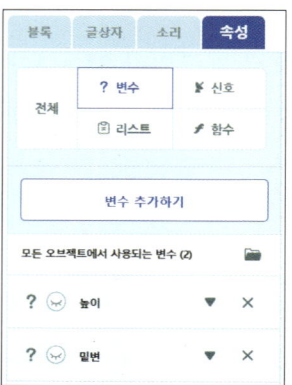

2 신호를 만듭니다.

2개의 신호가 필요합니다.

- [넓이높이모양 표시]: [칠교놀이 조각]은 가 [밑변 높이 안내]에게 현재 조각의 모양에 맞는 밑변과 높이 값을 표시하고, 조각 도형의 넓이를 계산한 함수의 결과값을 안내하라는 신호를 보냅니다.

- [조각 모양 바꾸기]: 가 [결과 확인 버튼]은 [칠교놀이 조각]에게 조각의 모양 번호를 무작위로 바꾸라는 신호를 보냅니다.

❸ 함수를 만듭니다. 함수를 사용하면 같은 계산을 여러 번 반복할 때, 코드를 간단하게 작성하고 쉽게 재사용할 수 있습니다.

삼각형의 넓이를 계산하는 함수와 사각형의 넓이를 계산하는 함수를 만듭니다.

- [함수] 탭에서 [함수 만들기]를 클릭합니다.
- 블록 꾸러미가 생성되고, 블록 조립소에 함수 정의하기 블록이 나옵니다.

- 다음과 같이 삼각형의 넓이를 계산하는 함수식을 만듭니다. 블록 꾸러미에서 필요한 블록을 가져와 함수 정의하기 블록에 조립합니다.
- 한 번 더 [함수 만들기]를 클릭하고, 다음과 같이 사각형의 넓이를 계산하는 함수식을 만듭니다. 블록 꾸러미에서 필요한 블록을 가져와 함수 정의하기 블록에 조립합니다.

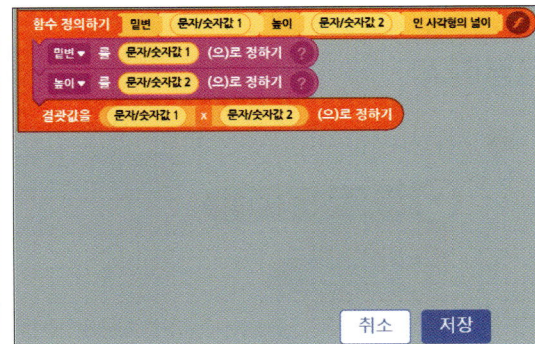

- [함수 속성 보기]를 클릭하여, 함수 이름 옆의 검정색 삼각형을 클릭합니다.
- 다음과 같이 [함수 속성] 아래의 2가지 항목 앞 네모 상자를 체크 표시합니다.

3. 인공지능 블록 추가하기

1 [인공지능탭]에서 [인공지능 블록 불러오기]를 클릭합니다.
2 상단의 [읽어주기]를 클릭합니다.
3 우측 상단의 [불러오기]를 클릭합니다.

코딩하기

1 🔴 [결과 확인 버튼] 오브젝트: 다음과 같이 코딩 블록을 순서대로 조립합니다.

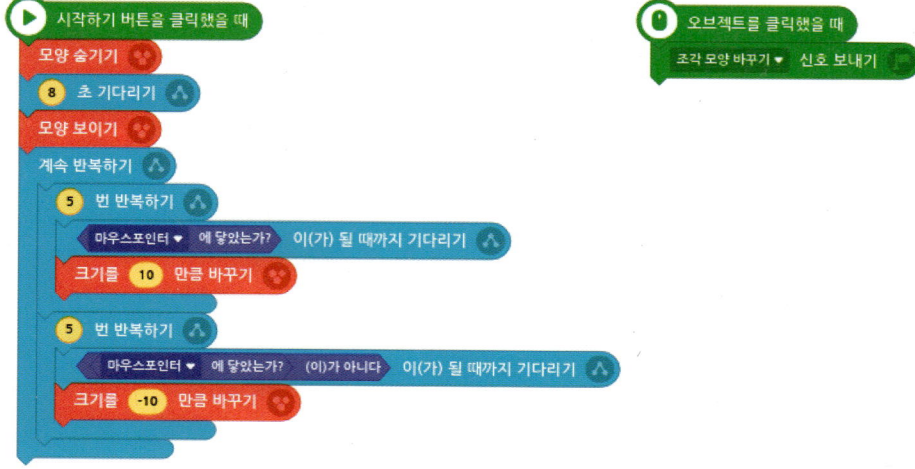

블록탭	블록 꾸러미에서 선택	블록 조립소에서 수정
흐름	계속 반복하기 10 번 반복하기 참 이(가) 될 때까지 기다리기	계속 반복하기 　5 번 반복하기 　　마우스포인터▼ 에 닿았는가? 이(가) 될 때까지 기다리기 　　크기를 10 만큼 바꾸기 　5 번 반복하기 　　마우스포인터▼ 에 닿았는가? (이)가 아니다 이(가) 될 때까지 기다리기 　　크기를 -10 만큼 바꾸기
판단	마우스포인터▼ 에 닿았는가? 참 (이)가 아니다	
생김새	크기를 10 만큼 바꾸기	

마우스포인터▼ 에 닿았는가? (이)가 아니다 이(가) 될 때까지 기다리기

1 참 이(가) 될 때까지 기다리기 블록을 선택합니다.

2 참 의 자리에 참 (이)가 아니다 블록을 조립합니다.

3 참 의 자리에 마우스포인터▼ 에 닿았는가? 를 조립합니다.

2 ▶ [칠교놀이 조각] 오브젝트: 다음과 같이 코딩 블록을 순서대로 조립합니다.

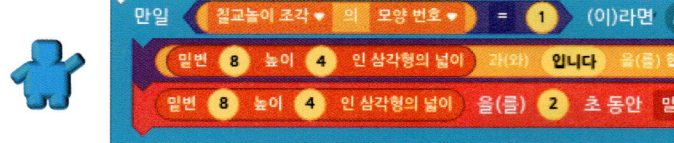

① [만일 참이라면] 블록을 선택합니다.

② 참 의 자리에 10 = 10 를 조립합니다..

③ 등호의 왼쪽 10 자리에 밑변 높이 안내 ▼ 의 x좌푯값 ▼ 블록을 조립해, 다음과 같이 흰색 삼각형을 눌러서 변경합니다.

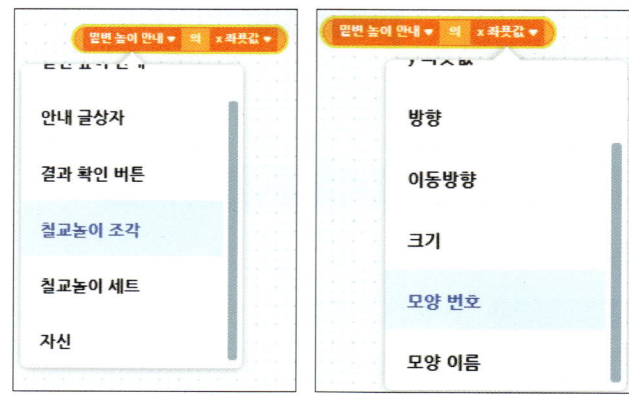

④ 등호의 오른쪽 10 자리에 칠교놀이 조각의 모양 번호 '1'을 입력합니다.

⑤ 엔트리 읽어주기 블록과 안녕! 을(를) 4 초 동안 말하기 ▼ 블록을 [만일 참이라면] 블록의 빈 영역에 연결하여 조립합니다.

⑥ 다음과 같이 엔트리 와 안녕! 자리에 안녕! 과(와) 엔트리 을(를) 합친 값 을 조립합니다.

⑦ 안녕! 자리에 밑변 10 높이 10 인 삼각형의 넓이 를 조립하고, 엔트리 자리에 '입니다'를 입력합니다.

⑧ 위의 과정을 6번 반복해야 합니다.

- 코드의 형태가 반복되므로 다음과 같이 [코드 복제하기] 메뉴를 사용합니다.
- 복제된 코드를 아래로 연결해서 조립합니다.
- 각 흐름 블록마다의 세부 코딩은 전체 블록을 보고 수정합니다.

3 [칠교놀이 세트]: 다음과 같이 코딩 블록을 순서대로 조립합니다.

4 가 [밑변 높이 안내] 글상자: 다음과 같이 코딩 블록을 순서대로 조립합니다.

- 코드의 형태가 반복되므로 ▶ [칠교놀이 조각]에서 사용했던 [코드 복제하기]메뉴로 블록을 생성하여 조립합니다.
- 추가로 복제된 6개의 블록을 완성된 코드와 같이 조립합니다.
- 칠교놀이 조각의 모양 번호에 맞는 텍스트를 입력하고, 모양 번호에 맞는 함수 블록을 조립합니다.

5 가 [안내 글상자] 글상자: 다음과 같이 코딩 블록을 순서대로 조립합니다.

실행하기

시작하기를 눌러서 코딩한 프로그램이 바르게 작동하는 지 바로 확인합니다.
원하는 결과를 위해 코딩 블록을 추가하거나 교체합니다.

 **함수가 궁금하죠?**

함수는 자주 쓰는 명령어를 묶어 놓은 '명령어 상자'라고 할 수 있어요. 우리가 매번 같은 방법으로 해결할 수 있는 일이 있을 때, 그 방법을 함수라는 상자에 넣어 저장해 두면 필요할 때마다 꺼내 쓰기만 하면 되죠!
예를 들어, 사각형의 넓이를 구할 때 가로×세로를 계산한다고 할 때, 이 계산을 '사각형 넓이 함수'로 만들어 놓으면 가로와 세로만 넣어 간편하게 넓이를 구할 수 있어요.
또 다른 예로, 집으로 가는 길도 함수로 만들어 볼 수 있어요. 예를 들어, 매일 같은 경로로 집에 간다면, 그 경로를 함수로 만들어 사용할 수 있어요.
예제: 집으로 가는 길 함수 만들기 (X좌표와 Y좌표 사용)
시작점을 (0, 0)이라고 가정하고,
첫 번째: X좌표 100까지 이동 (오른쪽 이동)
두 번째: Y좌표 50으로 이동 (위로 이동)
세 번째: 다시 X좌표 -50으로 이동 (왼쪽 이동)
이 경로를 "집으로 가는 길" 함수로 만들어 두면, 집에 갈 때마다 함수만 호출해 X, Y 좌표로 자동으로 이동할 수 있어요.
이렇게 함수를 만들어 두면 자주 쓰는 작업을 쉽고 빠르게 반복할 수 있어서 함수 사용의 편리함을 쉽게 이해할 수 있을 거예요!

작품 18 즐거운 사각형 퀴즈 시간

읽어주기   교과 연계 : 수학⑦

 **학습 목표**
인공지능 읽어주기와 변수를 학습합니다.
다양한 사각형을 이해하고 특징을 구분할 수 있습니다.

 완성 작품 미리보기   QR 코드 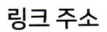   링크 주소 :
https://youtu.be/BkgyyPn2RSM

코딩 알고리즘과 로드맵

▶ **시작하기 버튼을 클릭했을 때**
- 마이크가 연결되었는지 확인하고 연결되었으면 사각형 퀴즈 대회에 대해 안내합니다.
- 만들어진 리스트에 항목수 만큼 반복하며 문제를 읽어주고, 학생이 답을 말하면 음성을 인식하여 정답인지 확인합니다.
- 정답이면 정답이라고 알려준 후 다음 문제를 들려주고, 틀렸을 경우 정답을 알려준 후 다음 문제를 냅니다.

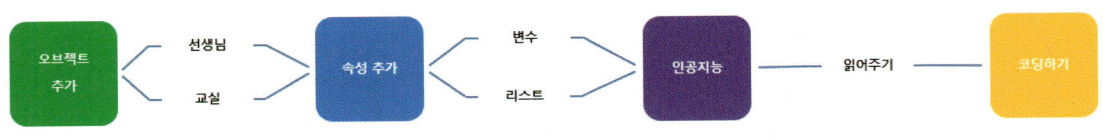

⑦ [4수03-10] 여러 가지 모양의 사각형에 대한 분류 활동을 통하여 직사각형, 정사각형, 사다리꼴, 평행사변형, 마름모를 이해하고, 그 성질을 탐구하고 설명할 수 있다.

ChatGPT와 함께하는 학습 이야기

질문: 질문: 당신은 수학선생님 입니다. 사각형에 대해 배우는 초등학생들이 질문을 할 거예요. 친절하게 답변해 주세요.

질문1) 사각형은 네 변만 있으면 다 사각형이에요?
질문2) 직사각형이랑 정사각형은 뭐가 달라요?
질문3) 사각형은 꼭 4개의 각이 있어야 하나요?

1) 사각형은 네 변만 있으면 다 사각형이에요?
네! 네 개의 변이 연결되면 모두 사각형이에요. 하지만 변이 어떻게 연결되느냐에 따라 모양이 달라요:
직사각형: 네 각이 모두 90도. 정사각형: 네 각이 90도이고, 네 변의 길이가 같아요. 평행사변형: 마주 보는 변이 서로 평행. 마름모: 네 변의 길이는 같지만 각도는 다를 수 있어요. 사다리꼴: 한 쌍의 변만 평행.
즉, 네 변이 있다고 해서 모양이 모두 같지는 않답니다!

2) 직사각형이랑 정사각형은 뭐가 달라요?
직사각형: 네 각이 90도, 마주 보는 변의 길이가 같아요.
예) 칠판, 책 표지
정사각형: 네 각이 90도이고, 네 변의 길이도 같아요.
예) 바둑판 칸, 주사위 면
정사각형은 직사각형의 한 종류지만, 더 특별한 모양이에요. 정사각형은 직사각형이지만, 직사각형이 꼭 정사각형은 아닐 수 있어요!

3) 사각형은 꼭 4개의 각이 있어야 하나요?
네! 사각형은 4개의 각이 꼭 필요해요. 네 변이 만나는 꼭짓점마다 각이 생기거든요.
모든 사각형의 각의 합은 항상 360도예요.
예) 직사각형: 90도 × 4 = 360도
어떤 사각형이든 각을 다 더하면 항상 360도가 된답니다!
이제 사각형에 대해 더 친근하게 느껴지나요? 궁금한 점이 있으면 언제든지 물어봐요!

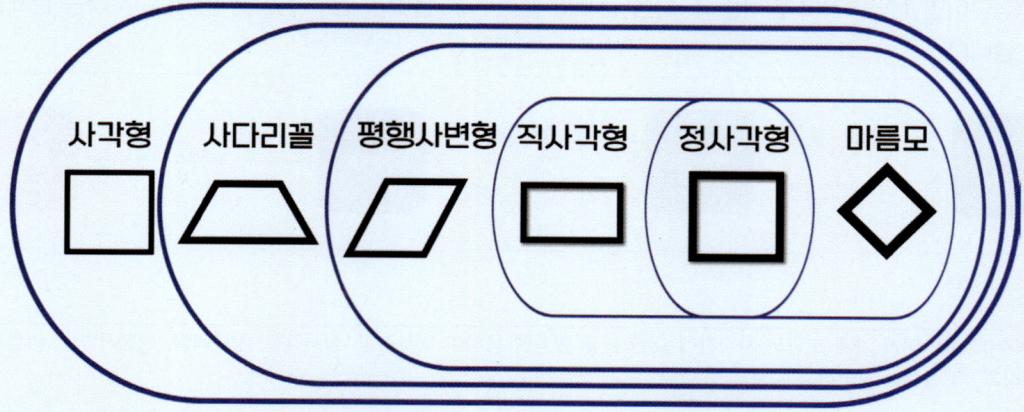

 **작품 만들기** 완성 파일 QR 코드 링크 주소 : https://naver.me/G65lZBqA

코딩 준비하기

1. 오브젝트 추가하기

오브젝트 선택		
	선생님(2)	교실(2)
이름	선생님	교실
X좌표	-90	0
Y좌표	-35	0
크기	150.0%	375.0%

2. 글상자 추가하기

1️⃣ [오브젝트 추가하기]에서 [글상자]를 클릭합니다.

2️⃣ 아무런 설정 없이 [추가하기]를 눌러서 1개의 글상자를 만듭니다.

3️⃣ 모두 생성되면 이름을 바꾸고 적절한 위치를 정합니다.

4️⃣ 글꼴, 정렬, 글씨의 속성, 글씨 색, 글씨 배경색을 정합니다.

5️⃣ 글상자의 입력창에 다음과 같이 입력합니다.

글상자의 이름	사각형이름
글상자의 내용	사다리꼴, 평행사변형, 직사각형, 정사각형, 마름모

6️⃣ 용도에 맞게 한 줄 쓰기 또는 여러 줄 쓰기를 선택합니다.

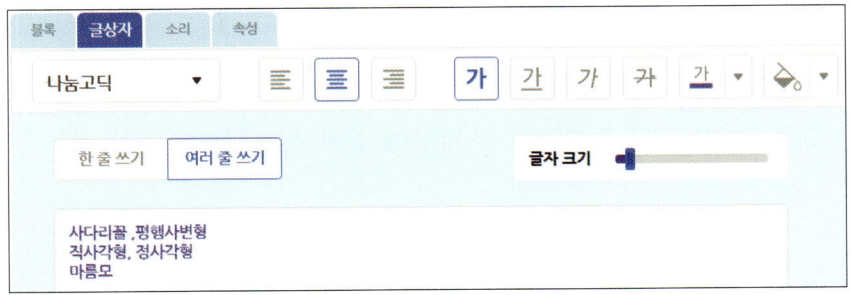

3. 속성 추가하기

1 변수를 만듭니다.

2개의 ? 변수가 필요합니다. [변수 추가하기]를 클릭한 후 [문제번호], [대답] 변수를 추가합니다.

- **[문제번호]** : 1번부터 3번까지 차례대로 문제번호를 정하는 변수입니다.
- 변수 기본값을 1로 설정합니다.
- **[대답]** : 음성 인식된 대답을 저장하는 변수입니다.

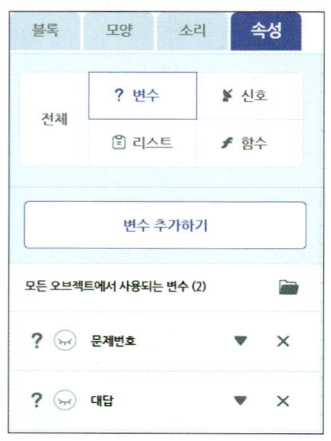

2 리스트를 만듭니다.

2개의 📄 리스트가 필요합니다. [리스트 추가하기]를 클릭해서 [사각형정답], [사각형문제] 리스트를 만듭니다. 리스트 이름을 입력 하고, [리스트 속성]의 [리스트 항목 수]에 필요한 항목 수만큼 '+'를 누르거나 숫자를 입력한 후 [리스트 기본값]을 입력합니다.

- **[사각형정답]**: 사각형 문제의 정답이 들어있는 리스트입니다.
- **[사각형문제]**: 선생님께서 제출하는 사각형에 관한 문제가 3개 들어있는 리스트입니다.
- 사각형 정답 리스트 항목 수를 정답 갯수인 '3'을 입력합니다.
- 사각형 문제 리스트 항목 수를 문제 갯수인 '3'을 입력합니다.
- 다음의 문제와 정답을 리스트 기본값의 항목에 입력합니다.

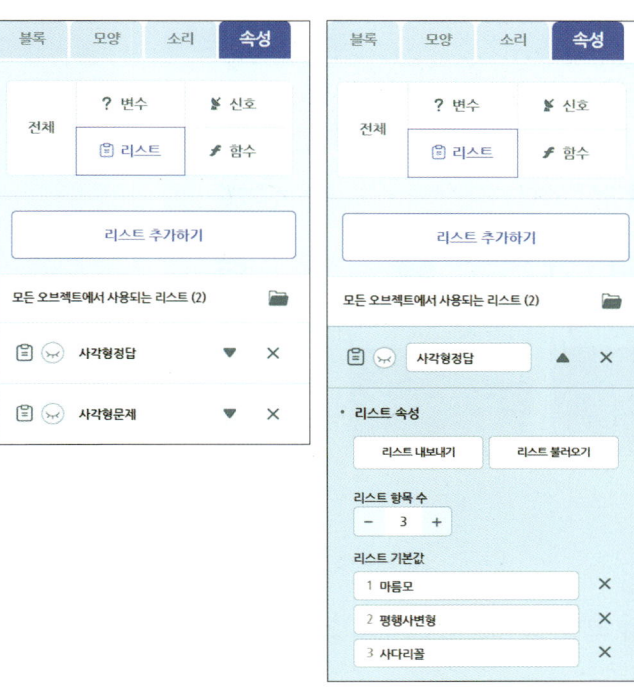
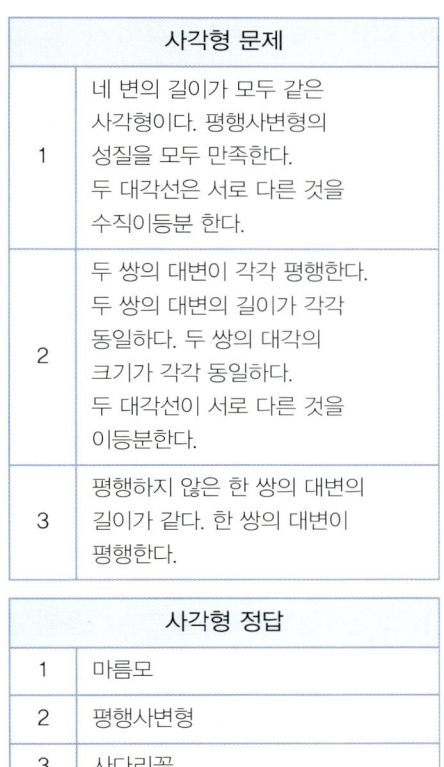

	사각형 문제
1	네 변의 길이가 모두 같은 사각형이다. 평행사변형의 성질을 모두 만족한다. 두 대각선은 서로 다른 것을 수직이등분 한다.
2	두 쌍의 대변이 각각 평행한다. 두 쌍의 대변의 길이가 각각 동일하다. 두 쌍의 대각의 크기가 각각 동일하다. 두 대각선이 서로 다른 것을 이등분한다.
3	평행하지 않은 한 쌍의 대변의 길이가 같다. 한 쌍의 대변이 평행한다.

	사각형 정답
1	마름모
2	평행사변형
3	사다리꼴

리스트를 만드는 다른 방법으로는 [리스트 불러오기]를 클릭해서 리스트 기본값을 한 번에 입력하는 것도 가능하며, 만든 리스트의 내용을 복사할 수도 있고, 파일이나 테이블로 만들 수도 있습니다.

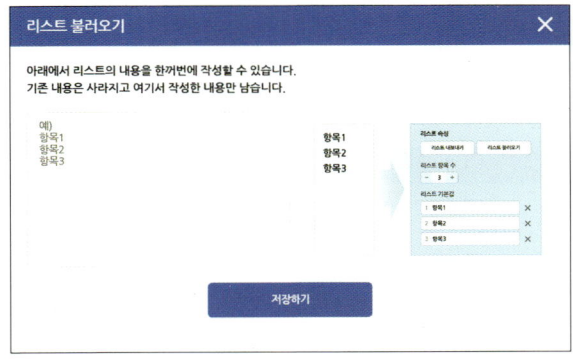
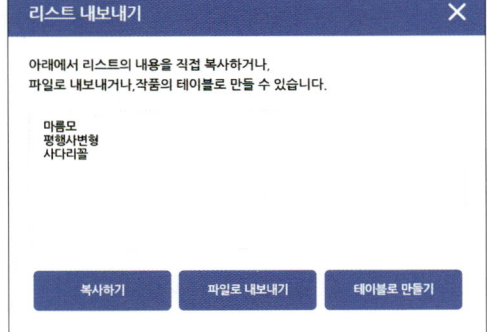

4. 인공지능 블록 추가하기

1 [인공지능탭]에서 [인공지능 블록 불러오기]를 클릭합니다.
2 상단의 [읽어주기], 하단의 오디오 감지의 [음성 인식]을 클릭합니다.
3 우측 상단의 [불러오기]를 클릭합니다.

코딩하기

1. [선생님] 오브젝트 : 다음과 같이 코딩 블록을 순서대로 조립합니다.

1 `안녕! 을(를) 말하기` 블록을 선택합니다.

2 `안녕!` 자리에 `사각형정답의 1 번째 항목` 블록을 가져와서 조립합니다.

3 `1` 에 `문제번호 값` 블록을 조립합니다.

1 `10 = 10` 을 선택합니다.

2 등호의 왼쪽 `10` 자리에 `문제번호 값` 블록을 조립한 후 문제번호 옆의 흰색 삼각형을 눌러서 [대답]으로 변경합니다.

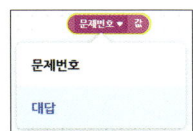

3 등호의 오른쪽 `10` 자리에 `사각형정답의 1 번째 항목` 블록을 가져와서 조립하고, `1` 자리에 `문제번호 값` 블록을 조립합니다.

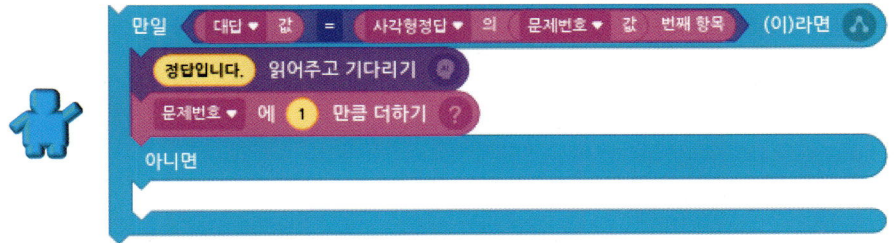

1 [만일 참이라면 아니면] 블록을 선택합니다.

2 `참` 자리에 `대답 값 = 사각형정답의 문제번호 값 번째 항목` 블록을 조립합니다.

1 `10 + 10` 블록 2개를 연결해서 조립합니다.

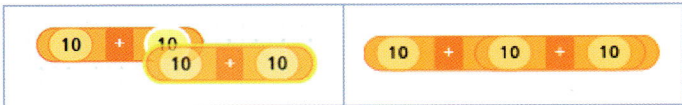

2 각 ⑩ 의 자리에 다음의 표를 보고 조립합니다.

❶	첫 번째 ⑩ 자리에 '틀렸습니다. 정답은' 을 입력합니다.
❷	두 번째 ⑩ 자리에 `사각형정답▼ 의 문제번호▼ 값 번째 항목` 를 조립합니다.
❸	세 번째 ⑩ 자리에 '입니다'를 입력합니다.

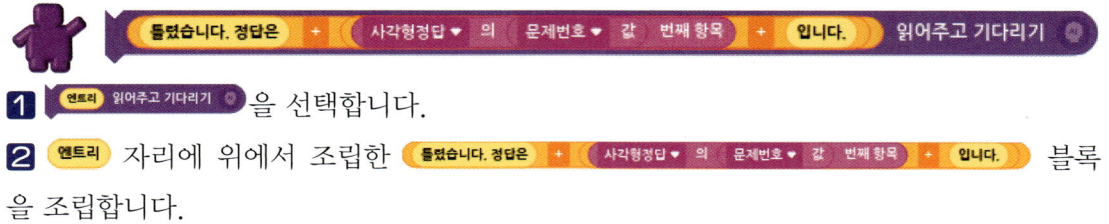

1 `엔트리 읽어주고 기다리기` 을 선택합니다.

2 `엔트리` 자리에 위에서 조립한 `틀렸습니다. 정답은 + 사각형정답▼ 의 문제번호▼ 값 번째 항목 + 입니다.` 블록을 조립합니다.

실행하기

시작하기를 눌러서 코딩한 프로그램이 바르게 작동하는지 바로 확인합니다.

원하는 결과를 위해 코딩 블록을 추가하거나 교체합니다.

토마토가 자라나요

음성인식　교과 연계 : 과학[8]

학습 목표
'식물의 생애 주기'를 이해할 수 있습니다.
변수와 리스트 사용법을 익힙니다.

 **완성 작품 미리보기**　QR 코드　링크 주소 : https://youtu.be/btTA-dw7qLQ

코딩 알고리즘과 로드맵

▶ **시작하기 버튼을 클릭했을 때**
- "안녕 나를 키우고 싶다면 '사랑해'라고 말해줘"라고 멘트가 나옵니다.
- 마이크에 대고 '사랑해'라고 말합니다.
- '사랑해'라는 말이 인식 되면 씨앗이 자라납니다.
- '사랑해'라는 말이 5번이 되면 토마토 나무가 나타납니다.

[8] [4과-04]생물의 한 살이 [4과-14]생물과 환경

ChatGPT와 함께하는 학습 이야기

질문 초등학교 친구들이 코딩 주제와 연관돼 관심을 가질 수 있는 이야기를 만들어 주세요. 토마토가 씨앗부터 토마토 나무까지 사랑해라는 말을 들으면 토마토가 자라도록 할 거예요. 친구들이 토마토가 자라는 과정을 이해하기 쉽도록 동화를 만들어 주세요.

작은 토마토 씨앗은 어느 날 따뜻한 햇살이 내리쬐는 땅 속에 심어졌어요. 처음에는 어둡고 조용한 흙 속이 낯설었지만, 씨앗은 곧 땅의 따뜻함과 시원한 물을 받아들였어요. 시간이 지나자, 씨앗은 조금씩 힘을 내어 싹을 틔우기 시작했죠.

"우와, 내가 이제 밖으로 나왔어!" 싹이 작은 초록 잎을 내밀며 기뻐했어요. 햇빛은 그를 반갑게 비추며 따뜻하게 해주었고, 바람은 살랑살랑 불어와 토마토 싹을 살포시 흔들어주었어요.

싹은 점점 자라며 튼튼한 줄기를 뻗었고, 매일매일 하늘을 향해 키가 자랐어요. "이렇게 자라는 건 정말 멋진 일이야!"

시간이 흘러 작은 싹은 예쁜 꽃을 피웠어요. "나에게 꽃이 생겼어! 정말 아름다워!" 토마토는 들뜬 마음으로 자신의 꽃을 바라보았어요. 얼마 지나지 않아, 그 꽃은 작은 초록색 열매로 변했어요. 열매는 점점 커지고, 햇빛을 받을수록 빨갛게 익어갔어요.

마침내 빨갛고 탐스러운 토마토가 된 열매는 자랑스럽게 말했어요. "드디어 내가 모두에게 맛있는 선물이 되었어!" 그리고 다른 식물들에게도 이렇게 말했죠. "나처럼 너희도 잘 자라서 멋진 열매를 맺을 수 있을 거야. 포기하지 말고 햇빛과 물을 믿어봐!"

그렇게 토마토는 자신이 겪은 성장 과정을 통해 친구들에게 희망과 용기를 주었답니다.

질문 위의 스토리를 기반으로 두 컷으로 일러스트를 그려주세요.

 **작품 만들기** 완성 파일 QR 코드 링크 주소 : https://naver.me/GoDt6yra

코딩 준비하기

1. 오브젝트 추가하기

오브젝트 선택			
	화분(1)	식물의 한살이	날씨
이름	화분(1)	식물의 한살이	날씨
X좌표	70.1	77.0	0
Y좌표	1.0	-11.1	0
크기	188.6%	60.9%	375.0%

2. 속성 추가하기

1 변수를 만듭니다.

1개의 ? [변수]가 필요합니다.

- [사랑해횟수]: 음성인식 된 '사랑해' 단어의 횟수를 저장하는 변수입니다.

2 리스트를 만듭니다.

1개의 [리스트]가 필요합니다. 리스트 이름을 입력 하고, [리스트 추가]를 클릭합니다. [리스트 속성]의 [리스트 항목 수]에 필요한 항목 수만큼 '+'를 누르거나 숫자를 입력한 후 [리스트 기본값]을 입력합니다.

- [읽어주기]: 음성 안내를 위한 내용이 들어있는 리스트입니다.
- 눈을 감겨서 실행 화면에서 숨깁니다.

- [읽어주기] 리스트 항목 수에 '5'를 입력합니다.
- 다음의 음성안내를 리스트 기본값의 항목에 입력합니다.

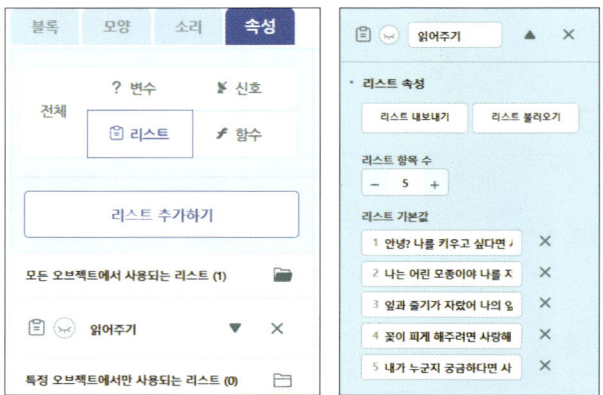

| 안녕? 나를 키우고 싶다면 사랑해 라고 말해줘 |
| 나는 어린 모종이야 나를 자라게 하고 싶다면 사랑해 라고 말해줘 |
| 잎과 줄기가 자랐어. 나의 잎이 더 풍성하게 자라게 해주려면 사랑해 라고 말해줘 |
| 꽃이 피게 해주려면 사랑해라고 말해줘 |

3. 인공지능 블록 추가하기

1 [인공지능탭]에서 [인공지능 블록 불러오기]를 클릭합니다.
2 상단의 [읽어주기], 하단의 오디오 감지의 [음성 인식]을 클릭합니다.
3 우측 상단의 [불러오기]를 클릭합니다.

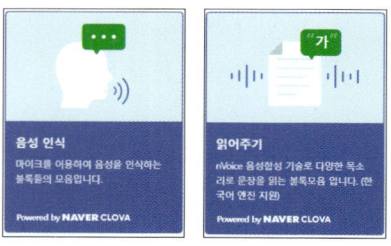

코딩하기

1 🌰 [식물의 한살이] 오브젝트 : 다음과 같이 코딩 블록을 순서대로 조립합니다.

1 `<10 = 10>` 블록을 선택합니다.

2 등호의 왼쪽 `10` 자리에 `음성을 문자로 바꾼 값` 블록을 조립하고, 등호의 오른쪽 `10` 자리에 '사랑해'라고 입력합니다.

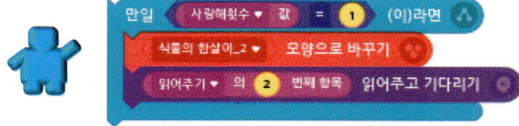

1 [만약 참이라면] 블록을 선택합니다.

2 참 자리에 10 = 10 블록을 조립합니다.

3 등호의 왼쪽 10 자리에 사랑해횟수 값 블록을 조립하고, 등호의 오른쪽 10 자리에 '1'을 입력합니다.

4 식물의 한살이_1 모양으로 바꾸기 블록을 선택한 후 [식물의 한살이_1] 옆의 흰색 삼각형을 클릭하여 [식물의 한살이_2]로 변경합니다.

5 엔트리 읽어주고 기다리기 블록을 선택합니다.

6 엔트리 자리에 읽어주기 의 2 번째 항목 블록을 조립합니다.

7 위의 블록들을 조립한 후 4회 복제합니다. 복제 후 각 자리에 해당하는 숫자는 전체 코드를 참고하시어 수정하시기 바랍니다. 특히 [사랑해횟수]가 5회일 경우 추가되는 블록에 유의하시기 바랍니다.

실행하기

시작하기를 눌러서 코딩한 프로그램이 바르게 작동하는 지 바로 확인합니다.
원하는 결과를 위해 코딩 블록을 추가하거나 교체합니다.

 ## 나에게 맞는 행성은?

읽어주기　　교과 연계 : 과학[9]

 **학습 목표**　인공지능 블록 읽어주기 기능을 이용하여 행성 추천 로봇을 만듭니다.
흐름 블록과 판단 블록의 활용을 알아봅니다.

 **완성 작품 미리보기**　QR 코드　링크 주소 :
https://youtu.be/r_3liJjBhVg

코딩 알고리즘과 로드맵

▶ 시작하기 버튼을 클릭했을 때
- "나는 행성을 추천해 주는 로봇이야 나의 질문에 대답해봐"라고 음성이 나옵니다.
- 행성의 기후, 크기, 대기에 대한 질문 세가지를 듣고 각각 답변을 합니다.
- 모든 질문을 마치면 "이제 너의 취향을 알았어. 내가 행성을 추천해 줄게"라고 하고 답변의 내용에 따라서 지구, 명왕성, 목성 중에서 행성을 추천해 줍니다.
- 엔트리봇은 해당 행성으로 이동합니다.

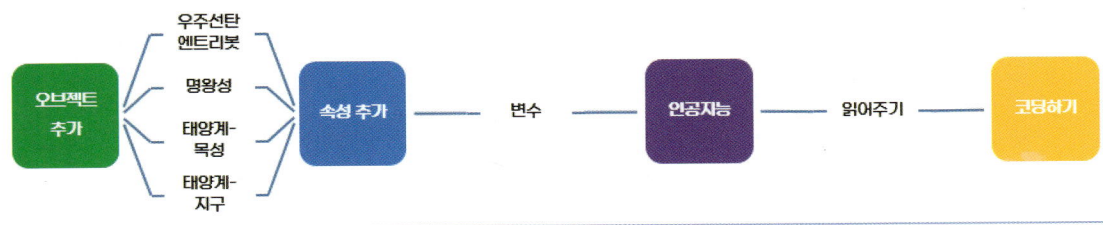

[9] [6과12-03]지구의 공전을 알고, 계절에 따라 달라지는 별자리를 관찰할 수 있다.

ChatGPT와 함께하는 학습 이야기

질문 당신은 초등학생의 눈높이에서 설명을 잘하는 우주 전문가입니다. 최근에 화제가 되고 있는 우주여행의 시작부터 지금까지의 진행과정에 대한 초등학생의 질문에 대해서 설명해주세요.

 우주여행의 시작
1. 스푸트니크 1호(1957년): 소련(지금의 러시아)이 인류 최초의 인공위성을 우주에 쏘아 올렸어. 이때부터 본격적인 우주 탐험이 시작됐지.
2. 유리 가가린(1961년): 세계 최초로 우주로 간 사람이야. 108분 동안 지구 궤도를 한 바퀴 돌고 돌아왔어.

사람을 달에 보낸 순간!
- 아폴로 11호(1969년): 미국의 닐 암스트롱과 버즈 올드린이 인류 최초로 달에 착륙했어. "이것은 한 사람의 작은 발걸음이지만, 인류위 위대한 도약이다."라는 유명한 말을 남겼지!

국제우주정거장(ISS)과 우주 생활
- 2000년대부터 "국제우주정거장(ISS)"에서 과학자들이 우주에서 살고 연구를 시작했어. 여러 나라가 함께 만들었고, 여기선 지금도 우주 실험들이 계속되고 있어.

민간 우주여행의 시작
- 최근엔 민간 기업들이 우주여행을 이끌고 있어. 예전엔 나라만 우주선을 쏘아 올렸는데, 이제는 회사들도 사람들을 우주로 보내고 있지!
- 스페이스X: 일론 머스크가 만든 회사로, 사람을 우주정거장에 보내기도 했어.
- 블루 오리진: 제프 베이조스의 회사로, 짧은 시간 동안 우주를 여행할 수 있는 프로그램을 시작했어.
- 버진 갤럭틱: 우주 비행기를 타고 우주 가장자리까지 가는 여행을 하고 있지.

미래의 우주여행
- 앞으로는 화성과 더 먼 우주로 떠나는 계획도 있어! 화성에 기지를 짓고, 달에 여행객이 머물 호텔도 생길 수 있을 거야. 우주 엘리베이터 같은 새로운 기술들도 연구 중이야!

우주에 대해 더 궁금한 것이 있으면 언제든지 물어보세요! 행성 박사님이 언제든 도와줄게요.

질문 위의 내용을 바탕으로하여 우주 여행의 역사와 관련된 일러스트 4개를 만들어 주세요.

 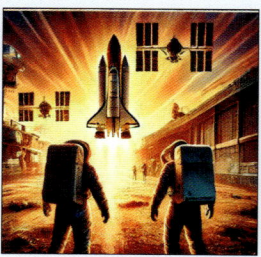  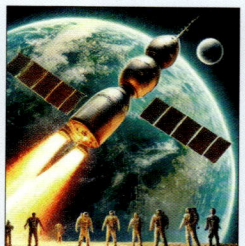 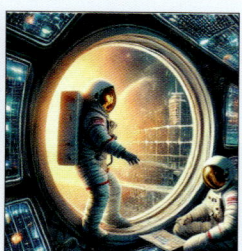

 작품 만들기   완성 파일 QR 코드   링크 주소 : https://naver.me/FoEl9Qdk

코딩 준비하기

1. 오브젝트 추가하기

오브젝트 선택					
	우주선 탄 엔트리봇	명왕성	태양계 – 목성	태양계 – 지구	우주(2)
이름	우주선 탄 엔트리봇	명왕성	태양계 – 목성	태양계 – 지구	우주(2)
X좌표	-161.9	139.2	78.2	-38.9	0
Y좌표	-55.4	-65.3	69.9	-26.0	0
크기	100%	62.8%	67.1%	62.3%	375.0&

2. 속성 추가하기

1 3개의 ? 변수를 만듭니다.

- [기후선호]: 행성을 선택할 때 어떤 기후를 선호하는지 저장하는 변수입니다.
- [크기선호]: 행성을 선택할 때 어떤 크기를 선호하는지 저장하는 변수입니다.
- [대기선호]: 행성을 선택할 때 어떤 대기를 선호하는지 저장하는 변수입니다.

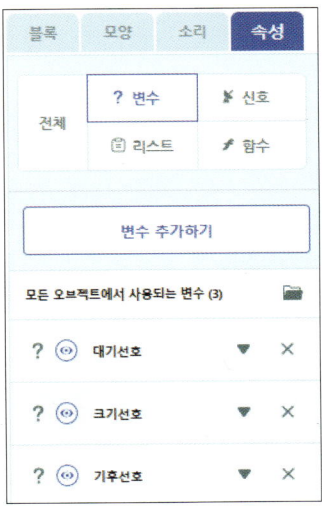

3. 인공지능 블록 추가하기

1️⃣ [인공지능탭]에서 [인공지능 블록 불러오기]를 클릭합니다.

2️⃣ 상단의 [읽어주기]를 클릭합니다.

3️⃣ 우측 상단의 [불러오기]를 클릭합니다.

코딩하기

1 [우주선 탄 엔트리봇] 오브젝트: 다음과 같이 코딩 블록을 순서대로 조립합니다.

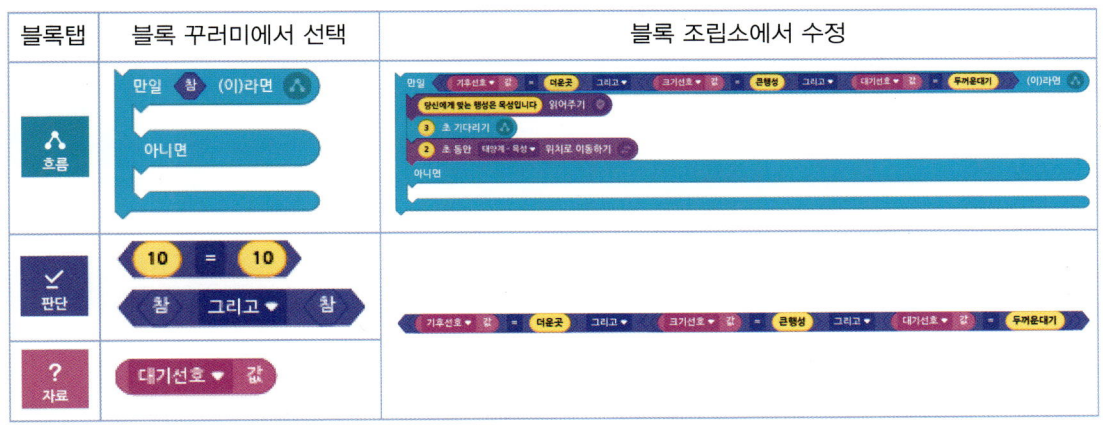

1. <참 그리고▼ 참> 블록 2개를 조립해줍니다.

2. <10 = 10> 블록에서 등호(=)의 왼쪽 10 자리에 <기후선호▼ 값>을 조립하고 오른쪽 10 자리에는 "더운곳"을 입력합니다. 이와 같은 방법으로 <대기선호▼ 값>, <크기선호▼ 값>을 각각 조립하고, '큰행성', '두꺼운대기'를 각각 입력하여 <기후선호▼ 값 = 더운곳> <대기선호▼ 값 = 두꺼운대기> <크기선호▼ 값 = 큰행성>을 만들어 줍니다.

3. <참 그리고▼ 참 그리고▼ 참> 블록의 참 자리에 2)에서 조립한 블록들을 넣어 줍니다.

4. 완성된 블록을 [만일 참이라면] 흐름 블록에 조립합니다.

2 🌏 [태양계-지구] 오브젝트: 다음과 같이 코딩 블록을 순서대로 조립합니다.

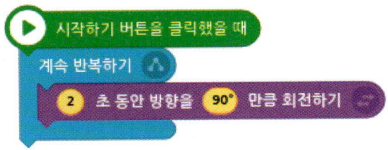

실행하기

시작하기를 눌러서 코딩한 프로그램이 바르게 작동하는지 바로 확인합니다.
원하는 결과를 위해 코딩 블록을 추가하거나 교체합니다.

미래노인인구

예측: 숫자 (선형 회귀)   교과 연계 : 사회[10]

학습 목표 인공지능의 예측: 숫자 모델로 미래의 노인 인구 비율을 예측합니다.
데이터를 활용하고 분석하는 방법을 학습합니다.

완성 작품 미리보기   QR 코드   링크 주소 :
https://youtu.be/WDO0_Ygnqr4

코딩 알고리즘과 로드맵

▶ 시작하기 버튼을 클릭했을 때
- "미래의 노인 인구 비율 예측 프로그램입니다."
- "노인 인구 비율을 알고 싶으면 저를 클릭해 주세요."라는 음성과 말풍선이 나옵니다.
- 엔트리를 클릭하면 "알고 싶은 미래 연도 숫자를 입력해 주세요."라는 음성이 나오면서 화면 하단에 입력창이 뜹니다.
- 연도를 입력하면, 해당 연도의 노인 인구 비율이 안내 됩니다.
- "다른 연도의 노인 인구 비율을 알고 싶으면 저를 클릭해 주세요."라는 음성과 말풍선이 나옵니다.

[10] [4사03-01] 최근 사회 변화의 양상과 특징을 파악하고, 그로 인해 나타난 생활모습의 변화를 탐색한다.

ChatGPT와 함께하는 학습 이야기

질문 사회문제에 대해서 초등학교 친구들의 물음에 친절하게 답해주세요.
질문1) 왜 어른들보다 할머니, 할아버지가 더 많아지는 거예요?
질문2) 할머니, 할아버지가 아프면 누가 도와줘요?
질문3) 노인 인구가 많아지면 학교도 줄어들어요?

 오늘은 사회 문제에 대해 궁금한 것을 풀어볼 거예요. 하나씩 친절하게 설명해 줄게요. 함께 알아보면서 세상을 더 잘 이해해 보아요!

1) 왜 어른들보다 할머니, 할아버지가 더 많아지는 거예요?

좋은 질문이에요! 요즘 세상에서는 사람들이 더 오래 건강하게 살 수 있게 되었기 때문이에요. 예전보다 의료 기술이 발달하고, 음식과 환경도 더 좋아지면서 사람들이 오래 살 수 있게 됐어요. 하지만 아기들이 예전보다 덜 태어나는 것도 한 이유예요.
옛날에는 많은 가족이 아이를 많이 낳았지만, 요즘은 부모님들이 두세 명만 낳는 경우가 많아요. 그래서 아기보다 나이 드신 분들이 더 많아지는 거예요. 이런 현상을 고령화라고 해요. 우리나라는 고령화가 빠르게 진행되고 있답니다.

2) 할머니, 할아버지가 아프면 누가 도와줘요?

할머니, 할아버지가 아프시면 여러 사람들이 돕기 위해 노력해요:

- 가족: 부모님이나 손자들이 먼저 할머니, 할아버지를 돌봐요.
- 병원과 의사: 병원에서는 할머니, 할아버지의 건강을 돌보는 전문의와 간호사들이 있어요.
- 요양보호사: 요양원이나 집에서 할머니, 할아버지를 도와주는 요양보호사가 계세요.
- 정부의 도움: 노인복지 제도로 병원비나 필요한 물건을 지원받을 수 있어요.

우리 사회가 모두 함께 할머니, 할아버지를 돕기 위해 노력하고 있어요!

3) 노인 인구가 많아지면 학교도 줄어들어요?

네, 그럴 수 있어요. 아기들이 줄어들면 학생 수도 줄어들게 되고, 학교도 줄어들 수 있어요.

- 예전에는 한 학년에 학생이 아주 많아서 반도 여러 개 있었지만, 요즘은 학교에 학생이 적어지는 경우가 많아요.
- 그래서 학교를 합치거나 없애는 경우도 생기고 있어요.

하지만 대신에 노인들을 위한 복지 시설이나 병원이 늘어나기도 해요. 또 어른들이 새로운 것을 배우기 위해 공부하는 학교도 생기고 있어요. 이처럼 세상의 변화에 맞춰 우리의 생활도 바뀌고 있답니다.
궁금증이 조금 풀렸나요? 할머니, 할아버지를 비롯해 우리 모두가 함께 행복하게 사는 방법을 생각해 보는 것이 중요해요.

질문 올해 우리나라 사람들의 중간 나이가 몇 살인지 알 수 있어요? 그리고 10년 전과 10년 후의 중간 나이도 궁금해요.

 2024년 현재 우리나라의 중위연령(전체 인구를 나이순으로 정렬했을 때 중앙에 위치한 사람의 나이)은 46.1세입니다.

10년 전인 2014년의 중위연령은 40.3세였으며, 10년 후인 2034년에는 50.3세로 예상됩니다.
이러한 수치는 우리나라의 저출산과 고령화로 인해 인구의 연령 구조가 빠르게 변화하고 있음을 보여줍니다.

 **작품 만들기** 완성 파일 QR 코드   링크 주소 : https://naver.me/FcmVUYgW

코딩 준비하기

1. 오브젝트 추가하기

오브젝트 선택	문서를 읽는 모습	소놀 연구실
이름	문서를 읽는 모습	소놀 연구실
X좌표	166	0
Y좌표	-50.7	0
크기	100%	375.0%

2. 데이터 분석 블록 추가하기

1️⃣ [데이터 분석] 탭에서 [테이블 불러오기]를 클릭합니다.

2️⃣ 왼쪽에 있는 [테이블 추가하기]를 클릭합니다.

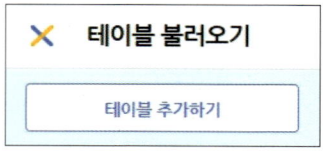

3️⃣ [테이블 선택] 탭에 있는 [연령별/계층별 인구 구성비]를 클릭합니다. 클릭하면 파란색으로 바뀝니다. 우측 상단에 있는 [추가하기]를 클릭합니다.

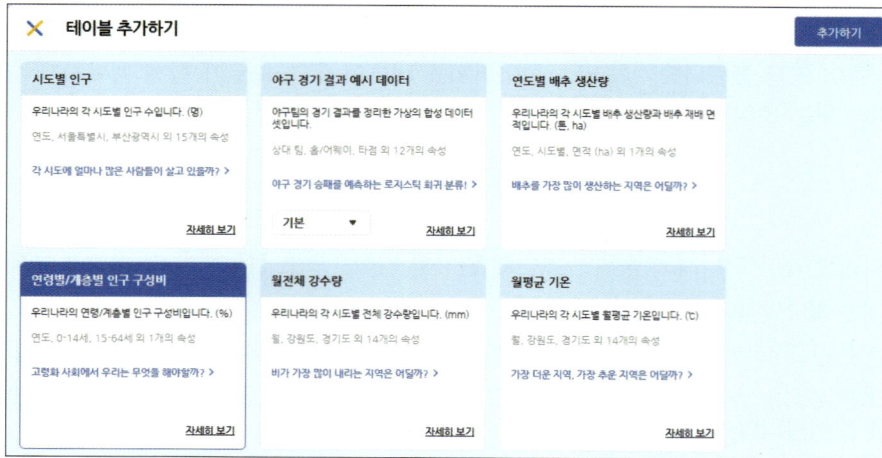

4 테이블 표에 B열과 C열을 지웁니다. B열을 누른 후 마우스 오른쪽 버튼을 눌러서 나오는 메뉴 중 [열 삭제]를 클릭합니다. C열도 같은 방법으로 삭제합니다. 연도와 65세 이상을 표에 남깁니다.

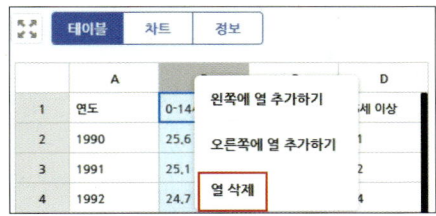

5 제일 위에 있는 테이블 이름 [연령별/계층별 인구 구성비]를 '노인인구구성비'라고 입력하고, [저장하기]를 누른 후 나오는 알림창에 [확인]을 클릭합니다.

6 우측 상단의 [적용하기]를 클릭합니다.

3. 인공지능 블록 추가하기

1 [인공지능탭]에서 [인공지능 블록 불러오기]를 클릭합니다.
2 상단의 [읽어주기]를 클릭합니다.
3 우측 상단의 [불러오기]를 클릭합니다.

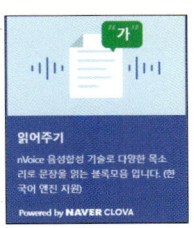

4. 인공지능 모델 학습하기

1 [인공지능탭]에서 [인공지능 모델 학습하기]를 클릭합니다.
2 상단의 [예측: 숫자(선형 회귀)]를 클릭합니다.

3 우측 상단의 [학습하기]를 클릭합니다.
4 모델 이름에 '노인인구구성'을 입력하고 [데이터 입력]에 있는 [테이블을 선택해 주세요] 옆 검은색 삼각형을 클릭해서 '노인인구구성비'를 선택합니다.

5 [핵심 속성]에는 [연도]를 끌어와서 넣고 [클래스 속성]에는 [65세 이상]을 끌어와서 넣습니다.

6 [학습] 부분에 있는 [모델 학습하기]를 눌러 모델을 학습합니다.

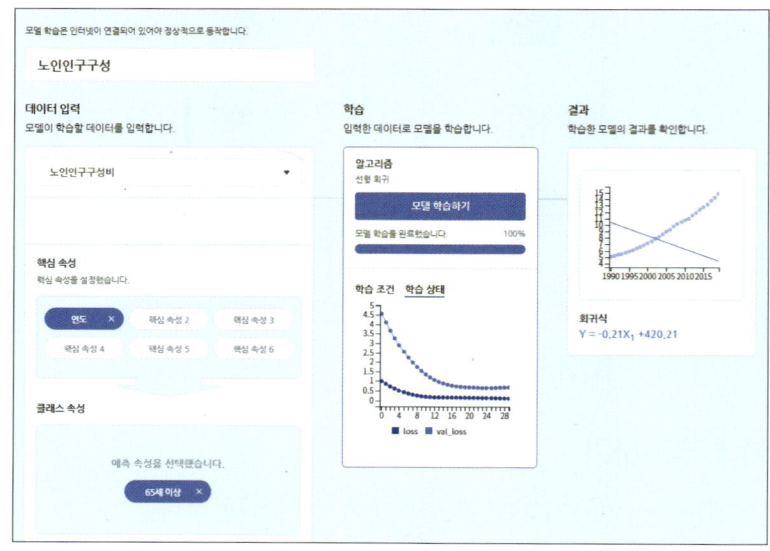

7 모델 학습을 완료 후 우측 상단의 [적용하기]를 클릭합니다.

코딩하기

1 [문서를 읽는 모습] 오브젝트: 다음과 같이 코딩 블록을 순서대로 조립합니다.

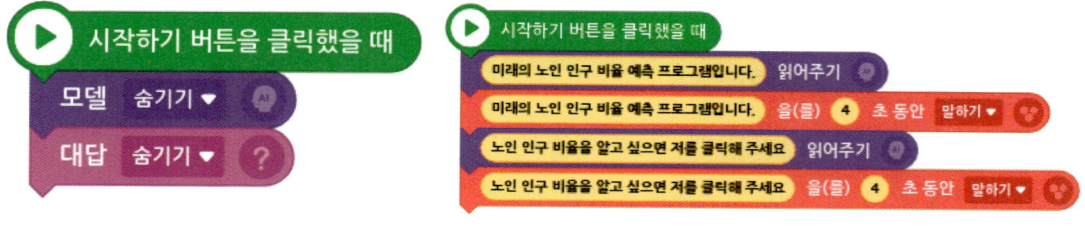

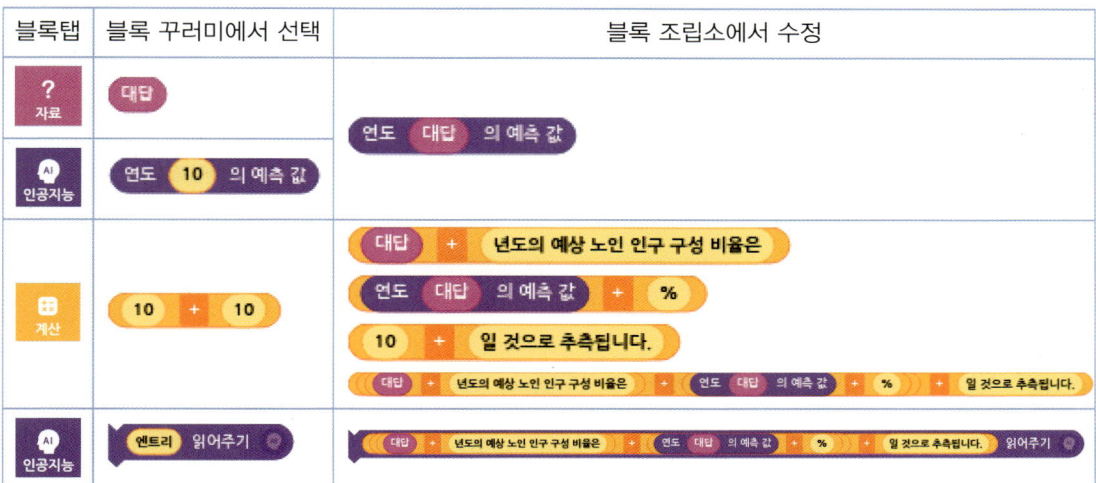

[인공지능탭]에서 `연도 10 의 예측 값` 블록의 `10` 자리에 을 `대답` 조립합니다.

[계산] 탭에서 `10 + 10` 블록을 선택하여, 왼쪽 `10` 자리에 `대답` 블록을 조립하고, 오른쪽 `10` 자리에 '년도의 예상 노인 인구 구성 비율은'을 입력합니다.

[계산] 탭에서 `10 + 10` 블록을 선택하여, `10` 왼쪽 자리에 `연도 대답 의 예측 값` 블록을 조립하고, 오른쪽 `10` 자리에 '%'를 입력합니다.

[계산] 탭에서 `10 + 10` 블록을 선택하여, 오른쪽 `10` 자리에 '일 것으로 추측됩니다.'를 입력합니다

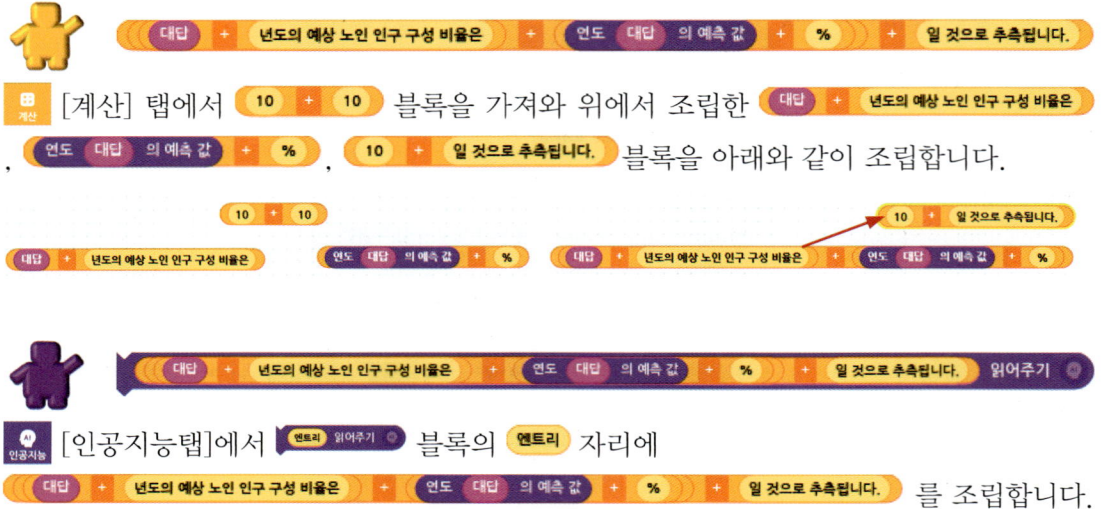

실행하기

시작하기를 눌러서 코딩한 프로그램이 바르게 작동하는 지 바로 확인합니다.

원하는 결과를 위해 코딩 블록을 추가하거나 교체합니다.

마을지도 소개
읽어주기 　 교과 연계 : 사회[11]

 **학습 목표**　인공지능 읽어주기와 신호 보내기를 이해하고 작품을 만들어 봅니다.
오브젝트 모양의 크기 변경을 학습합니다.

 　 **완성 작품 미리보기**　QR 코드 　링크 주소 :
https://youtu.be/kzQ7a9TVZIc

코딩 알고리즘과 로드맵

▶ **시작하기 버튼을 클릭했을 때**
- "안녕? 우리 마을을 소개할게! 알고 싶은 곳으로 방향키를 눌러서 이동해 봐."라고 음성과 말풍선이 나옵니다.
- 방향키를 눌러서 이동합니다.
- 지도에 있는 건물로 이동하면, 건물 오브젝트가 커지고 해당 건물에 대한 소개가 음성과 말풍선으로 나옵니다.
- 그리고 해당 건물이 원래 크기로 돌아갑니다.
- 만약 벽에 닿으면 원래 자리로 돌아갑니다.

[11] [4사01-01] 주변 여러 장소에서의 경험과 느낌을 다양한 방식으로 표현하고, 장소감을 나누며 서로 존중하는 태도를 지닌다.

ChatGPT와 함께하는 학습 이야기

위에 첨부한 파일은 마을 지도에 나와 있는 시설을 안내하는 인공지능 엔트리봇 코딩의 실행화면을 찍은 그림파일이에요. 이렇게 길잡이 안내하는 로봇이 실생활에서도 쓰이고 있는 지 궁금해요.

길을 안내하거나 정보를 제공하는 로봇은 여러 분야에서 유용하게 사용되고 있어요. 예를 들어, 박물관과 전시회에서는 전시물을 설명하고 구역을 안내하는 디지털 가이드 로봇이 있어요. 쇼핑몰과 공항 같은 넓은 공간에서는 방문자가 원하는 장소를 찾을 수 있도록 안내 로봇이 길을 알려주고 필요한 정보를 제공해 줍니다. 테마파크와 관광지에서도 로봇이 각 구역의 설명을 해 주고, 도서관에서는 책 위치와 시설 안내를 도와주는 도서관 로봇이 있어요. 또한, 학교나 교육용 앱에서는 엔트리봇처럼 가상 가이드가 등장해 학생들이 학습 내용을 이해하도록 도와줍니다. 이처럼 길 안내와 정보 제공 역할을 하는 로봇은 사람들이 쉽게 길을 찾고 정보를 얻는 데 큰 도움을 줍니다.

ChatGPT 파일첨부 클립 기능은 파일을 대화에 추가해서 도움을 받을 수 있는 기능이에요. 예를 들어, 그림이나 문서를 올리면 그 파일에 대해 쉽게 설명을 받을 수 있어요. 이 기능이 어떻게 쓰일 수 있는지 예를 들어 볼게요.

1. 그림이나 사진 설명받기
사진이나 그림을 올리면, 그 속에 있는 내용이 무엇인지 설명해 줄 수 있어요. 예를 들어, 지도의 사진을 올리면, 그 지도가 어떤 곳인지 설명해 주는 거예요.
2. 문서 요약하기
긴 글이나 문서를 올리면, 그 문서 내용을 짧게 요약해서 쉽게 알려줄 수 있어요. 예를 들어, 숙제로 받은 긴 자료를 올리면 중요한 내용을 뽑아서 설명해 줄 수 있어요.
3. 코드나 프로그램 도움받기
프로그래밍 코드 파일을 올리면, 그 코드가 어떻게 작동하는지 설명하거나 잘못된 부분을 찾아서 고치는 방법을 알려줄 수 있어요.
4. 데이터 분석
엑셀 파일 같은 데이터를 올리면, 그 안에 들어있는 숫자를 분석해서 쉽게 설명해 줄 수 있어요. 예를 들어, 통계 수치를 올리면 결과를 그래프로 만들어 보여주기도 해요.
이 기능을 사용하면 파일에 담긴 내용을 쉽게 설명받을 수 있어서, 복잡한 자료도 이해하기 쉬워져요!

 **작품 만들기** 완성 파일 QR 코드   링크 주소 : https://naver.me/xq3PGURG

코딩 준비하기

1. 오브젝트 추가하기

오브젝트 선택								
	(1)엔드리봇	약도	슈퍼마켓	도서관	병원(2)	건물(3)	학교	약국
이름	(1)엔트리봇	약도	슈퍼마켓	도서관	병원	우리집	학교	약국
X좌표	-195.0	0	-173.6	-23.5	172.3	-177.7	-26.4	166.5
Y좌표	-6.0	0	76.4	77.9	74.0	-84.5	-89.4	-90.9
크기	54.7%	375.0%	75.4%	73.2%	74.5%	60.0%	74.4%	76.1%

2. 오브젝트 모양 바꾸기

1 [(1)엔트리봇] 오브젝트를 클릭한 후 블록의 [모양] 탭에서 [걷는 엔트리봇 1]을 클릭합니다.

2 하단 [선택] 부분의 [반전]을 눌러 좌우를 반전시킵니다.

3 우측 상단에 있는 [저장하기]를 누르고 [새 모양으로 저장하기]를 클릭합니다.

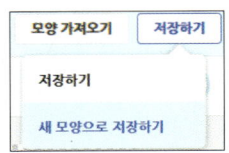

4 이름을 '왼쪽으로 걷는 엔트리봇'으로 입력합니다.

3. 속성 추가하기

1 신호를 만듭니다. 6개의 신호가 필요합니다.

- [우리집]: [(1)엔트리봇]은 [우리집]에게 오브젝트 크기 변경과 마을 소개하라는 신호를 보냅니다.

- [학교]: [(1)엔트리봇]은 [학교]에게 오브젝트 크기 변경과 마을 소개하라는 신호를 보냅니다.

- [약국]: [(1)엔트리봇]은 [약국]에게 오브젝트 크기 변경과 마을 소개하라는 신호를 보냅니다.

- [병원]: [(1)엔트리봇]은 [병원]에게 오브젝트 크기 변경과 마을 소개하라는 신호를 보냅니다.

- [도서관]: [(1)엔트리봇]은 [도서관]에게 오브젝트 크기 변경과 마을 소개하라는 신호를 보냅니다.

- [슈퍼마켓]: [(1)엔트리봇]은 [슈퍼마켓]에게 오브젝트 크기 변경과 마을 소개하라는 신호를 보냅니다.

4. 인공지능 블록 추가하기

1 [인공지능탭]에서 [인공지능 블록 불러오기]를 클릭합니다.
2 상단의 [읽어주기]를 클릭합니다.
3 우측 상단의 [불러오기]를 클릭합니다.

코딩하기

1 🤖 [(1)엔트리봇] 오브젝트: 다음과 같이 코딩 블록을 순서대로 조립합니다.

```
시작하기 버튼을 클릭했을 때
(안녕? 우리 마을을 소개할게!) 을(를) 말하기
(안녕? 우리 마을을 소개할게!) 읽어주고 기다리기
(알고 싶은 곳으로 방향키를 눌러서 이동해 봐.) 을(를) 말하기
(알고 싶은 곳으로 방향키를 눌러서 이동해 봐.) 읽어주고 기다리기
말풍선 지우기
계속 반복하기
    만일 <벽에 닿았는가?> (이)라면
        x: -195 y: -6 위치로 이동하기
    만일 <위쪽 화살표 키가 눌러져 있는가?> (이)라면
        y 좌표를 10 만큼 바꾸기
    만일 <아래쪽 화살표 키가 눌러져 있는가?> (이)라면
        y 좌표를 -10 만큼 바꾸기
    만일 <오른쪽 화살표 키가 눌러져 있는가?> (이)라면
        걷는 엔트리봇 1 모양으로 바꾸기
        x 좌표를 10 만큼 바꾸기
    만일 <왼쪽 화살표 키가 눌러져 있는가?> (이)라면
        왼쪽으로걷는 엔트리봇 2 모양으로 바꾸기
        x 좌표를 -10 만큼 바꾸기
    만일 <슈퍼마켓에 닿았는가?> (이)라면
        슈퍼마켓 신호 보내고 기다리기
        x: -195 y: -6 위치로 이동하기
    만일 <도서관에 닿았는가?> (이)라면
        도서관 신호 보내고 기다리기
        x: -195 y: -6 위치로 이동하기
    만일 <병원에 닿았는가?> (이)라면
        병원 신호 보내고 기다리기
        x: -195 y: -6 위치로 이동하기
    만일 <우리집에 닿았는가?> (이)라면
        우리집 신호 보내고 기다리기
        x: -195 y: -6 위치로 이동하기
    만일 <학교에 닿았는가?> (이)라면
        학교 신호 보내고 기다리기
        x: -195 y: -6 위치로 이동하기
    만일 <약국에 닿았는가?> (이)라면
        약국 신호 보내고 기다리기
        x: -195 y: -6 위치로 이동하기
```

2 [슈퍼마켓] 오브젝트: 다음과 같이 코딩 블록을 순서대로 조립합니다.

1 [슈퍼마켓] 오브젝트의 코딩을 완성하면, [도서관], [병원], [우리집], [학교], [약국] 오브젝트도 같은 방법으로 순서대로 조립합니다.

2 동일한 블록을 조립하고, 블록 안의 텍스트는 아래 표를 보고 입력합니다.

	신호: '도서관'	'여기는 도서관이야. 책들이 아주 많아.'
	신호: '병원'	'여기는 병원이야. 아플 때 가는 곳이야.'
	신호: '우리집'	'우리 집에 온 것을 환영해!'
	신호: '학교'	'여기는 우리 학교야. 친구들과 즐겁게 공부하는 곳이야.'
	신호: '약국'	'여기는 약국이야. 약과 영양제를 살 수 있어.'

실행하기

시작하기를 눌러서 코딩한 프로그램이 바르게 작동하는 지 바로 확인합니다.

원하는 결과를 위해 코딩 블록을 추가하거나 교체합니다.

작품 23 자랑스러운 우리 문화유산

읽어주기 　 교과 연계 : 사회[12]

학습 목표
데이터분석의 [테이블 불러오기]를 할 수 있습니다.
오브젝트를 추가시 [파일 올리기]를 이용하여 파일을 가져올 수 있습니다.

 **완성 작품 미리보기** 　 QR 코드 　 링크 주소 :
https://youtu.be/soGD8O6bHgQ

코딩 알고리즘과 로드맵

▶ **시작하기 버튼을 클릭했을 때**
- 사진을 보여주면 어느 시대에 해당하는 문화유산인지 맞추라는 안내가 나옵니다. 문제는 엑셀 파일로 저장하며 [데이터분석] 탭의 [테이블 불러오기]를 하여 1부터 12사이의 무작위 수를 발생하여 출제합니다. 정답을 맞추면 해당 시대의 글자색이 바뀌고 박수갈채 소리와 [OK 엔트리봇]이 나오고, 오답일 경우 좌절하강음 소리와 [NO 엔트리봇]이 나옵니다.
- [다시하기]를 클릭하면 다음 문제를 출제합니다.

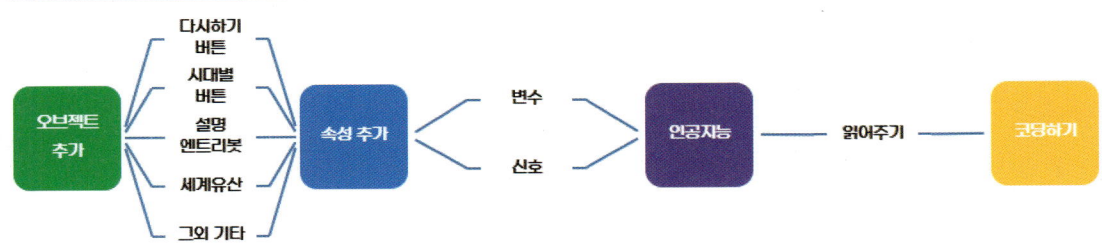

[12] [4사06-01] 지역의 문화유산을 통해 문화유산의 의미와 유형을 알아보고, 문화유산의 가치를 탐색한다.

ChatGPT와 함께하는 학습 이야기

질문 초등학생 친구들이 역사 시간에 우리 문화유산에 대해 공부를 하고 궁금한 것을 질문해요. 쉽게 설명해 주세요.
질문1) 조선시대의 유산 중 세계적으로 유명한 게 있어요?
질문2) 우리나라에서 고인돌이 발견된 곳이 어디예요?

1) 조선시대에 세계적으로 유명한 유산이 있어요?
네! 조선시대의 유산 중에서 세계적으로 인정받는 유산들이 있어요. 대표적인 예를 소개할게요:
- 창덕궁: 아름다운 궁궐이자 자연과 조화를 이룬 정원으로 유명해요.
- 종묘: 조선 왕들의 제사를 지내던 곳이고, 종묘제례와 제례악이 유명해요.
- 수원 화성: 정조가 지은 성곽으로 동서양의 건축 기술이 잘 어우러져 있어요.
- 해인사 장경판전: 팔만대장경을 보관한 특별한 건물이죠.

이 유산들은 유네스코 세계유산으로도 지정되었답니다!

2) 우리나라에서 고인돌이 발견된 곳이 어디예요?
고인돌은 선사시대 사람들이 만든 무덤이에요. 우리나라에서 많이 발견된 곳은 다음과 같아요:
- 고창 (전라북도): 세계에서 가장 많은 고인돌이 모여 있어요.
- 화순 (전라남도): 산과 계곡을 따라 고인돌이 분포해 있답니다.
- 강화도 (인천): 우리나라에서 가장 오래된 고인돌이 있어요.

이 세 곳의 고인돌은 2000년에 유네스코 세계유산으로 지정되었어요!

질문 더 많은 우리나라의 국가 유산을 소개하는 사이트를 알려주세요.

문화재청이 있습니다.
문화재청은 한국의 국가유산 관련 정보를 가장 포괄적으로 제공하는 정부 기관입니다. 국보, 보물, 사적, 천연기념물 등 다양한 국가유산의 상세 정보와 위치, 역사적 배경 등을 확인할 수 있습니다. 또한, 유네스코 세계유산으로 지정된 유산 정보도 제공됩니다.

질문 문화재청이 아니고 국가유산청으로 알고 있어. 넌 국가유산청에 대한 정보가 없구나. 언제까지의 자료로 학습되어 있어?

저는 2023년 10월까지의 정보로 학습되어 있습니다. 그래서 2024년 5월에 "문화재청"이 "국가유산청"으로 명칭이 변경된 부분은 알지 못했습니다. 최신 정보는 웹 검색을 통해 참고하고 있습니다.

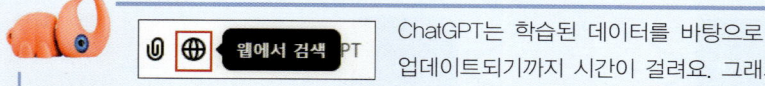

ChatGPT는 학습된 데이터를 바탕으로 답변을 제공하는데, 최신 정보가 업데이트되기까지 시간이 걸려요. 그래서 최근에 바뀐 내용이나 새 소식을 실시간으로 반영하기는 어렵습니다. 대신 필요한 경우 웹 검색을 통해 최신 정보를 확인할 수 있어요. ChatGPT(유료 버전)에서 최신 정보를 검색하려면 지구본 모양을 눌러서 검색을 하세요.

 작품 만들기 완성 파일 QR 코드 링크 주소 : https://naver.me/G8seZHzr

코딩 준비하기

1. 오브젝트 추가하기

오브젝트 선택	다시하기	네모말풍선	NO 엔트리봇	OK 엔트리봇	파일 올리기	고조선	한복입은 엔트리봇(1)	근정전
	다시 하기 버튼_1	네모말풍선	NO 엔트리봇	OK 엔트리봇	파일 올리기	다시하기 버튼	한복입은 엔트리봇(1)	근정전
이름	다시하기 버튼	네모말풍선	NO 엔트리봇	OK 엔트리봇	훈민정음	고조선버튼	설명엔트리봇	근정전
X좌표	-2	-18	-1	-11	0	184	-195	0
Y좌표	-110	16	3	-13	0	100	-55	0
크기	56.0%	230.0%	150.0%	150.0%	240.0%	64.0%	100.0%	375.0%

[훈민정음] 오브젝트 및 11개의 세계유산 오브젝트들은 기본으로 제공되지 않습니다.

[파일 올리기]를 클릭하여 저장된 이미지 파일을 선택하고 [추가하기]를 클릭합니다.

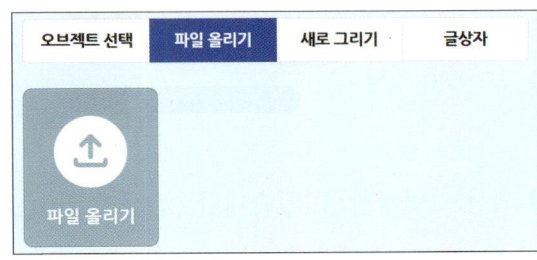

2. 오브젝트 모양 바꾸기

1 [다시 하기 버튼_1]을 선택하고 이름을 [다시하기 버튼]으로 변경합니다.

2 [다시하기 버튼] 오브젝트의 색상 및 글자를 변경하기 위해 [모양] 탭을 클릭하고 모양 이름도 [다시하기 버튼]으로 변경합니다.

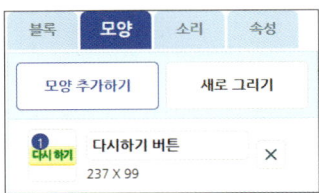

❸ [벡터] 상태에서 왼쪽 메뉴 중 [선택]을 클릭하고 [다시하기 버튼]을 선택한 다음 아래쪽 [채우기 색상]에서 삼각형을 눌러 빨강, 녹색, 파랑 각각의 값을 255로 수정하면 색상이 흰색으로 변경됩니다.

 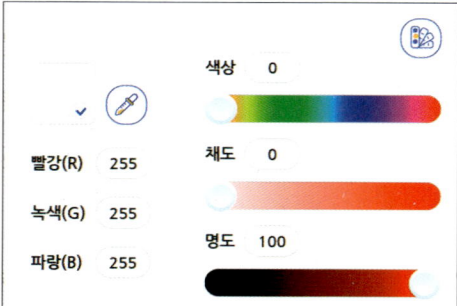

❹ 같은 방법으로 버튼의 아래쪽 음영 부분의 색상도 아래 그림을 보고 색상을 변경합니다.

 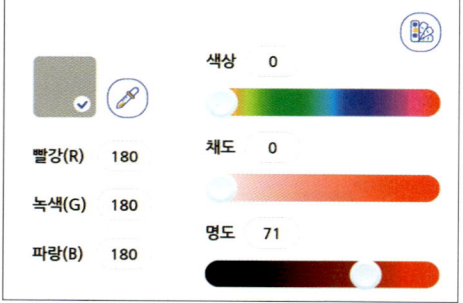

❺ 글자를 선택하면 위와 같은 방법으로 글자의 색상도 변경할 수 있습니다.

❻ 글상자를 이용하여 글자를 변경하는 것은 '좋은 말, 나쁜 말' 단원을 참고하시기 바랍니다.

❼ [저장하기]를 클릭합니다.

❽ 시대별 버튼을 추가하기 위해 [다시하기 버튼] 오브젝트를 선택하고 마우스 오른쪽 버튼을 클릭하여 [복제하기]를 선택합니다.

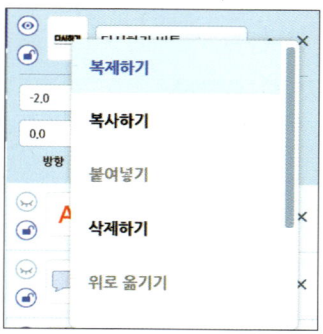

9️⃣ 글상자를 이용하여 아래의 시대별 버튼을 글자색이 '검정색'인 것과 '자주색'인 것을 만듭니다.

| 고조선 | 삼국시대 | 통일신라 | 고려시대 | 조선시대 |

🔟 각 버튼 별로 글자를 수정한 후 [저장하기]를 클릭합니다.

3. 글상자 추가하기

1️⃣ [오브젝트 추가하기]에서 [글상자]를 클릭합니다.
2️⃣ 아무런 설정 없이 [추가하기]를 눌러서 1개의 글상자를 만듭니다.
3️⃣ 모두 생성되면 이름을 바꾸고 적절한 위치를 정합니다.
4️⃣ 글꼴, 정렬, 글씨의 속성, 글씨 색, 글씨 배경색을 정합니다.
5️⃣ 글상자의 입력창에 다음과 같이 입력합니다.

글상자의 이름	안내멘트
글상자의 내용	안내멘트

6️⃣ 용도에 맞게 한 줄 쓰기 또는 여러 줄 쓰기를 선택합니다.

4. 소리 추가하기

1️⃣ 소리를 삽입할 오브젝트를 선택 후 [소리] 탭을 클릭하고, [소리 추가하기]를 클릭합니다.

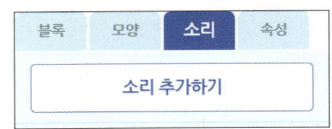

2 '소리 선택' 후 오른쪽 위의 [추가하기]를 클릭합니다.

- 다음과 같이 소리를 추가합니다.

[OK 엔트리봇] 오브젝트	[NO 엔트리봇] 오브젝트
박수갈채	좌절하강음1

5. 속성 추가하기

1 변수를 만듭니다.

1개의 ? 변수가 필요합니다. [변수 추가하기]를 클릭한 후 [문제번호] 변수를 추가합니다.

- [문제번호]: 2~13 사이의 무작위 수를 저장하는 변수입니다.

2 신호를 만듭니다.

4개의 [신호]가 필요합니다.

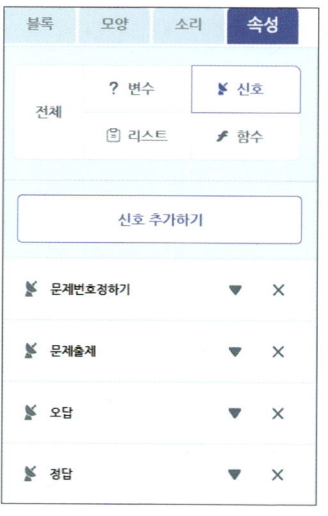

- **[문제번호정하기]**: [다시하기 버튼]과 가 [안내멘트] 오브젝트는 [설명엔트리봇]에게 2~13 사이의 무작위 수를 정하라는 신호를 보냅니다.

- **[문제출제]**: [설명엔트리봇]이 [설명엔트리봇]에게 테이블에서 문제번호 값에 해당하는 행의 이름 값과 설명 값을 말하라는 신호를 보냅니다. 각각의 세계유산 오브젝트들에게 문제번호 값에 해당되면 오브젝트 모양을 보여주라는 신호를 보냅니다.

- **[오답]**: 오답일 경우 각 시대별 버튼이 [NO 엔트리봇]에게 오브젝트 모양을 보이고, [좌절하강음1]을 재생하라는 신호를 보냅니다.

- **[정답]**: 정답일 경우 각 시대별 버튼이 [OK 엔트리봇]에게 오브젝트 모양을 보이고 [박수갈채]를 재생하라는 신호를 보냅니다.

6. 데이터 분석 블록 추가하기

1 [데이터 분석] 탭에서 [테이블 불러오기]를 클릭합니다.

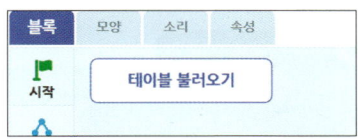

2 [테이블 추가하기] 방법 중 [파일 올리기]를 선택하고 제공된 파일을 업로드해서 테이블을 추가 후 우측 상단의 [적용하기]를 클릭합니다.

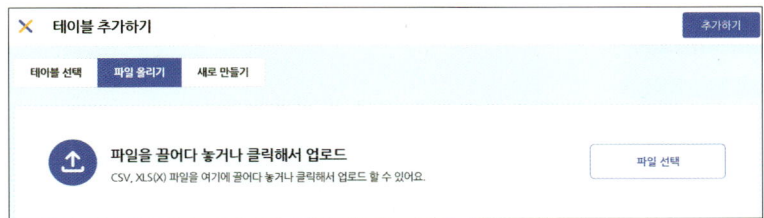

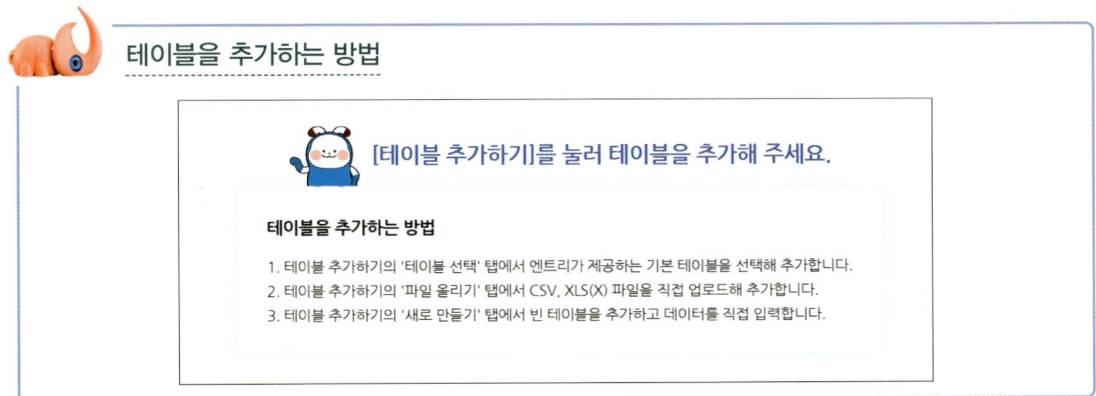

7. 인공지능 블록 추가하기

1 [인공지능탭]에서 [인공지능 블록 불러오기]를 클릭합니다.
2 상단의 [읽어주기]를 클릭합니다.
3 우측 상단의 [불러오기]를 클릭합니다.

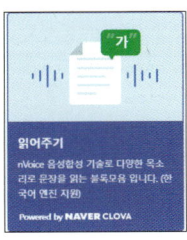

코딩하기

1 다시하기 [다시하기 버튼] 오브젝트: 다음과 같이 코딩 블록을 순서대로 조립합니다.

블록탭	블록 꾸러미에서 선택	블록 조립소에서 수정
시작	오브젝트를 클릭했을 때	
흐름	만일 참 (이)라면	
판단	10 > 10	만일 문제번호▼ 값 > 1 (이)라면 문제번호정하기▼ 신호 보내기
자료	문제번호▼ 값	
시작	문제번호정하기▼ 신호 보내기	

 ① [흐름] 탭에서 [만일 참이라면] 블록을 선택합니다.
② 참 자리에 10 > 10 블록을 조립합니다.
③ 부등호의 왼쪽 10 자리에 문제번호▼ 값 블록을 조립하고 부등호의 오른쪽 10 자리에 '1'을 입력합니다.

2 가 [안내멘트] 오브젝트: 다음과 같이 코딩 블록을 순서대로 조립합니다.

196 초등학생을 위한 인공지능 코딩 feat 엔트리와 ChatGPT

3 💬 [네모말풍선] 오브젝트: 다음과 같이 코딩 블록을 순서대로 조립합니다.

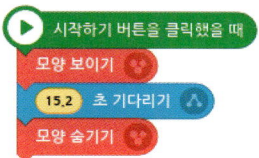

4 🤖 [설명엔트리봇] 오브젝트: 다음과 같이 코딩 블록을 순서대로 조립합니다.

❶ 🔵 [데이터분석] 탭에서 [테이블 세계문화유산.xlsx ▼ 2 번째 행의 시대 ▼ 값] 을 선택합니다.

❷ ② 자리에 [문제번호 ▼ 값] 을 조립합니다.

❸ 블록의 [시대] 옆 흰색 삼각형을 눌러서 나타난 항목 중 [이름]을 선택합니다.

❹ 위와 동일하게 한 개 더 조립한 후 블록의 [이름] 대신 [설명]을 선택합니다.

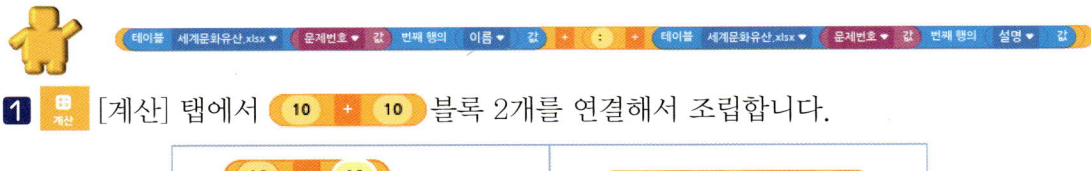

❶ 🟧 [계산] 탭에서 (10 + 10) 블록 2개를 연결해서 조립합니다.

2 각 10 의 자리에 다음의 표를 보고 조립합니다.

❶	첫 번째 10 자리에	테이블 세계문화유산.xlsx ▼ 의 문제번호 ▼ 값 번째 행의 이름 ▼ 값	을 조립합니다.
❷	두 번째 10 자리에 ':'을 입력합니다.		
❸	세 번째 10 자리에	테이블 세계문화유산.xlsx ▼ 의 문제번호 ▼ 값 번째 행의 설명 ▼ 값	을 조립합니다.

1 [생김새] 탭에서 블록을 `안녕! 을(를) 말하기▼` 선택합니다.

2 `안녕!` 자리에 `테이블 세계문화유산.xlsx▼ 의 문제번호▼ 값 번째 행의 이름▼ 값 + : + 테이블 세계문화유산.xlsx▼ 의 문제번호▼ 값 번째 행의 설명▼ 값` 블록을 가져와서 조립합니다.

5 [NO 엔트리봇] 오브젝트, [OK 엔트리봇] 오브젝트: 다음과 같이 코딩 블록을 순서대로 조립합니다.

6 [훈민정음] 오브젝트: 다음과 같이 코딩 블록을 순서대로 조립합니다.

7 다른 11개 세계유산 오브젝트도 [훈민정음] 오브젝트와 동일하게 블록 코딩을 조립한 후 `문제번호▼ 값 = 13` 블록의 13 자리에 숫자만 다르게 입력합니다. 다음 표를 참고하시기 바랍니다.

오브젝트명	문제번호	오브젝트명	문제번호	오브젝트명	문제번호
고인돌	2	석굴암	6	조선왕조실록	10
가야고분군	3	직지심체요절	7	창덕궁	11
백제역사유적지구	4	난중일기	8	화성	12
첨성대	5	동의보감	9		

8 `고조선` [고조선버튼] 오브젝트: 다음과 같이 코딩 블록을 순서대로 조립합니다.

- `고조선` [고조선버튼] 오브젝트, `삼국시대` [삼국시대 버튼] 오브젝트, `통일신라` [통일신라 버튼] 오브젝트, `고려시대` [고려시대 버튼] 오브젝트, `조선시대` [조선시대 버튼]의 오브젝트는 모든 코드가 유사합니다. `고조선` [고조선버튼] 오브젝트의 코드를 '복사하기' 메뉴를 사용해 복사합니다. 복사한 코드를 나머지 오브젝트들의 블록조립소에 붙여 넣기 합니다.

마지막으로 `테이블 세계문화유산.xlsx ▼ 문제번호 ▼ 값 번째 행의 시대 ▼ 값 = 고조선` 블록에서 '고조선' 자리에 오브젝트에 해당하는 내용을 아래의 표를 따라 입력합니다.

고조선	삼국시대	통일신라	고려시대	조선시대
[고조선 버튼]	[삼국시대 버튼]	[통일신라 버튼]	[고려시대 버튼]	[조선시대 버튼]
고조선	삼국시대	통일신라	고려시대	조선시대

실행하기

시작하기를 눌러서 코딩한 프로그램이 바르게 작동하는지 바로 확인합니다.
원하는 결과를 위해 코딩 블록을 추가하거나 교체합니다.

지역 행사 안내

확장, 읽어주기   교과 연계 : 사회⑬

학습 목표 확장 기능을 활용하여 우리 지역행사를 알려줄 수 있습니다.
변수, 장면, 리스트를 학습할 수 있습니다.

 **완성 작품 미리보기**   QR 코드   링크 주소 :
https://youtu.be/IDu87v4Z7Eg

코딩 알고리즘과 로드맵

▶ 시작하기 버튼을 클릭했을 때
- "리스트에서 지역의 숫자 코드를 선택해서 입력하세요."라고 음성이 나옵니다.
- 대답 입력창에 1~3 사이의 숫자 코드를 입력합니다.
- 입력한 지역의 행사를 안내해 주고,
- 사용자는 화살표를 눌러서 전체 행사 내용을 확인할 수 있습니다.

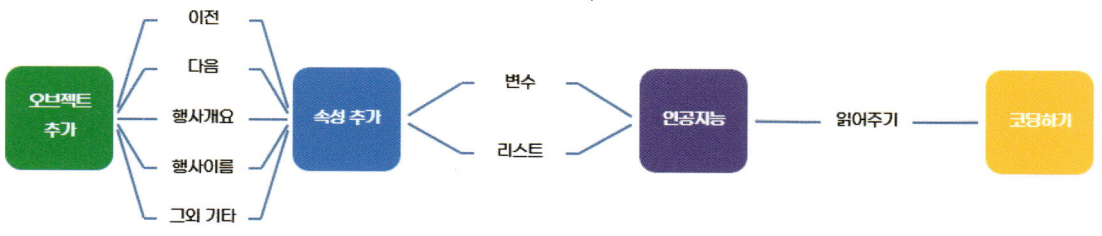

⑬ [4사09-02] 지역의 자연환경, 역사, 문화, 생산물 등을 알리려는 지역사회의 노력을 알고 관심을 갖는다.

ChatGPT와 함께하는 학습 이야기

질문 5월 가정의 달을 맞아 학교 재량휴업일이 되었어요. 어디로 놀러갈까 고민하시는 엄마를 대신해 엔트리 확장블록을 활용해 지역축제를 검색하는 코딩을 만들어 드려 칭찬받았어요. 그런데 어떻게 축제 데이터를 갖고 올 수 있는지 그 원리가 궁금해요.

 엔트리 확장 블록을 사용해 축제 데이터를 가져오는 원리를 쉽게 설명해 볼게요.
1. 인터넷에서 데이터 가져오기
엔트리 확장 블록은 인터넷에서 필요한 정보를 찾아오는 기능을 가지고 있어요. 이 기능은 API라고 불리는 것을 통해 데이터를 가져옵니다. API는 마치 특정 정보를 요청할 수 있는 통로 같은 거예요.
2. API 요청 보내기
엔트리 코딩에서 "5월 축제" 같은 검색어를 입력하면, 확장 블록이 그 검색어를 가지고 특정 웹 사이트(예를 들어, 지역 축제를 알려주는 사이트)로 정보를 요청해요.
이 요청을 받으면, 해당 사이트에서 축제에 관한 데이터(이름, 날짜, 장소 등)를 보내 줍니다.
3. 데이터 받아오기
엔트리는 이 데이터를 받아와서 코딩 블록을 통해 사용할 수 있도록 제공해요. 이렇게 받아온 데이터는 엔트리 프로그램 속에서 우리가 원하는 방식으로 보여줄 수 있어요. 예를 들어, 화면에 축제 이름을 띄우거나, 축제 장소를 음성으로 안내하는 코딩을 할 수 있죠.
4. 데이터 출력하기
받아온 데이터를 화면에 표시하거나 소리로 들려주게 코딩하면, 엄마께 원하는 정보를 쉽게 보여드릴 수 있어요.
요약하자면, 엔트리의 확장 블록은 인터넷에서 축제 정보를 요청하고, 받아온 데이터를 프로그램에서 사용할 수 있도록 도와주는 기능을 합니다. 이 원리 덕분에 간단한 코딩만으로도 복잡한 정보를 가져와 활용할 수 있는 거예요!

질문 축제 정보처럼 엔트리 확장블록으로 받아올 수 있는 데이터들은 누구나 쓸 수 있나요?

 엔트리 확장 블록으로 받아올 수 있는 데이터는 대부분 누구나 무료로 사용할 수 있는 공공데이 터예요. 하지만 몇 가지 주의할 점이 있어요.
API 키가 필요할 때가 있어요 : 어떤 데이터는 회원가입 후 API 키라는 것을 받아야 사용할 수 있어요. 이 키는 데이터를 안전하게 사용하기 위해 필요해요.
사용 횟수 제한 : 하루에 데이터를 몇 번까지 요청할 수 있는지 제한이 있을 수 있어요. 예를 들어, 하루에 1,000번까지 요청할 수 있는 식이에요.
개인정보는 포함되지 않아요 : 공공데이터는 개인정보 없이, 모두가 볼 수 있는 정보만 포함돼요. 예를 들어, 날씨나 축제 정보 같은 거예요.
이렇게 간단한 조건만 지키면 누구나 편하게 데이터를 사용할 수 있어요!

질문 초등학생도 활용할 수 있는 공공데이터 사이트 알려주세요.

 공공데이터 포털 (data.go.kr) : 날씨, 교통, 축제 같은 다양한 정보를 볼 수 있어요.
기상청 (weather.go.kr) : 오늘 날씨나 기온 정보를 확인할 수 있어요.
문화포털 (culture.go.kr) : 공연, 전시회 같은 문화 행사 정보를 볼 수 있어요.
이 사이트들은 회원가입 후 API 키를 받으면 쉽게 사용할 수 있어요!

 **작품 만들기** 완성 파일 QR 코드 링크 주소 : https://naver.me/5mIkpkEY

코딩 준비하기

1. 장면 추가하기

- 2개의 장면이 필요합니다.
- 실행화면 상단에 [장면1] 오른쪽에 있는 [+]를 눌러서 장면을 하나 더 추가합니다.
- [장면1]을 클릭하면 이름을 변경할 수 있습니다.
- [장면1]은 '행사검색'으로, [장면2]는 '행사안내'라고 입력합니다.

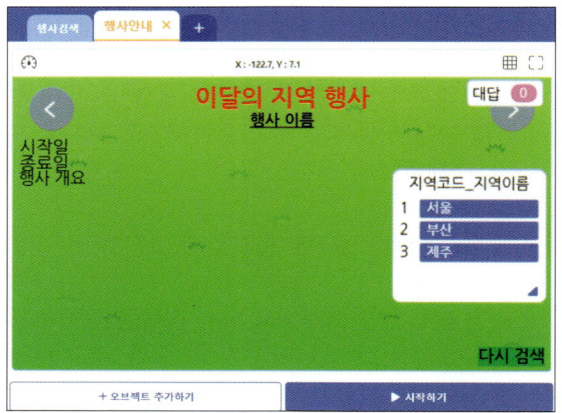

2. 오브젝트 추가하기

[장면1] 행사 검색

오브젝트 선택		
이름	궁금해요 엔트리봇	날씨
X좌표	−10	0
Y좌표	0	0
크기	150%	375%

[장면2] 행사안내

오브젝트 선택			
	풀	화살표 버튼	화살표 버튼
이름	풀	이전	다음
X좌표	0	−205	205
Y좌표	0	105	105
크기	375%	40%	40%

- [화살표 버튼] 오브젝트를 선택하고 마우스 오른쪽 버튼을 눌러 나타난 목록에서 복제하기 메뉴를 선택합니다. [화살표 버튼1]이 만들어집니다.
- 각 화살표 버튼의 이름을 '이전'과 '다음'으로 변경합니다.
- 각 오브젝트의 [모양] 탭에서 이름에 맞게 ◀ [이전] 모양과 ▶ [다음] 모양으로 선택합니다.
- 위의 오브젝트 추가하기 표를 참고하여 각 오브젝트의 위치를 변경합니다.

3. 글상자 추가하기
[장면2] 행사안내

1️⃣ [오브젝트 추가하기]에서 [글상자]를 클릭합니다.

2️⃣ 아무런 설정 없이 [추가하기]를 눌러서 6개의 글상자를 만듭니다.

3️⃣ 모두 생성되면 아래 표처럼 이름을 바꾸고, 화면구성을 참고하여 글상자 탭에서 글꼴, 정렬, 글씨의 속성, 글씨 색, 글씨 배경색을 정합니다.

이름	글상자	글상자1	글상자2	글상자3	글상자4	글상자5
변경된 이름	❶ 이달의 지역 행사	❷ 행사 이름	❸ 시작일	❹ 종료일	❺ 행사 개요	❻ 다시 검색
입력내용	이달의 지역 행사	행사 이름	시작일	종료일	행사 개요	다시 검색

4️⃣ 아래의 화면구성을 참고하여 글상자의 위치를 조정합니다.

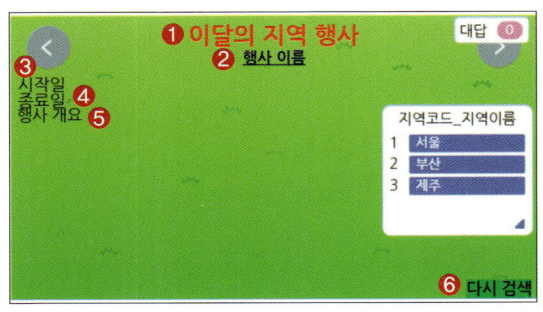 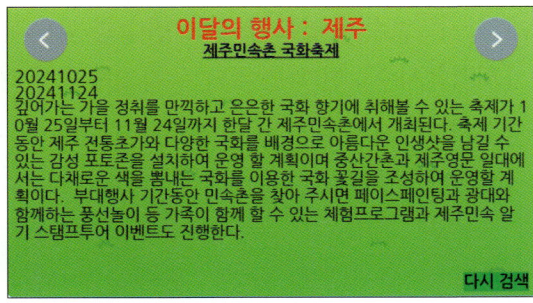

한 줄 쓰기 또는 여러 줄 쓰기

한 줄 쓰기
- 글상자의 크기가 글자의 크기를 결정합니다.
- 내용을 한 줄로만 작성할 수 있습니다.
- 새로운 글자가 추가되면 글상자의 좌우 길이가 길어집니다.

여러 줄 쓰기
- 내용 작성 시 엔터키로 줄바꿈을 할 수 있습니다.
- 새로운 글자 추가 시 문장의 길이가 글상자의 가로 영역을 넘어가면 자동으로 줄이 바뀝니다.
- 글자의 크기를 자유롭게 조절할 수 있습니다.

- 글상자의 크기가 글자가 쓰일 수 있는 영역을 결정합니다.
- 파란색 네모 조절점으로 글자의 크기와 상관없이 글상자의 크기를 자유롭게 바꿀 수 있습니다.

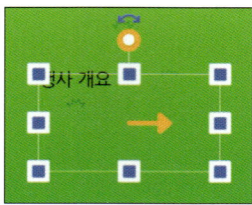

4. 속성 추가하기

1 변수를 만듭니다.

3개의 ❓ 변수가 필요합니다. 변수명 앞의 '눈'을 클릭해서 변수가 보이지 않게 합니다.
- **[지역행사수]**: 현재 안내되는 지역행사의 개수를 저장하는 변수입니다.
- **[순서]**: 현재 안내되는 지역행사의 순서를 저장하는 변수입니다.
- **[지역코드]**: 대답 입력창에 입력한 지역코드 숫자 값을 저장하는 변수입니다.

2 리스트를 만듭니다.

1개의 리스트가 필요합니다. [리스트 추가하기]를 클릭해서 리스트 이름을 입력하고, [리스트 추가]를 클릭합니다. [리스트 속성]의 [리스트 항목 수]에 필요한 항목 수만큼 '+'를 누르거나 숫자를 입력한 후 [리스트 기본값]을 입력합니다.

- [지역코드_지역이름]: 지역코드와 지역 이름이 들어있는 리스트입니다.
- 리스트 항목 수를 입력할 지역 항목 수인 '3'을 입력합니다.
- 다음의 지역 이름을 리스트 기본값의 항목에 입력합니다.

 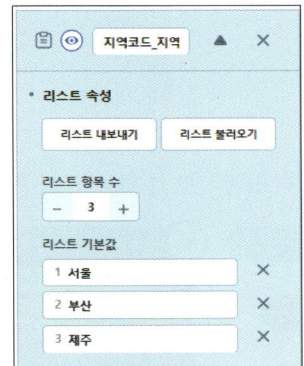

5. 인공지능 블록 추가하기

1 [인공지능탭]에서 [인공지능 블록 불러오기]를 클릭합니다.

2 상단의 [읽어주기]를 클릭합니다.

3 우측 상단의 [불러오기]를 클릭합니다.

6. 확장 블록 추가하기

1 [확장] 탭에서 [확장 블록 불러오기]를 클릭합니다.

2 [행사]를 클릭합니다.

❸ 우측 상단의 [불러오기]를 클릭합니다.

코딩하기

[장면1] 행사검색

1 [궁금해요 엔트리봇] 오브젝트 : 다음과 같이 코딩 블록을 순서대로 조립합니다.

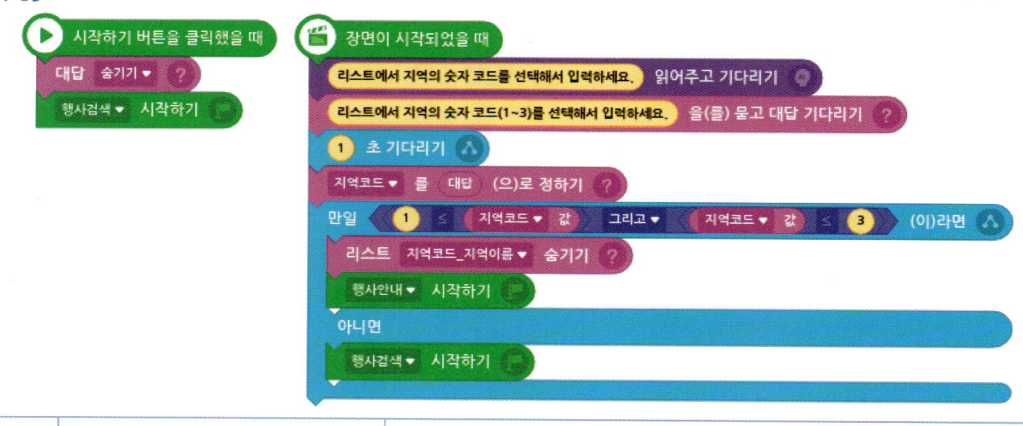

206 초등학생을 위한 인공지능 코딩 feat 엔트리와 ChatGPT

1 [만일 참이라면 아니면]블록을 선택합니다.

2 참 자리에 참 그리고 참 을 조립합니다.

3 2개의 참 자리에 10 ≤ 10 블록을 각각 조립합니다.

4 다음 표를 보고 부등호의 왼쪽과 오른쪽에 있는 10 자리에 블록을 삽입하거나, 수정합니다.

왼쪽 10 ≤ 10		오른쪽 10 ≤ 10	
왼쪽 10 자리	오른쪽 10 자리	왼쪽 10 자리	오른쪽 10 자리
'1' 입력	지역코드▼ 값	지역코드▼ 값	'3' 입력

5 리스트 지역코드_지역이름▼ 숨기기 블록과 2개의 행사안내▼ 시작하기 블록을 [만일 참이라면]블록의 빈 영역에 연결하여 조립합니다.

6 [아니면]블록의 빈 영역에는 행사안내▼ 시작하기 블록의 흰색 삼각형을 클릭하여 행사검색▼ 시작하기 블록으로 이름을 변경하여 조립합니다.

[장면2] 행사안내

1 [이전] 오브젝트: 다음과 같이 코딩 블록을 순서대로 조립합니다.
첫 번째 순서의 행사 안내에서 [이전] 오브젝트를 누르면 마지막 순서의 행사 안내로 이동합니다.

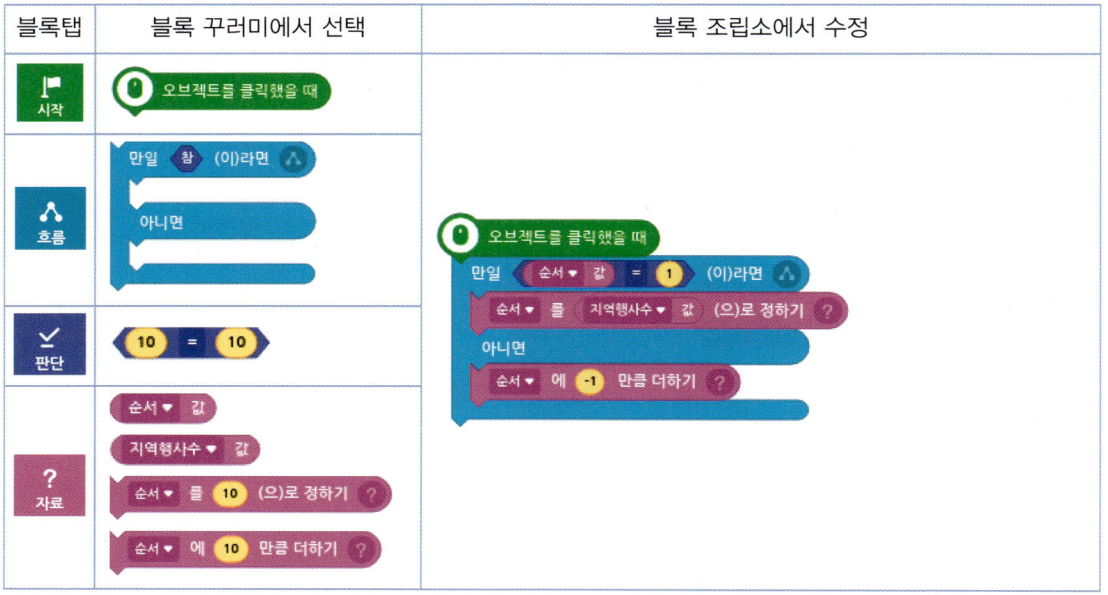

2 ▶ [다음] 오브젝트: 다음과 같이 코딩 블록을 순서대로 조립합니다. 마지막 순서의 행사 안내에서 [다음] 오브젝트를 누르면 첫 번째 순서의 행사 안내로 이동합니다.

3 가 [이달의 지역 행사] 글상자: 다음과 같이 코딩 블록을 순서대로 조립합니다.

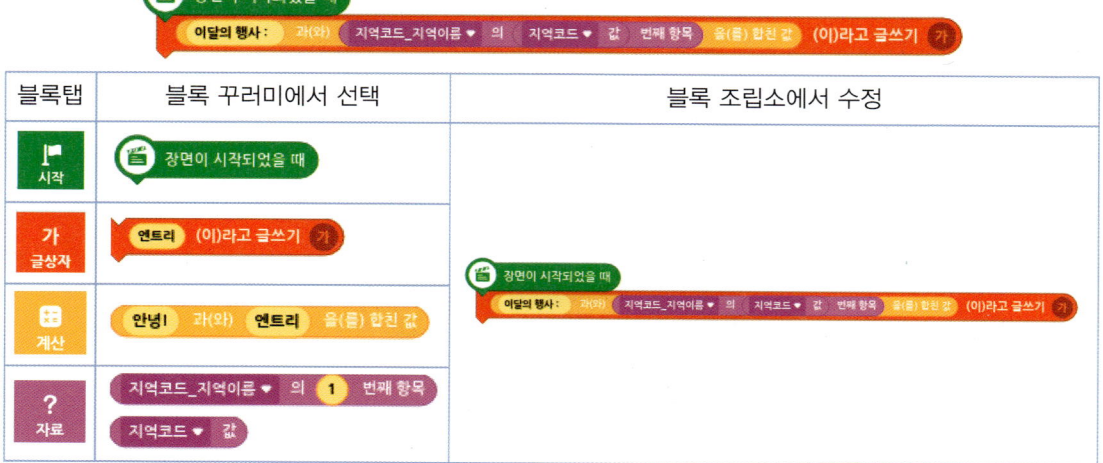

1 [글상자] 탭에서 블록을 선택합니다.

2 자리에 [계산] 탭의 블록을 조립합니다.

3 자리에 '이달의 행사 : '를 입력하고, 자리에는 [자료] 탭에서 블록을 가져와 조립합니다.

4 [행사 이름] 글상자: 다음과 같이 코딩 블록을 순서대로 조립합니다.

1 [흐름] 탭에서 [만일 참이라면]블록을 선택합니다.

2 참 자리에 10 = 10 를 조립합니다.

3 등호의 왼쪽 10 자리에 블록을 조립하고, 10 오른쪽 자리에 '1'을 입력합니다.

4 [흐름] 탭에서 [계속 반복하기] 블록을 [만일 참이라면] 블록의 빈 영역에 연결하여 조립합니다.

5 [글상자] 탭에서 블록을 선택합니다.

6 자리에 블록과 을 조립합니다.

7 1)~6)의 코드가 3번 반복됩니다.

- 코드의 형태가 반복되므로 다음과 같이 [코드 복제하기]메뉴를 사용합니다.
- 복제된 코드를 연결하여 조립합니다.
- 각 흐름 블록마다의 세부 코딩은 전체 블록을 보고 수정합니다.

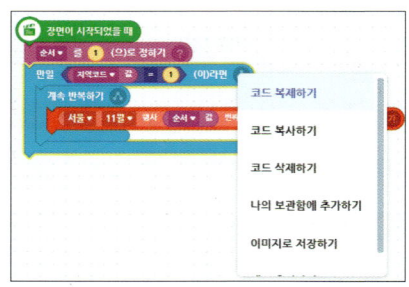

효율적인 코드 활용: 코드 복사하기

1 가 [행사 이름] 글상자의 블록 조립소에서 전체 코드를 복사합니다.

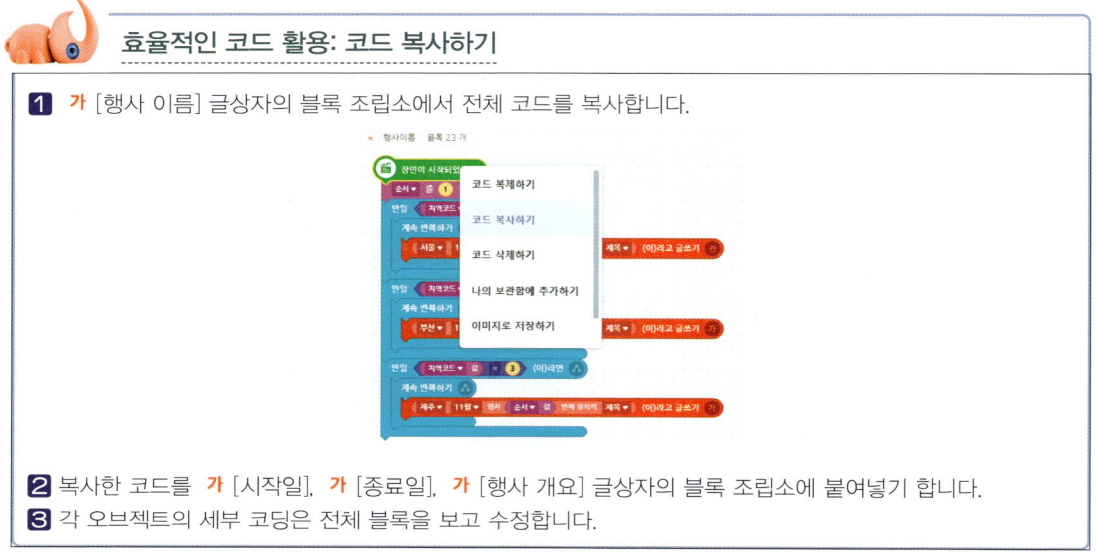

2 복사한 코드를 가 [시작일], 가 [종료일], 가 [행사 개요] 글상자의 블록 조립소에 붙여넣기 합니다.
3 각 오브젝트의 세부 코딩은 전체 블록을 보고 수정합니다.

5 가 [시작일] 글상자: 다음과 같이 코딩 블록을 순서대로 조립합니다.

210 초등학생을 위한 인공지능 코딩 feat 엔트리와 ChatGPT

6 가 [종료일] 글상자: 다음과 같이 코딩 블록을 순서대로 조립합니다.

7 가 [행사 개요] 글상자: 다음과 같이 코딩 블록을 순서대로 조립합니다.

8 [풀] 오브젝트: 다음과 같이 코딩 블록을 순서대로 조립합니다.
- [행사 이름] 글상자와 [이달의 지역 행사] 글상자를 참고하여 블록을 조립합니다.
- 각 흐름 블록마다의 세부 코딩은 전체 블록을 보고 수정합니다.

9 **가** [다시 검색] 글상자 : 다음과 같이 코딩 블록을 순서대로 조립합니다.

실행하기

시작하기를 눌러서 코딩한 프로그램이 바르게 작동하는 지 바로 확인합니다.
원하는 결과를 위해 코딩 블록을 추가하거나 교체합니다.

작품 25 스마트 홈

확장, 읽어주기 교과 연계 : 도덕 ⑭

 학습 목표
확장블록과 인공지능 블록 읽어주기를 학습할 수 있습니다.
미세먼지 상태를 활용하여 스마트홈을 만들 수 있습니다.

 **완성 작품 미리보기** QR 코드   링크 주소 :
https://youtu.be/dQgIbLvJx08

코딩 알고리즘과 로드맵

▶ **시작하기 버튼을 클릭했을 때**
- 현재 서울의 미세먼지 수치가 좋다면 "안녕하세요. 지금 서울에는 미세먼지 수치가 좋음입니다."라고 음성이 나옵니다.
- 창문 오브젝트는 문을 열고 에어컨은 꺼집니다.
- 날씨와 미세먼지를 알려주고 그에 따른 창문의 열림 닫힘, 에어컨 켜고 끄는 것을 스마트홈이 도와줍니다.

⑭ [6도04-02] 지속 가능한 삶의 의미를 탐구하고 미래 세대에 대한 책임을 강화하여 자연의 다양성을 존중하고 생산성을 유지할 수 있는 미래를 위한 실천 방안을 찾습니다.

ChatGPT와 함께하는 학습 이야기

질문 당신은 동화 작가입니다. 초등학생이 이해하기 쉬운 이야기로, 스마트홈에서 생활하는 주인공 나래의 하루를 그려주세요. 이야기 속에서는 스마트홈의 AI 시스템이 날씨에 맞춰 창문을 열고 닫아주거나 에어컨을 켜주는 등 자동으로 집을 관리합니다. 나래는 처음에는 이 시스템이 어색했지만, 점점 편리함을 느끼며 스마트홈을 마치 자신만의 친절한 친구처럼 여기게 됩니다. 이야기는 스마트홈 덕분에 나래가 하루를 쾌적하게 보내고, 마지막에 AI에게 감사 인사를 하며 잠드는 따뜻한 결말로 마무리해 주세요.

나래의 집이 스마트홈으로 바뀌면서 처음엔 어색했지만, 점점 그 편리함에 감탄하기 시작했어요. 아침에 잠에서 깨자, 창문이 자동으로 열리고, AI가 부드러운 목소리로 인사했죠. "좋은 아침이에요, 나래님. 오늘 날씨가 맑아 창문을 열어드렸어요." 나래는 미소를 지으며 대답했어요. "와, 정말 편리하네!" 오후에 날씨가 갑자기 흐려지고 바람이 불었지만, 걱정할 필요가 없었어요. AI가 이미 창문을 닫아 두었거든요. "바람이 강해져 창문을 닫았습니다." 저녁에는 집 안이 더워지자, 에어컨도 자동으로 켜줬어요. "온도가 올라가서 에어컨을 켜드렸습니다."
나래는 이 모든 자동화에 감탄하며 스마트홈을 마치 자신을 돌봐주는 친구처럼 느꼈어요. 그날 밤, 침대에 누우며 고마움을 전하자, AI는 부드럽게 응답했죠. "좋은 꿈 꾸세요, 나래님." 그렇게 나래는 스마트홈 덕분에 하루를 편안하게 마무리하며 잠들었답니다.
더 많은 이야기와 AI에 대해 알아보려면 여기를 방문하세요.

질문 나래가 사는 스마트홈을 만들기 위해 사용된 인공지능 기술을 표로 정리해 주세요.

나래의 스마트홈을 구현하기 위해 사용된 인공지능 기술을 표로 정리했습니다. 아래 표를 통해 주요 기능과 사용된 기술을 확인해 보세요.

기능	사용된 인공지능 기술	설명
창문 자동 개폐	환경 센서 및 날씨 예측 모델	아침에 날씨를 기반으로 창문을 열고, 날씨 변화를 감지하여 창문을 닫는 기능을 제공합니다.
음성 인사 및 응답	자연어 처리 (NLP)	AI가 사용자의 이름을 인식하고, 인사 및 대화를 나누며 사용자의 요구에 부드럽게 반응합니다.
실내 온도 자동 조절	온도 센서 및 기계 학습 예측 모델	실내 온도를 실시간으로 모니터링하고, 필요에 따라 자동으로 에어컨이나 난방을 조절합니다.
상황 인식 및 자동화	상황 인식 AI 및 제어 알고리즘	AI가 실내외 상황을 인식하여 맞춤형 환경 설정을 제공합니다.
감정 표현 및 대화 유도	감성 인공지능 (Emotion AI)	사용자와의 대화에서 감성적 반응을 제공하여 사용자에게 친근감을 줍니다.
수면 모드 활성화 및 편안한 마무리	수면 분석 및 일정 관리 AI	사용자의 수면 시간에 맞춰 조명을 조절하거나 조용한 환경을 제공합니다.

 작품 만들기   완성 파일 QR 코드   링크 주소 : https://naver.me/FN7Mi0Sj

코딩 준비하기

1. 오브젝트 추가하기

오브젝트 선택					
	서랍장	모니터(1)	에어컨	창문	초록 방
이름	서랍장	모니터(1)	에어컨	창문	초록 방
X좌표	155	160	95	-70	0
Y좌표	-105	-55	110	80	0
크기	100%	75%	100%	100.0%	375.0%

2. 인공지능 블록 추가하기

1 [인공지능탭]에서 [인공지능 블록 불러오기]를 클릭합니다.

2 상단의 [읽어주기]를 클릭합니다.

3 우측 상단의 [불러오기]를 클릭합니다.

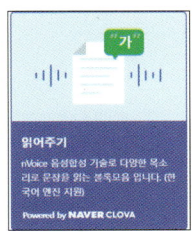

3. 확장 블록 추가하기

1 [확장] 탭에서 [확장 블록 불러오기]를 클릭합니다.

2 [날씨]를 클릭합니다.

3 우측 상단의 [불러오기]를 클릭합니다.

코딩하기

1 🖥️ [모니터(1)] 오브젝트: 다음과 같이 코딩 블록을 순서대로 조립합니다.

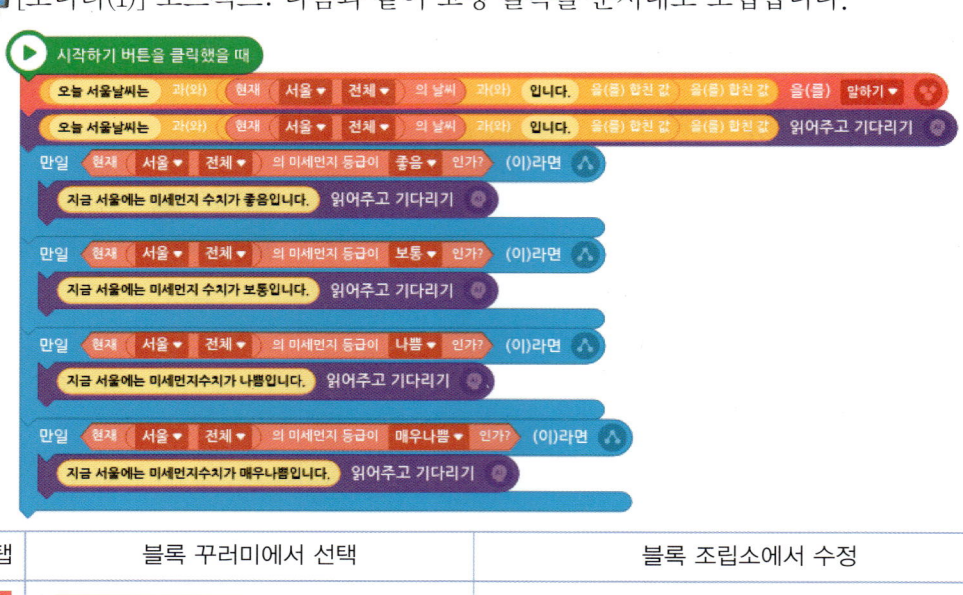

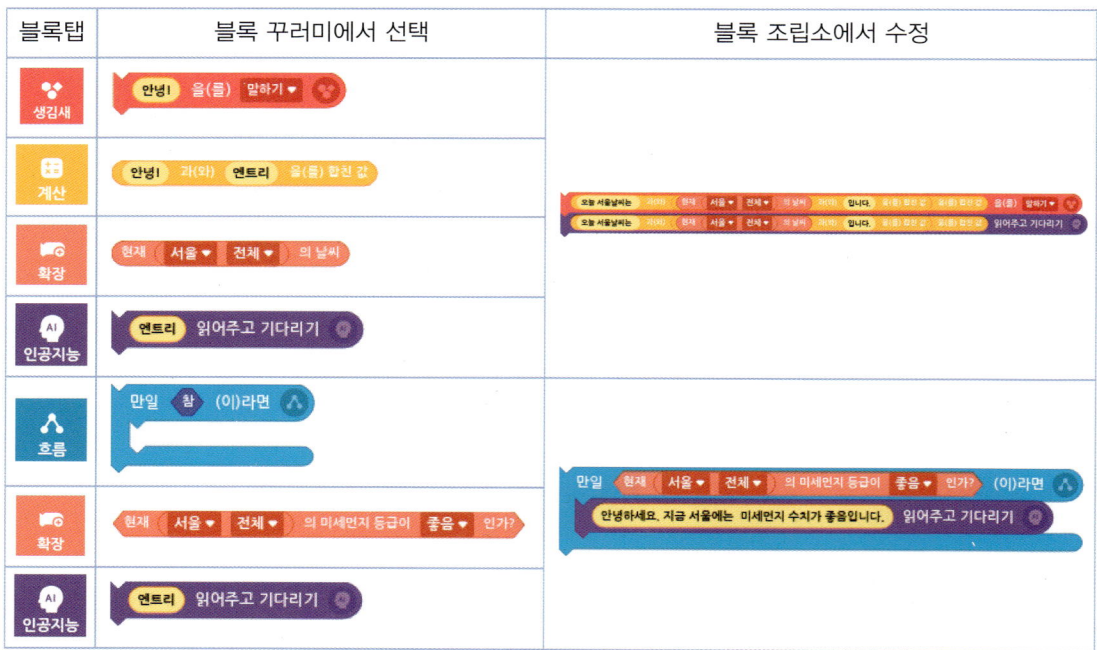

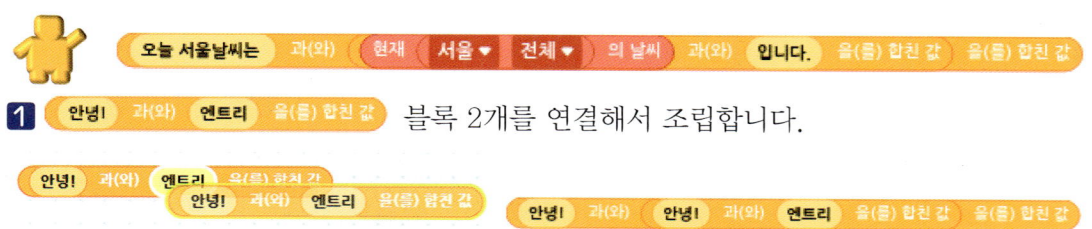

1 `안녕! 과(와) 엔트리 을(를) 합친 값` 블록 2개를 연결해서 조립합니다.

❷ 다음 표를 보고 각각의 자리에 알맞은 내용을 입력 또는 조립합니다.

❶	첫 번째 안녕! 자리에 '오늘 서울날씨는'을 입력합니다.
❷	두 번째 안녕! 자리에 현재 서울▼ 전체▼ 의 날씨 를 조립합니다.
❸	마지막 엔트리 자리에 '입니다.'를 입력합니다.

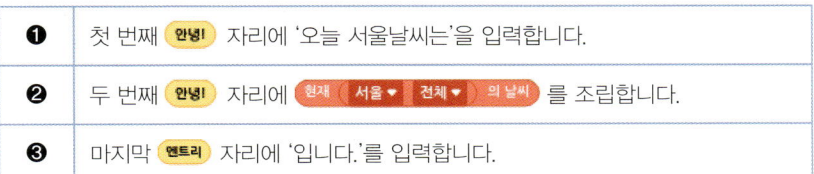

❶ [만일 참이라면] 블록을 선택합니다.

❷ 참 자리에 현재 서울▼ 전체▼ 의 미세먼지 등급이 좋음▼ 인가? 를 조립합니다.

❸ 엔트리 읽어주고 기다리기 블록의 엔트리 자리에 '안녕하세요. 지금 서울에는 미세먼지 수치가 좋음입니다.'를 입력합니다.

❹ 조립된 블록을 3개 더 복제하고 인공지능 블록, 확장 블록은 완성된 블록을 보고 수정하여 연결합니다.

2 [창문] 오브젝트: 다음과 같이 코딩 블록을 순서대로 조립합니다.

❶ 참 그리고▼ 참 블록의 그리고 옆의 흰색 삼각형을 클릭하여 '또는'으로 변경합니다.

❷ 참 또는▼ 참 블록 2개를 연결해서 조립합니다.

3 각 참 자리에 다음의 표를 보고 조립합니다.

❶	첫 번째 참 자리에	현재 서울▼ 전체▼ 의 미세먼지 등급이 나쁨▼ 인가? 를 조립합니다.
❷	두 번째 참 자리에	현재 서울▼ 전체▼ 의 미세먼지 등급이 매우나쁨▼ 인가? 를 조립합니다.
❸	마지막 참 자리에	현재 서울▼ 전체▼ 의 날씨가 비▼ 인가? 를 조립합니다.

3 [에어컨] 오브젝트: 다음과 같이 코딩 블록을 순서대로 조립합니다.

실행하기

시작하기를 눌러서 코딩한 프로그램이 바르게 작동하는 지 바로 확인합니다.

원하는 결과를 위해 코딩 블록을 추가하거나 교체합니다.

청개구리 구하기

읽어주기 교과연계 : 도덕[15]

학습 목표
초시계로 제한된 시간 안에 점수를 얻은 작품을 만들 수 있습니다.
복제본을 만들어서 오브젝트 생성하는 방법을 학습합니다.

완성 작품 미리보기 QR 코드 링크 주소 :
https://youtu.be/ycG1uAwR-og

코딩 알고리즘과 로드맵

▶ 시작하기 버튼을 클릭했을 때
- '수원청개구리'가 자기소개를 하고 물을 순환시켜 깨끗한 물을 만들어 주는 물방울에게 고마움을 표현합니다.
- 물방울이 게임 방법을 설명하고 '지금부터 시작!!'이라고 말하면 5초동안 클릭한 수만큼 물방울이 만들어지며 점수가 올라갑니다.

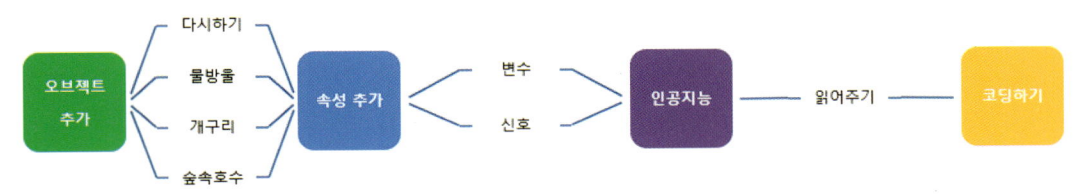

---

[15] [4도04-02] 인간과 자연이 함께 살아야 하는 이유를 이해하고 공생을 위한 구체적인 실천 계획을 세우며 생태 감수성을 기른다.

ChatGPT와 함께하는 학습 이야기

질문 당신은 동화 작가입니다. 생명 존중과 환경 보호를 주제로 한 동화를 만들어 주세요. 이야기의 주인공은 깨끗한 물에서 사는 수원청개구리입니다. 청개구리가 물가에서 만난 반짝이는 물방울과의 대화를 통해 자연과 환경의 중요성을 깨닫고, 맑은 물과 깨끗한 환경을 지키기 위해 노력하는 이야기를 담아 주세요. 물방울이 청개구리에게 물이 오염될 때의 위험을 설명하고, 함께 연못을 지키는 방법을 알려주는 장면이 포함되면 좋겠습니다. 마지막에는 청개구리가 물방울과 힘을 합쳐 친구들에게 환경 보호의 중요성을 알리고, 깨끗한 자연을 지키는 희망적인 메시지로 마무리해 주세요.

 어느 작은 연못 근처에서 수원청개구리가 알에서 깨어났어요. 수원청개구리는 맑고 깨끗한 물속에서 살며 하루하루 즐겁게 자라났어요. 그러던 어느 날, 수원청개구리는 물가에서 빛나는 물방울 하나를 발견했어요. 그 물방울은 반짝이며 말을 걸었어요.

"안녕? 수원청개구리야! 나는 이 연못을 깨끗하게 만들어 주는 물방울이야."

청개구리는 신기한 눈으로 물방울을 바라보며 말했어요. "안녕! 네 덕분에 내가 이렇게 맑은 물에서 살 수 있는 거구나. 정말 고마워!"

물방울은 웃으며 대답했어요. "맞아! 하지만 너도 알다시피, 우리 물이 더러워지면 난 금방 사라져버릴 수 있어. 그러면 너도 이곳에서 살기 힘들어지겠지."

청개구리는 걱정스러운 눈빛으로 물방울을 바라봤어요. "그럼 우리가 이 연못을 어떻게 지킬 수 있을까?"

물방울은 대답했어요. "사람들이 물을 아끼고 쓰레기를 함부로 버리지 않으면 돼. 그리고 자연을 소중하게 생각해 준다면, 나도 오래오래 너와 함께 있을 수 있어."

수원청개구리는 고개를 끄덕이며 다짐했어요. "그래! 나도 이 연못과 자연을 지키는 방법을 사람들에게 알릴게. 모두가 힘을 합치면 우린 계속 깨끗한 물에서 살 수 있을 거야."

그날 이후, 수원청개구리는 물방울과 함께 깨끗한 자연을 지키기 위해 많은 친구들에게 이 이야기를 전하며 연못을 돌보았어요. 수원청개구리와 물방울은 서로 도우며 자연을 지키는 멋진 친구가 되었어요.

질문 수원 청개구리처럼 보호되는 동물의 분류 단계를 알고싶어요. 표로 보여주세요.

 보호되는 동물들은 보통 환경부나 각국의 보호 기준에 따라 분류됩니다. 주로 다음과 같은 단계로 구분됩니다.

분류	설명	예시
멸종위기 야생생물 1급	멸종 위험이 가장 큰 동물로, 즉각적인 보호가 필요합니다.	수리부엉이
멸종위기 야생생물 2급	멸종될 가능성이 있으며, 보호 조치가 필요하지만 1급보다는 위험도가 낮습니다.	수원청개구리
천연기념물	문화재청에서 지정한 특정 동물이나 식물로, 그 문화적 가치로 특별히 보호됩니다.	두루미
보호대상 야생동물	국가 또는 지역에서 보호가 필요한 동물로, 법적 보호를 통해 개체 수와 서식지 보전을 목표로 합니다.	황새, 검은머리갈매기

 작품 만들기 | 완성 파일 QR 코드 | 링크 주소 : https://naver.me/GipYixxJ

코딩 준비하기

1. 오브젝트 추가하기

오브젝트 선택	개구리	물방울	다시하기 버튼	숲 속 호수
이름	개구리	물방울	다시하기 버튼	숲 속 호수
X좌표	-155	-82	17	0
Y좌표	-38	-24	-8	0
크기	70%	45%	115.0%	375%

2. 속성 추가하기

1 변수를 만듭니다.

1개의 ? 변수가 필요합니다. [변수 추가하기]를 클릭해서 [점수] 변수를 만듭니다.

- 점수: 물방울을 클릭할 때마다 1점씩 증가하는 점수를 저장하는 변수입니다.

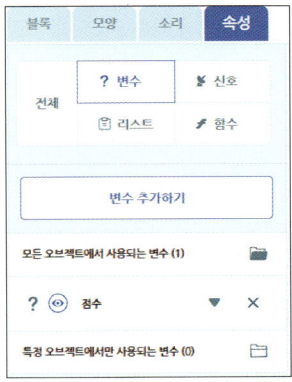

2 신호를 만듭니다.

2개의 📡 신호가 필요합니다.

- [게임오버]: 💧 [물방울]은 다시하기 [다시하기 버튼]에게 [모양 보이기]를 하라는 신호를 보냅니다.

- [시작하기]: 💧 [물방울]은 [다시하기 버튼]과 💧 [물방울]에게 초시계를 시작하고 점수를 계산하라는 신호를 보냅니다.

3. 인공지능 블록 추가하기

1️⃣ [인공지능탭]에서 [인공지능 블록 불러오기]를 클릭합니다.
2️⃣ 상단의 [읽어주기]를 클릭합니다.
3️⃣ 우측 상단의 [불러오기]를 클릭합니다.

코딩하기

1 🐸 [개구리] 오브젝트: 다음과 같이 코딩 블록을 순서대로 조립합니다.

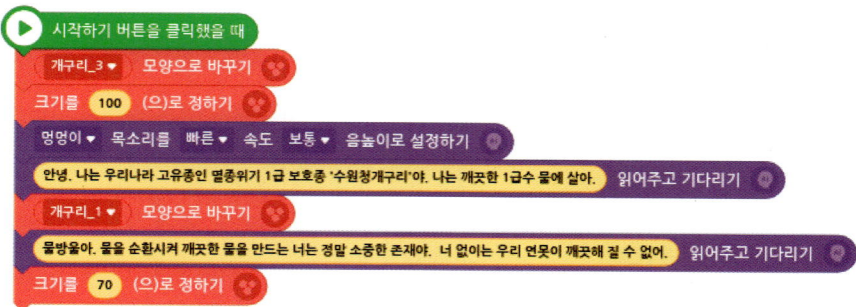

2 💧 [물방울] 오브젝트: 다음과 같이 코딩 블록을 순서대로 조립합니다.

블록탭	블록 꾸러미에서 선택	블록 조립소에서 수정
시작	게임오버▼ 신호를 받았을 때	시작하기▼ 신호를 받았을 때
계산	초시계 시작하기▼	초시계 시작하기▼ / 초시계 초기화하기▼ / 초시계 정지하기▼
흐름	모든 복제본 삭제하기	
자료	점수▼ 를 10 (으)로 정하기	점수▼ 를 0 (으)로 정하기
흐름	2 초 기다리기	1 초 기다리기
인공지능	엔트리 읽어주기	지금부터 시작!! 읽어주기
계산	10 + 10	
자료	점수▼ 값	점수는 + 점수▼ 값 + 점 입니다. 읽어주기
인공지능	엔트리 읽어주기	
시작	게임오버▼ 신호 보내기	
흐름	모든▼ 코드 멈추기	자신의▼ 코드 멈추기

Part 04_ChatGPT와 함께하는 교과연계 인공지능 모델 학습하기 223

1 `10 + 10` 블록 2개를 연결해서 조립합니다.

2 각 `10` 의 자리에 다음의 표를 보고 조립합니다.

❶	첫 번째 `10` 자리에 '점수는'을 입력합니다.
❷	두 번째 `10` 자리에 `점수▼ 값` 을 조립합니다.
❸	세 번째 `10` 자리에 '점 입니다.'를 입력합니다.

1 `엔트리 읽어주기` 를 선택합니다.

2 `엔트리` 자리에 위에서 조립한 `점수는 + 점수▼ 값 + 점 입니다.` 블록을 넣어줍니다.

1 `참 그리고▼ 참` 을 선택합니다.

2 2개의 `참` 자리에 `10 > 10` 블록을 각각 조립합니다.

3 각 10 의 자리에 다음의 표를 보고 조립합니다.

❶	첫 번째 10 자리에 초시계값 를 조립합니다
❷	두 번째 10 자리에 '0'을 입력합니다.
❸	세 번째 10 자리에 초시계값 를 조립합니다.
❹	네 번째 10 자리에 '5.0'를 입력합니다.

3 [다시하기 버튼] 오브젝트: 다음과 같이 코딩 블록을 순서대로 조립합니다.

[다시하기 버튼] 오브젝트의 이미지 앞쪽의 '눈'을 클릭해서 버튼이 보이지 않게 설정합니다.

실행하기

시작하기를 눌러서 코딩한 프로그램이 바르게 작동하는지 바로 확인합니다.
원하는 결과를 위해 코딩 블록을 추가하거나 교체합니다.

작품 27 흥겨운 장구 장단

음성인식   교과 연계 : 음악⑯

 **학습 목표**
음성인식으로 장구 장단 이름을 말하면 장구 장단을 연주합니다.
인공지능 음성인식과 신호, 함수를 학습합니다.

 **완성 작품 미리보기**   QR 코드   링크 주소 : https://youtu.be/M1xHeMcvT7w

코딩 알고리즘과 로드맵

▶ 시작하기 버튼을 클릭했을 때
- "장구 장단을 알려드릴게요. 자진모리, 세마치 중 하나를 말해주세요." 라고 음성이 나옵니다.
- 음성인식으로 자진모리 또는 세마치가 인식되면, 해당하는 장구 장단을 장구 연주와 함께 소리로 알려줍니다.

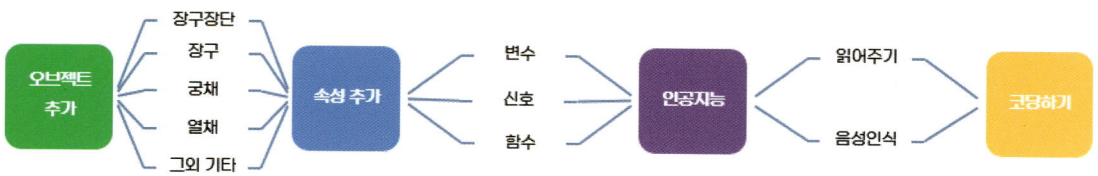

⑯ [6음02-05] 우리나라 음악 문화유산을 찾아 듣고 국악의 가치를 인식한다.

ChatGPT와 함께하는 학습 이야기

질문 오늘 학교에서 장구를 배우고 온 나래가 AI엔트리봇에게 자진모리장단과 세마치장단에 대해 물어보고 이야기하는 스토리를 초등학생 아이들이 쉽게 이해할 수 있도록 써주세요.

나래는 음악 수업을 듣다가 장단에 대해 더 알고 싶어졌어요. 그때 다양한 정보를 알려주는 AI 친구 엔트리봇이 나타났어요. "안녕하세요, 나래님! 오늘은 장단에 대해 궁금해 하시는군요. 제가 자진모리장단과 세마치장단을 알려드릴게요."

나래는 기대에 차서 말했어요. "정말? 고마워, 엔트리봇! 먼저 자진모리장단부터 알려줘."

엔트리봇은 바로 설명을 시작했어요. "자진모리장단은 빠르고 경쾌한 장단이에요. 박자는 '덩-쿵-쿵-덕-쿵'으로, 12박으로 이루어져 있어요. 신나고 빠른 리듬을 만들 때 자주 사용되죠."

나래는 손을 두드리며 자진모리장단을 따라 했어요. "오, 이 리듬이 정말 신나네! 그럼 세마치장단은 어떤 거야?"

엔트리봇은 다시 대답했어요. "세마치장단은 느리면서도 부드러운 장단이에요. 9박으로 이루어져 있고, '덩-덩-덕-쿵-덕'의 박자가 반복되죠. 느린 춤이나 감정이 풍부한 음악에서 자주 사용돼요."

나래는 세마치장단도 손으로 두드리며 따라 했어요. "이 리듬은 차분하고 감성적이네! 자진모리장단이랑 정말 다르다."

엔트리봇이 말했어요. "맞아요, 나래님! 자진모리장단은 빠르고 신나게, 세마치장단은 부드럽고 느리게. 두 장단은 각각 다른 분위기를 만들죠. 음악은 이렇게 다양한 리듬으로 감정을 표현할 수 있어요."

나래는 엔트리봇 덕분에 장단에 대해 더 깊이 이해할 수 있게 되었어요. "엔트리봇, 정말 고마워! 덕분에 자진모리랑 세마치 장단을 쉽게 배웠어. 이제 음악을 들을 때 장단을 더 잘 느낄 수 있을 것 같아!"

〈자진모리 장단 – 12박자〉

⊙				○			○			○	
덩				쿵			쿵		덕	쿵	

〈세마치 장단 – 9박자〉

⊙			⊙			○		
덩			덩		덕	쿵		덕

 **작품 만들기** 완성 파일 QR 코드 링크 주소 : https://naver.me/GEXLWYwG

코딩 준비하기

1. 오브젝트 추가하기

오브젝트 선택						
	한복 입은 엔트리봇(2)	장구_1	장구채	장구채	다시하기 버튼	근정전
이름	한복 입은 엔트리봇(2)	장구	궁채	열채	다시하기 버튼	근정전
X좌표	-5	0	55	-55	170	0
Y좌표	-20	-70	-30	-40	-100	0
크기	100%	140%	75%	75%	80%	375%

- [장구채] 오브젝트를 2개 추가하여 [모양] 탭에서 [궁채], [열채] 그림을 선택할 수 있습니다.
- [궁채], [열채] 오브젝트의 방향을 다음과 같이 변경합니다.

	[궁채] 오브젝트	[열채] 오브젝트
방향	137.3	188.2

2. 글상자 추가하기

1️⃣ [오브젝트 추가하기]에서 [글상자]를 클릭합니다.

2️⃣ 아무런 설정 없이 [추가하기]를 눌러서 3개의 글상자를 만듭니다.

3️⃣ 모두 생성되면 이름을 바꾸고 적절한 위치를 정합니다.

4️⃣ 글꼴, 정렬, 글씨의 속성, 글씨 색, 글씨 배경색을 정합니다.

5️⃣ 글상자의 입력창에 다음과 같이 입력합니다.

글상자의 이름	자진모리	세마치	장구장단
글상자의 내용	자진모리	세마치	자진모리:덩쿵쿵덕쿵 세마치:덩덩덕쿵덕

7️⃣ 용도에 맞게 한 줄 쓰기 또는 여러 줄 쓰기를 선택합니다.

3. 소리 추가하기

장구 장단을 소리로 들려주기 위해 소리를 추가합니다.

- [소리] 탭에서 [소리 추가하기]를 클릭합니다.
- 원하는 소리를 찾아서 선택하고 우측 상단의 [추가하기]를 선택합니다.
- 다음과 같이 소리를 추가합니다.

[궁채] 오브젝트	[열채] 오브젝트
장구 궁편	장구 채편

4. 속성 추가하기

1️⃣ 변수를 만듭니다.

1개의 ❓ [변수]가 필요합니다. [변수 추가하기]를 클릭한 후 [음성인식값] 변수를 추가합니다.

변수명 앞의 '눈'을 클릭해서 변수가 보이지 않게 합니다.

- **[음성인식값]**: 음성인식으로 인식한 대답을 저장하는 변수입니다.

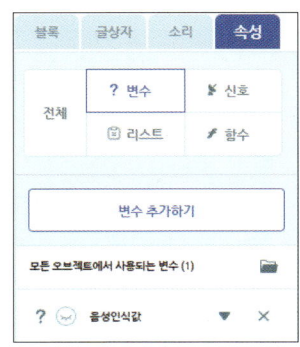

2 신호를 만듭니다.

4개의 [신호]가 필요합니다.

- [덩 장단]: [장구]는 [궁채]과 [열채]에게 덩 장단을 연주하라는 신호를 보냅니다.
- [덕 장단]: [장구]는 [열채]에게 덕 장단을 연주하라는 신호를 보냅니다.
- [쿵 장단]: [장구]는 [궁채]에게 쿵 장단을 연주하라는 신호를 보냅니다.
- [연주끝]: [장구]는 가 [장구장단]과 다시하기[다시하기 버튼]에게 장구장단 글상자와 다시하기 버튼이 화면에 보이도록 신호를 보냅니다.

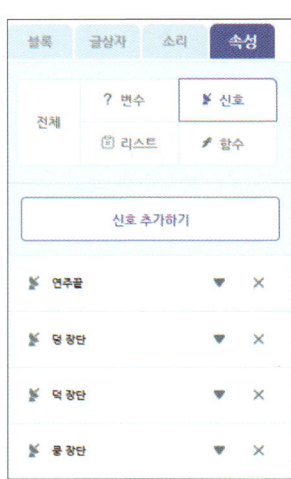

3 함수를 만듭니다.

1개의 [함수]가 필요합니다.

- [장구채 움직이기]: 장구채가 장단에 따라 크기도 변화하고 움직이는 함수입니다.
- [함수] 탭에서 [함수 추가하기]를 클릭하면 블록 조립소에 함수 정의하기 블록이 나옵니다.

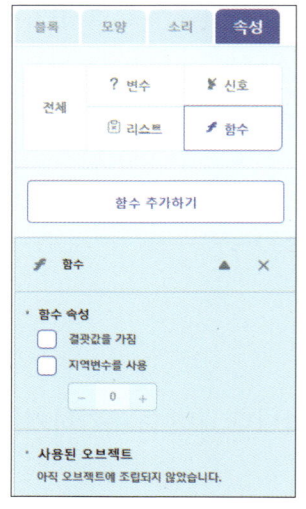
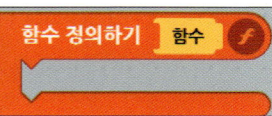

- 다음과 같이 장구채가 장단에 따라 움직이는 함수를 만듭니다. 블록 꾸러미에서 필요한 블록을 가져와 함수 정의하기 블록에 조립하고 하단의 [저장]을 누릅니다.

5. 인공지능 블록 추가하기

1 [인공지능탭]에서 [인공지능 블록 불러오기]를 클릭합니다.
2 상단의 [읽어주기], 하단의 오디오 감지의 [음성 인식]을 클릭합니다.
3 우측 상단의 [불러오기]를 클릭합니다.

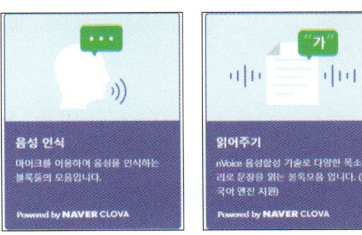

코딩하기

1 [장구장단] 오브젝트: 다음과 같이 코딩 블록을 순서대로 조립합니다.

2 [다시하기 버튼] 오브젝트: 다음과 같이 코딩 블록을 순서대로 조립합니다.

1 `참 이(가) 될 때까지 기다리기` 블록을 선택합니다
2 `참` 자리에 `오브젝트를 클릭했는가?` 블록을 조립합니다.

3 [궁채] 오브젝트: 다음과 같이 코딩 블록을 순서대로 조립합니다.

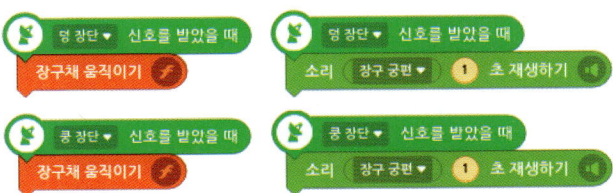

4 [열채] 오브젝트: 다음과 같이 코딩 블록을 순서대로 조립합니다.

5 [장구] 오브젝트: 다음과 같이 코딩 블록을 순서대로 조립합니다.

1️⃣ 첫 번째 [만일 참이라면 아니면]블록을 선택합니다.

2️⃣ 참 자리에 `10 = 10` 를 조립합니다.

3️⃣ 등호의 10 왼쪽 `음성인식값 값` 자리에 블록을 조립하고, 오른쪽 10 자리에 '자진모리'를 입력합니다.

4️⃣ `크기를 10 만큼 바꾸기` 블록을 선택합니다.

5️⃣ 10 자리에 '20'을 입력합니다.

6️⃣ `덩 장단 신호 보내기` 블록을 선택하고 장구 장단에 따라 해당하는 장단의 신호를 보냅니다.

7️⃣ `2 초 기다리기` 블록을 선택하고, 장단의 길이에 따라 다음과 같이 변경합니다. 한 칸의 길이는 0.3초입니다.

자진모리 장단									
⊚			○		○	|	○		
덩			쿵		쿵	덕	쿵		
0.3초 * 3 = 0.9초			0.9초		0.6초	0.3초	0.9초		

세마치 장단							
⊚			⊚		|	○	|
덩			덩		덕	쿵	덕
0.3초 * 3 = 0.9초			0.6초		0.3초	0.6초	0.3초

8 세마치 장단의 코드도 위와 동일하고 내용만 다릅니다. 위의 블록을 복제하여 [아니면] 아래에 조립해 줍니다. 복제된 블록의 위치는 아래 그림을 참고합니다.

1 `참 그리고▼ 참` 블록의 그리고 옆의 흰색 삼각형을 클릭하여 '또는'으로 변경합니다.
2 `참` 자리에 `10 = 10` 를 각각 조립합니다.
3 각 자리에 코딩은 다음의 표를 보고 조립하거나 입력합니다.

- '세마치'의 음성인식을 할 때, 띄어쓰기로 인식하는 경우가 많아 '세 마치'도 판단 내용에 추가했습니다.

왼쪽 `10 = 10`		오른쪽 `10 = 10`	
왼쪽 `10` 자리	오른쪽 `10` 자리	왼쪽 `10` 자리	오른쪽 `10` 자리
`음성인식값▼ 값`	'세마치' 입력	`음성인식값▼ 값`	'세 마치' 입력

실행하기

시작하기를 눌러서 코딩한 프로그램이 바르게 작동하는 지 바로 확인합니다.
원하는 결과를 위해 코딩 블록을 추가하거나 교체합니다.

작품 28 분리수거 도우미봇

분류: 이미지   교과 연계: 실과[17]

학습 목표
여러 가지 쓰레기를 종류별로 분리배출하는 방법을 알 수 있습니다.
인공지능 모델을 학습하여 이미지를 분류 할 수 있습니다.

완성 작품 미리보기   QR 코드   링크 주소 :
https://youtu.be/vJL0VnS6Mqg

코딩 알고리즘과 로드맵

▶ **시작하기 버튼을 클릭했을 때**
- "저는 우리 반 청소봇이에요. 쓰레기를 누르고 쓰레기를 보여주면 분리수거 하는 걸 도와줄게요."라고 음성이 나옵니다.
- 쓰레기 오브젝트를 클릭하여 분류할 파일을 업로드하거나 카메라에 촬영하면 인공지능이 학습된 결과에 따라 플라스틱, 유리, 그 외 일반쓰레기 3종류로 분류하여 해당 쓰레기통 위치로 이동합니다.

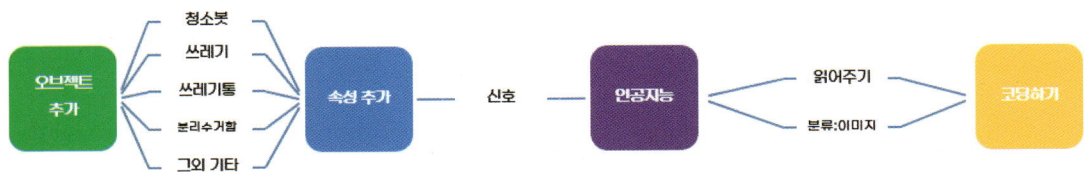

[17] [6실02-10]자신의 생활공간을 쾌적하고 위생적으로 관리하는 것의 중요성을 알고, 정리 정돈과 청소 및 쓰레기 처리의 방법을 익혀 실천한다.

ChatGPT와 함께하는 학습 이야기

질문 학생들이 AI 로봇에게 쓰레기 분리 배출 방법을 배우는 이야기를 작성해 주세요. 플라스틱 병, 종이컵, 음료수 캔 같은 다양한 쓰레기를 보여주며 올바른 분리 배출 방법을 묻고, 로봇이 친절하게 대답하고 설명하는 장면을 포함해 주세요.

학생들이 AI 로봇 앞에 모여 쓰레기를 하나씩 들고 있었어요. 로봇이 친절한 목소리로 말했어요.
"안녕하세요, 여러분! 어떤 쓰레기든 보여주시면 어디에 버려야 할지 알려드릴게요."
지우가 플라스틱 병을 들며 물었어요. "이건 어디에 버려요?"
로봇이 대답했어요. "플라스틱 병은 깨끗하게 헹군 후, 플라스틱 재활용 쓰레기통에 버리면 돼요!"
수민이가 종이컵을 보여주며 말했어요. "그럼 이 종이컵은요?"
"종이컵도 종이로 재활용할 수 있지만, 컵 안의 내용물을 다 비우고, 깨끗이 헹구면 더 좋아요!" 로봇이 설명했어요.
민호가 음료수 캔을 들고 와서 물었어요. "이건요?"
"음료수 캔도 깨끗이 씻은 후, 금속 재활용통에 넣으면 완벽해요!" 로봇이 웃으며 대답했어요.
학생들은 고개를 끄덕이며 로봇 덕분에 쓰레기 분리 배출이 쉬워진 걸 느꼈어요.

질문 우리가 분리배출하는 활동이 SDG의 어떤 항목에 해당하는지 알려주세요.

분리배출은 지속 가능한 환경을 만드는 데 중요한 역할을 합니다. 연결된 SDG (Sustainable Development Goals) 목표를 설명드릴게요.
SDG 관련 목표 : 이러한 분리배출 활동은 유엔 지속가능발전목표(SDG) 중 다음과 관련이 깊습니다.
1. 목표 12: 책임 있는 소비와 생산
자원을 절약하고 환경을 보호하는 책임감 있는 소비와 생산을 촉진합니다. 분리배출을 통해 재활용 자원을 생산에 재사용하는 것이 이에 해당합니다.
2. 목표 13: 기후변화 대응
재활용을 통해 천연 자원의 채굴과 에너지 사용을 줄이고, 이산화탄소 배출을 줄여 기후변화에 긍정적 영향을 미칩니다.
3. 목표 14: 해양 생태계 보존
적절한 분리배출은 해양 쓰레기를 줄이고, 바다를 보호하는 데 기여합니다. 플라스틱 쓰레기 문제를 줄이는 것도 포함됩니다.
4. 목표 15: 육상 생태계 보호
잘못된 폐기물 처리는 육상 생태계에 악영향을 줄 수 있습니다. 올바른 분리배출로 생태계를 보호할 수 있습니다.

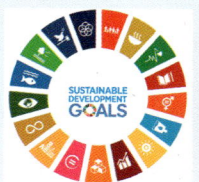    

 작품 만들기   완성 파일 QR 코드   링크 주소 : https://naver.me/G65lZ1r0

코딩 준비하기

1. 오브젝트 추가하기

오브젝트 선택							
	[묶음] 청소봇	쓰레기	쓰레기통	분리수거함	분리수거함	칭찬 도장 엔조이	교실 뒤(2)
이름	청소봇	쓰레기	쓰레기통	분리수거함-유리	분리수거함-플라스틱	칭찬 도장	교실 뒤(2)
X좌표	-160	40	160	50	-60	-110	0
Y좌표	-35	70	-50	-10	-10	80	0
크기	150%	90%	100%	100%	100%	100%	375%

- [분리수거함] 오브젝트를 2개 추가하여 [모양] 탭에서 [분리수거함_유리], [분리수거함_플라스틱] 그림을 선택할 수 있습니다.

2. 속성 추가하기

1 신호를 만듭니다.

1개의 📡 신호가 필요합니다.

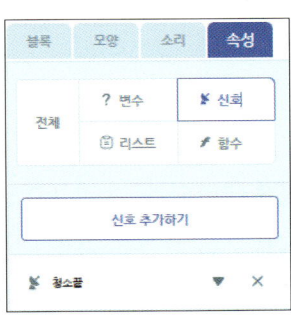

- [청소끝]: 🗑 [쓰레기]는 🤖 [청소봇]과 🐻 [칭찬 도장]에게 청소가 끝난 뒤 청소봇은 웃는 모양으로 변경하고 칭찬 도장은 모양이 보이도록 신호를 보냅니다.

3. 인공지능 블록 추가하기

1 [인공지능탭]에서 [인공지능 블록 불러오기]를 클릭합니다.
2 상단의 [읽어주기]를 클릭합니다.
3 우측 상단의 [불러오기]를 클릭합니다.

4. 인공지능 모델 학습하기

1️⃣ [인공지능탭]에서 [인공지능 모델 학습하기]를 클릭합니다.
2️⃣ 상단의 [분류: 이미지]를 클릭합니다.
3️⃣ 우측 상단의 [학습하기]를 클릭합니다.

4️⃣ 모델이름에 [분리수거]라고 입력합니다.
5️⃣ 맨 아래의 [+클래스 추가하기]를 클릭하여 클래스 1, 클래스 2, 클래스 3을 생성합니다.
6️⃣ 각 클래스의 이름은 각각 '플라스틱', '유리', '배경'으로 입력합니다.
7️⃣ 다음과 같이 [클릭해서 데이터를 입력해 주세요.]를 클릭하고, 제목 아래에 있는 안내에 따라 데이터를 작성합니다. 또는 하단의 안내에 따라 파일 업로드 또는 촬영할 수 있습니다.

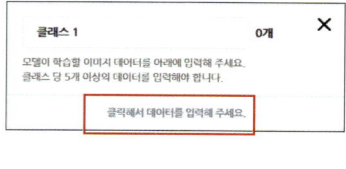 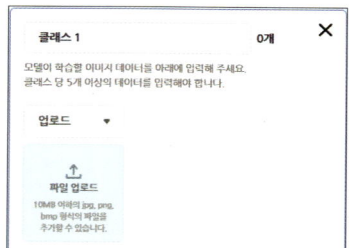 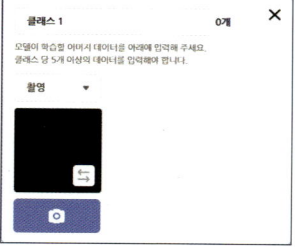

8️⃣ 데이터 입력 후 [모델 학습하기]를 눌러 모델을 학습합니다.
9️⃣ 모델 학습을 완료 후 학습한 모델의 결과를 확인하고 우측 상단의 [적용하기]를 클릭합니다.

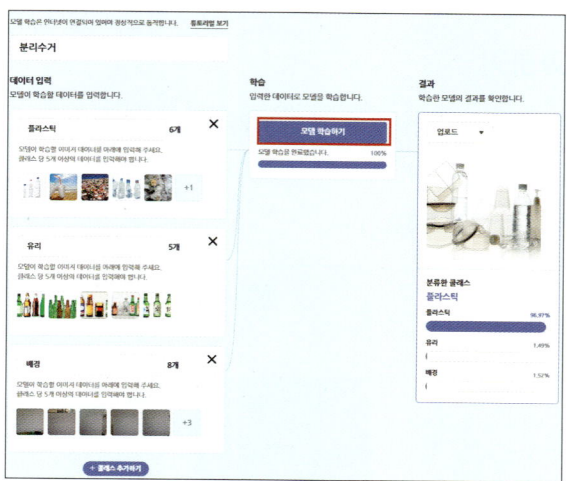

코딩하기

1 [청소봇] 오브젝트: 다음과 같이 코딩 블록을 순서대로 조립합니다.

2 [칭찬 도장] 오브젝트: 다음과 같이 코딩 블록을 순서대로 조립합니다.

3 [쓰레기] 오브젝트: 다음과 같이 코딩 블록을 순서대로 조립합니다.

1 첫 번째 [만일 참이라면 아니면]블록을 선택합니다.

2 참 자리에 분류 결과가 플라스틱 인가? 을 조립합니다.

3 2초 동안 청소봇 위치로 이동하기 블록의 [청소봇] 옆 흰색 삼각형을 클릭해서 나타난 항목에서 [분리수거함_플라스틱]를 선택합니다.

4 청소끝 신호 보내기 블록을 조립합니다.

5 엔트리 읽어주고 기다리기 블록의 엔트리 자리에 '분리수거로 환경을 지켜줘서 고마워.'라고 입력합니다.

6 두 번째 [만일 참이라면 아니면]블록을 선택하고, 다음과 같이 조립합니다.

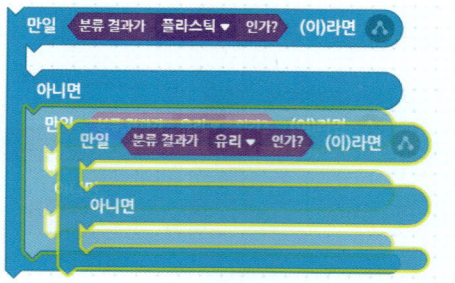

- 각 흐름 블록마다의 세부 코딩은 전체 블록을 보고 수정합니다.

실행하기

시작하기를 눌러서 코딩한 프로그램이 바르게 작동하는 지 바로 확인합니다.

원하는 결과를 위해 코딩 블록을 추가하거나 교체합니다.

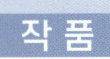

불이 났어요

음성인식   교과 연계 : 실과 ⑱

학습 목표

일상생활 속 안전사고 살펴봅니다.
인공지능 블록 읽어주기와 확장블록을 익힙니다.

 **완성 작품 미리보기**   QR 코드   링크 주소 : https://youtu.be/e0-lBFBVdHU

코딩 알고리즘과 로드맵

▶ **시작하기 버튼을 클릭했을 때**
- 시작하기 버튼을 클릭했을 때
- 불이 보이고 0.5초마다 불이 만들어집니다.
- 불이 난 것을 확인하고 화재경보기가 울리고 소화기 사용법을 알려주고 물방울을 만들어서 불과 만나면 불이 꺼집니다.

⑱ [6실05-01] 컴퓨터를 활용한 생활 속 문제해결 사례를 탐색하고 일상생활 속 문제를 해결하기 위한 알고리즘을 다양한 방법으로 표현합니다.

ChatGPT와 함께하는 학습 이야기

 질문 당신은 소방관입니다. 불이 났을 때 초등학생 친구들이 해야 할 일을 쉽게 이야기해 주세요. 불이 났을 때 스프링쿨러도 작동할 것이며 비상구를 따라 대피하는 것에 대해 안전하게 대피 할 수 있는 방법을 설명해 주세요.

1. 불이 나면
(1) 선생님이나 어른에게 바로 알리기
(2) 비상벨이 울리면 차분하게 선생님 말씀을 듣고 대피 준비하기
2. 스프링클러 작동 시
(1) 스프링클러가 물을 뿌려주면 불이 번지는 걸 막아주지만, 연기를 피해 비상구로 빠르게 대피하기
3. 대피할 때 기억할 것
(1) 비상구 표지판을 따라가기
(2) 젖은 손수건이나 옷으로 코와 입을 막고 몸을 낮추기
(3) 엘리베이터는 타지 말고 계단 이용하기
(4) 친구들과 함께 선생님을 따라가기
(5) 밖으로 나가면 절대 돌아가지 않기
4. 대피 후
(1) 정해진 장소에서 모이고, 선생님이나 어른의 지시에 따르기

 질문 위의 4단계에 맞는 그림을 생성해 주세요. 아이들이 보고 바로 알 수 있게 유니버설 디자인으로 부탁해요. 한국풍으로 그려줘요.

 ### 유니버설 디자인이란?

유니버설 디자인은 모든 사람이 편리하게 사용할 수 있도록 만든 디자인이에요. 나이가 많거나 장애가 있는 사람들뿐만 아니라, 모든 사람들이 쉽고 안전하게 이용할 수 있도록 만든 거예요.

장소	유니버설 디자인 예시	설명
화장실	남녀 및 장애인 표시 픽토그램	글자를 몰라도 그림으로 쉽게 이해할 수 있어요
엘리베이터	점자가 있는 버튼	시각장애인도 쉽게 사용할 수 있어요
횡단보도	음성 신호기	청각장애인과 시각장애인 모두에게 도움이 돼요
버스	낮은 바닥 버스	휠체어 사용자나 노인들이 쉽게 탈 수 있어요
건물 입구	경사로	계단 대신 경사로가 있어 모든 사람이 편하게 이용해요

 작품 만들기   완성 파일 QR 코드   링크 주소 : https://naver.me/5eUg0LXS

코딩 준비하기

1. 오브젝트 추가하기

오브젝트 선택	—	(안경쓴 학생)	(동근버튼)	(불)	(물방울)	(투명배경)	(방)
	생명 게이지	안경쓴 학생(2)	둥근버튼(녹음)	불(2)	물방울	투명배경	방(2)
이름	비상구	안경쓴 학생(2)	화재 경보기	불(2)	물방울	투명 배경	방(2)
X좌표	−360	125	225	−200	−200	0	0
Y좌표	185	15	111	−44	115	0	0
크기	90%	100%	35%	100%	24%	375%	375%

2. 모양 추가하기

❶ — [생명 게이지] 오브젝트의 이름을 [비상구]로 변경합니다.

❷ [비상구] 오브젝트를 클릭하고 [모양] 탭을 클릭합니다.

❸ 사용하지 않는 [생명게이지 노랑]과 [생명게이지 빨강]은 ✕ [X]버튼을 눌러 삭제합니다.

❹ [비상구] 크기를 w:220, h:150으로 설정하고 [글상자]를 눌러 '비상구'라고 적어주고 [생명게이지 초록] 모양 이름을 '비상구'라고 변경하여 저장합니다.

❺ [비상구]를 마우스 우측 버튼을 클릭해 복제하여 [비상구1]를 만듭니다.

❻ [비상구]를 클릭하고 [채우기]를 누르고 밝은 초록색을 어두운 초록색으로 채우고 저장버튼을 클릭합니다.

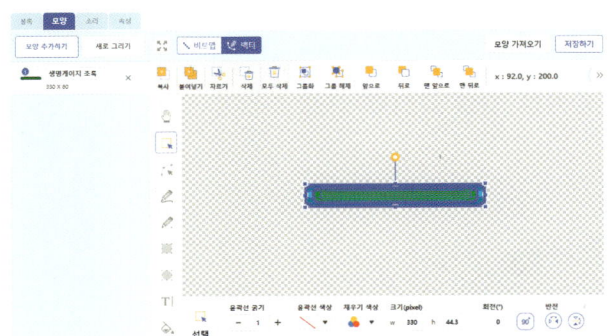 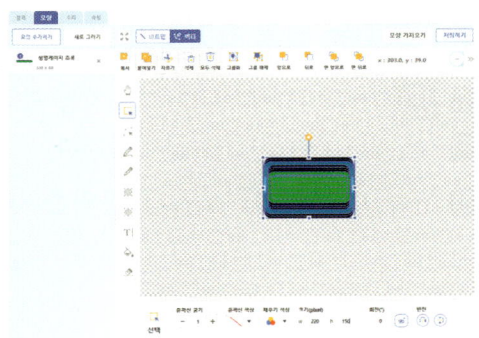

3. 소리 추가하기

1 소리를 삽입할 오브젝트를 선택 후 [소리] 탭을 클릭하고, [소리 추가하기]를 클릭합니다.

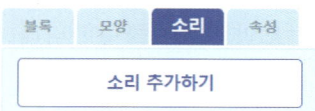

2 '소리 선택' 후 오른쪽 위의 [추가하기]를 클릭합니다.
- 다음과 같이 소리를 추가합니다.

[화재 경보기] 오브젝트
사이렌1

4. 인공지능 블록 추가하기

1 [인공지능탭]에서 [인공지능 블록 불러오기]를 클릭합니다.
2 상단의 [읽어주기]를 클릭합니다.
3 우측 상단의 [불러오기]를 클릭합니다.

5. 확장 블록 추가하기

1. [확장] 탭에서 [확장 블록 불러오기]를 클릭합니다.
2. [생활안전 국민행동요령]를 클릭합니다.
3. 우측 상단의 [불러오기]를 클릭합니다.

코딩하기

1. [비상구] 오브젝트: 다음과 같이 코딩 블록을 순서대로 조립합니다.

2. [안경 쓴 학생(2)] 오브젝트: 다음과 같이 코딩 블록을 순서대로 조립합니다.

3. [화재 경보기] 오브젝트: 다음과 같이 코딩 블록을 순서대로 조립합니다.

1️⃣ `엔트리 읽어주고 기다리기` 블록을 선택합니다.

2️⃣ `엔트리` 자리에 `응급처치 에서 화상 처치 방법 1 번째 항목` 블록을 조립합니다. [응급처치] 옆 흰색 삼각형을 클릭하여 [소화기사용법]으로, [화상처치] 옆 흰색 삼각형을 클릭하여 [분말소화기 사용]으로 변경합니다.

3️⃣ 조립 된 블록을 3개 더 복제하여 전체 코드를 보고 숫자를 수정합니다.

3 🔥 [불(2)] 오브젝트: 다음과 같이 코딩 블록을 순서대로 조립합니다.

블록탭	블록 꾸러미에서 선택	블록 조립소에서 수정
흐름	`계속 반복하기` `자신▼ 의 복제본 만들기` `2 초 기다리기`	`계속 반복하기` `자신▼ 의 복제본 만들기` `0.5 초 기다리기`

블록탭	블록 꾸러미에서 선택	블록 조립소에서 수정
흐름	`복제본이 처음 생성되었을 때`	
움직임	`x: 0 y: 0 위치로 이동하기`	`x: 231 부터 -231 사이의 무작위 수 y: -70 위치로 이동하기`
계산	`0 부터 10 사이의 무작위 수`	
생김새	`모양 보이기`	
흐름	`계속 반복하기` `만일 참 (이)라면`	`계속 반복하기` `만일 물방울▼ 에 닿았는가? (이)라면` `모양 숨기기`
판단	`마우스포인터▼ 에 닿았는가?`	
생김새	`모양 숨기기`	

 x: 231 부터 -231 사이의 무작위 수 y: -70 위치로 이동하기

1 x: 0 y: 0 위치로 이동하기 블록을 선택합니다.

2 x좌표의 0 자리에 0 부터 10 사이의 무작위 수 블록을 조립하고, 0 과 10 자리에 각각 '231'과 '-231'을 입력합니다.

3 y좌표의 0 자리에는 '-70' 입력합니다.

5 💧 [물방울] 오브젝트: 다음과 같이 코딩 블록을 순서대로 조립합니다.

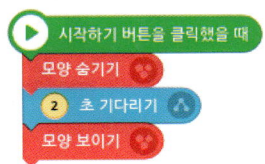

6 ■ [투명배경] 오브젝트: 다음과 같이 코딩 블록을 순서대로 조립합니다.

실행하기

시작하기를 눌러서 코딩한 프로그램이 바르게 작동하는 지 바로 확인합니다.
원하는 결과를 위해 코딩 블록을 추가하거나 교체합니다.

PART 5

ChatGPT와 함께하는 교과연계
인공지능 모델 학습 도전하기

- 30 동요로 발음 연습
- 31 동요로 발음 연습 도전하기
- 32 바다거북과 해양환경
- 33 바다거북과 해양환경 도전하기
- 34 일기예보 기상캐스터
- 35 일기예보 기상캐스터 도전하기
- 36 미술관 큐레이터
- 37 미술관 큐레이터 도전하기
- 38 발레 바른자세
- 39 발레 바른자세 도전하기
- 40 얼굴을 가려주세요
- 41 얼굴을 가려주세요 도전하기

동요로 발음 연습

음성 인식　　교과 연계 : 국어[19]

 **학습 목표**　문장과 글을 알맞게 읽을 수 있습니다.
인공지능 블록 읽어주기와 음성 인식을 익힙니다.

 **완성 작품 미리보기**　QR 코드 　링크 주소 : https://youtu.be/JTCX7XU2ptg

코딩 알고리즘과 로드맵

▶ **시작하기 버튼을 클릭했을 때**
- "내가 보여 주는 동요 가사를 읽어볼래?"라고 음성이 나옵니다.
- 5개의 동요 가사 중 하나가 무작위로 나옵니다.
- 마이크에 대고 동요 가사를 말합니다.
- 동요 가사를 정확하게 잘 말하는 경우
  "훌륭하구나"라는 음성과 함께 "Excellent"가 보입니다.
- 동요 가사를 정확하게 발음하지 않는 경우
  "좀 더 노력해 볼까?"라는 음성이 나옵니다.

[19] [2국02-02]문장과 글을 알맞게 띄어 읽는다.

ChatGPT와 함께하는 학습 이야기

질문 학교 선생님께서 아나운서가 꿈인 친구들에게 발음 연습을 할 수 있도록 엔트리 코딩을 활용하는 교실을 보여주세요.

아나운서가 될 거야! 발음 천재 도전
4학년 2반에는 아나운서가 꿈인 친구들이 있었어요. 어느 날, 선생님이 새로운 수업을 소개했죠.
"얘들아, 오늘은 코딩으로 발음 연습을 해볼 거야! '읽어주기 블록'을 써서 AI가 문장을 정확하게 읽어주는 걸 들을 거란다."
AI가 또박 또박 문장을 읽어주자, 친구들은 즐겁게 발음을 연습했어요. 혀가 꼬이는 어려운 문장도 여러 번 반복하니 점점 나아졌답니다.
"아나운서가 되려면 꾸준한 연습이 중요해. 코딩을 활용하면 더 재미있게 연습할 수 있지!"
그 후로 아이들은 매일 아침 블록 코딩으로 발음을 연습했어요. 친구들과 경쟁하며 발음도 좋아졌답니다. AI가 들려주는 발음 연습의 리스트를 추가하며 코딩 실력도 쑥쑥 늘어났답니다.
이렇게 오늘의 작은 연습이 아나운서 꿈을 향한 첫걸음이 될 거예요!

질문 컴퓨터를 사용하지 않고 친구들과 할 수 있는 재미있는 발음 연습 게임이 있나요?

게임을 통해 친구들과 함께 즐겁게 발음을 연습할 수 있어요.
1. 빨리 말하기 게임 (Tongue Twisters)
게임 방법: 혀가 꼬일 만큼 빠르게 읽어야 하는 발음 연습 문장을 준비해요. 예를 들어, "간장 공장 공장장은 강 공장장이고, 된장 공장 공장장은 장 공장장이다." 같은 문장을 또렷하고 빠르게 말해봐요.
효과: 발음을 정확히 하고 입 근육을 풀어주는 데 좋아요. 친구들끼리 누가 더 빨리 정확히 말하는지 내기를 해도 재미있어요!
2. 따라 읽기 챌린지
게임 방법: 아나운서나 성우가 또박또박 읽는 문장을 녹음한 것을 준비해요. 그런 다음, 그 소리를 따라 읽고, 본인의 목소리를 녹음해 들어보는 거예요.
효과: 본인의 발음을 들어보면서 아나운서처럼 정확하게 발음하는 연습을 할 수 있어요. 특히 낱말이나 짧은 문장을 연습할 때 효과적이에요.
3. 단어 릴레이 게임
게임 방법: 친구들과 한 명씩 돌아가며, 주어진 단어를 한 번씩 발음하는 게임이에요. 예를 들어, "까마귀," "가마솥," "까막눈"처럼 비슷한 발음이 있는 단어를 준비해 놓고 릴레이로 말해보는 거예요.
효과: 발음을 또렷하게 하기 위한 집중력이 필요해서 연습에 좋아요. 틀리거나 발음이 부정확하면 탈락! 마지막까지 남는 사람이 승리해요.
4. 비슷한 발음 구별 게임
게임 방법: "갈치"와 "칼치"처럼 발음이 비슷한 단어 쌍을 여러 개 준비해요. 친구들이 어떤 단어를 발음하는지 맞추는 방식으로 게임을 진행해요.
효과: 비슷한 발음을 구별하는 데 도움이 되고, 또 정확한 발음에 집중할 수 있어요.
5. 발음 퀴즈
게임 방법: 선생님이나 친구가 단어를 속삭이듯 낮은 목소리로 말해요. 듣는 사람은 그 단어를 정확하게 듣고 따라 말해보는 거예요.
효과: 귀로 듣고 따라 말하는 연습을 하면서 바른 발음과 집중력을 기를 수 있어요. 어려운 단어를 넣으면 더 재미있어져요!

 **작품 만들기** 완성 파일 QR 코드 링크 주소 : https://naver.me/FoEl9ufo

코딩 준비하기

1. 오브젝트 추가하기

오브젝트 선택		
	[묶음] 얼굴 스티커	무대
이름	인사	무대
X좌표	−149.8	0
Y좌표	−43.5	0
크기	100%	375.0%

2. 글상자 추가하기

1 [오브젝트 추가하기]에서 [글상자]를 클릭합니다.

2 아무런 설정 없이 [추가하기]를 눌러서 3개의 글상자를 만듭니다.

3 모두 생성되면 이름을 바꾸고 적절한 위치를 정합니다.

4 글꼴, 정렬, 글씨의 속성, 글씨 색, 글씨 배경색을 정합니다.

5 글상자의 입력창에 다음과 같이 입력합니다.

글상자의 이름	문제	대답	안내
글상자의 내용	문제	대답	내 발음이 얼마나 정확한가 동요 가사로 알아볼까요?

6 용도에 맞게 한 줄 쓰기 또는 여러 줄 쓰기를 선택합니다.

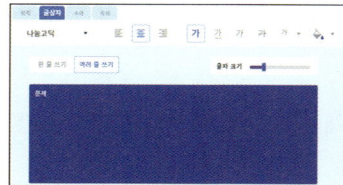  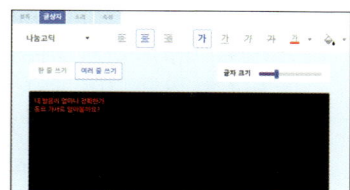

3. 속성 추가하기

1 변수를 만듭니다.

1개의 ❓ [변수]가 필요합니다. [변수 추가하기]를 클릭한 후 [문제] 변수를 추가합니다. 변수명 앞의 '눈'을 클릭해서 변수가 보이지 않게 합니다.

- [문제]: 리스트의 항목 중 하나를 문제로 정하는 변수입니다.

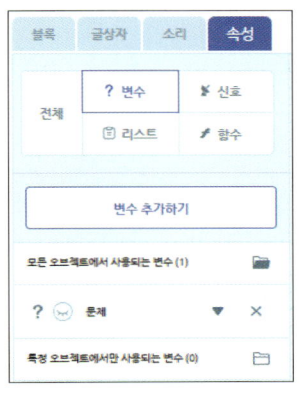

2 신호를 만듭니다.

3개의 🔔 신호가 필요합니다.

- [문제가사]: 🐧[인사]와 **가** [안내]는 **가** [문제]에게 문제를 선택하라는 신호를 보냅니다.
- [대답가사]: **가** [문제]는 **가** [대답]에게 내 음성을 텍스트로 바꾸라는 신호를 보냅니다.
- [결과확인]: **가** [대답]은 **가** [안내]에게 문제의 값과 내 음성이 같은지 판단하라는 신호를 보냅니다.

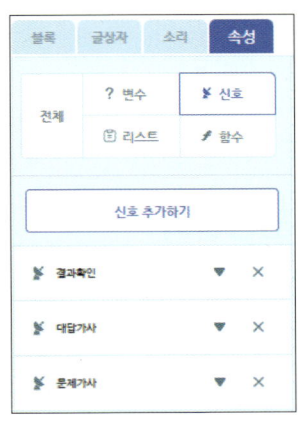

3 리스트를 만듭니다.

- 연습을 위해 원하는 📋[리스트]를 추가합니다.
- 눈을 감겨서 실행 화면에서 숨깁니다.
- 리스트 항목 수를 입력할 동요 가사의 항목 수인 '5'를 입력합니다.
- 다음의 동요 가사를 리스트 기본값의 항목에 입력합니다.

 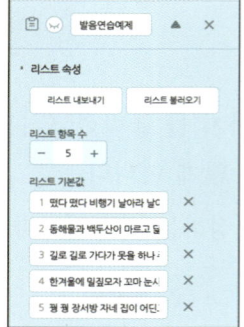

떴다 떴다 비행기 날아라 날아라	
동해물과 백두산이 마르고 닳도록	
길로 길로 가다가 못을 하나 주웠네	
한겨울에 밀짚모자 꼬마 눈사람	
꿩 꿩 장서방 자네 집이 어딘고	

4. 인공지능 블록 추가하기

1️⃣ [인공지능탭]에서 [인공지능 블록 불러오기]를 클릭합니다.

2️⃣ 상단의 [읽어주기], 하단의 오디오 감지의 [음성 인식]을 클릭합니다.

3️⃣ 우측 상단의 [불러오기]를 클릭합니다.

코딩하기

1 [인사] 오브젝트: 다음과 같이 코딩 블록을 순서대로 조립합니다.

2 가 [문제] 글상자: 다음과 같이 코딩 블록을 순서대로 조립합니다.

❶ `문제▼ 를 10 (으)로 정하기` 블록을 선택합니다.

❷ `10` 에 `발음연습예제▼ 의 1 번째 항목` 블록을 가져와서 조립합니다.

❸ `1` 에 `0 부터 10 사이의 무작위 수` 블록을 조립합니다.

❹ `0` 을 '1'로, `10` 을 '5'로 입력합니다. 또는 `10` 의 자리에 `발음연습예제▼ 항목 수` 를 조립합니다.

3 가 [대답] 글상자: 다음과 같이 코딩 블록을 순서대로 조립합니다.

4 가 [안내] 글상자: 다음과 같이 코딩 블록을 순서대로 조립합니다.

Part 05_ChatGPT와 함께하는 교과연계 인공지능 모델 학습 도전하기

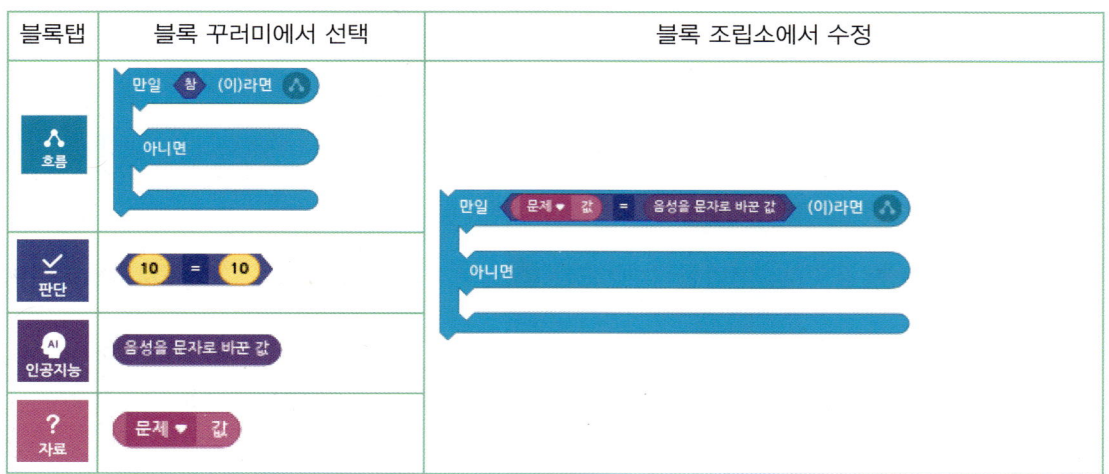

1️⃣ [만약 참이라면 아니면] 블록을 선택합니다.

2️⃣ 참 자리에 10 = 10 을 조립합니다.

3️⃣ 등호의 왼쪽의 10 자리에 문제▼ 값 을, 오른쪽의 10 자리에 음성을 문자로 바꾼 값 블록을 각각 조립합니다.

실행하기

시작하기를 눌러서 코딩한 프로그램이 바르게 작동하는 지 바로 확인합니다.

원하는 결과를 위해 코딩 블록을 추가하거나 교체합니다.

리스트의 항목을 더 추가하여 다양한 동요로 발음연습을 할 수 있는 코딩을 해보세요.

작품 31 동요로 발음 연습 도전하기

작품 만들기

QR 코드   링크 주소 : https://naver.me/GBFKISrt

다양한 방법으로 코딩해보세요.

속성

1️⃣ 항목 수를 변경합니다.

2️⃣ 추가된 3개의 리스트 기본값의 항목에 다음의 동요 가사를 입력합니다.

| 산에는 꽃 피고 들에는 새가 운다 |
| 달과 별이 아름답게 빛나는 밤 |
| 파란 하늘 은하수 하얀 쪽배에 |

블록 꾸러미

 블록 꾸러미로 리스트 항목 추가하기

1️⃣  블록 3개를 추가로 연결해서 조립합니다.

2️⃣ 10 대신 '산에는 꽃 피고 들에는 새가 운다'를 입력합니다.

3️⃣ 10 대신 나머지 동요 가사를 추가로 입력합니다.

 **바다거북과 해양환경**

읽어주기   교과 연계 : 과학[20]

 **학습 목표**   환경 오염이 생물에게 끼치는 영향을 알아봅시다.
생태계 보전을 위한 방법을 생각해 봅시다.

 **완성 작품 미리보기**   QR 코드   링크 주소 :
https://youtu.be/_UHjhKL73Lo

코딩 알고리즘과 로드맵

▶ **시작하기 버튼을 클릭했을 때**

- 시작하기 버튼을 클릭했을 때
- 바다거북이 소개와 환경 오염 문제에 대한 안내 음성이 나옵니다.
- 바다 거북이는 키보드 버튼 상하좌우 움직임으로 움직일 수 있습니다.
- 바다 거북이가 바다 쓰레기인 빈 플라스틱병과 고기 그물망에 걸리지 않도록 해 주세요.
- 대신 좋아하는 먹이인 짧은 해파리를 먹을 수 있도록 키보드로 잘 움직여주세요.
- 고기 그물망, 빈 플라스틱병, 짧은 해파리는 계속 복제됩니다.

[20] [3,4 과 생명 (생명과학)]〈환경과 생태계〉 영역: 생물 요소와 비생물 요소, 생태계의 구조와 기능, 환경 오염이 생물에 미치는 영향, 먹이 사슬과 먹이 그물

ChatGPT와 함께하는 학습 이야기

질문 바다거북과 해양환경 보호에 관한 따뜻한 동화를 만들어 주세요. 이야기의 주인공인 나래가 바다 위에서 힘없이 떠 있는 바다거북을 발견하고, 바다거북과 대화하며 해양 오염 문제의 심각성을 깨닫게 되는 내용을 담아주세요. 바다거북이 플라스틱을 먹이로 착각해 아프게 된 상황을 통해, 주인공과 사람들이 바다를 보호해야 하는 중요성을 느끼도록 해주세요.

나래는 바닷가에서 놀다가 힘없이 바다 위에 떠 있는 바다거북이 한 마리를 발견했어요. 나래는 걱정스러운 마음으로 바다거북에게 다가갔어요. "괜찮아?" 나래가 조심스럽게 물었어요.

바다거북이 고개를 천천히 들며 대답했어요. "내가 좀 아파. 바닷속에 너무 많은 플라스틱이 있어서 먹이인 줄 알고 삼켰는데, 그게 나를 아프게 했어."

나래는 그 말을 듣고 가슴이 아팠어요. 깨끗한 바다를 지켜주지 못한 것 같아 미안한 마음이 들었어요. "미안해, 거북아. 우리가 바다를 깨끗하게 지키지 못해서 네가 아프구나. 내가 도울 수 있는 방법이 있을까?"

거북이가 대답했어요. "네 마음만으로도 고맙지만, 플라스틱을 버리지 않는 것부터 시작하면 돼. 그리고 사람들이 바다를 더 소중히 여겨야 해. 우리가 살아가는 바다는 너무 소중하거든."

나래는 그 말을 가슴 깊이 새겼어요. "그래, 나도 바다를 지키고 싶어. 친구들에게도 바다를 더럽히지 않도록 이야기할게. 다 같이 힘을 합치면 네가 다시 건강해질 수 있겠지?"

바다거북이 말했어요. "맞아, 너 같은 친구들이 많아지면 바다도 깨끗해지고, 우리도 안전하게 살 수 있을 거야."

그날 이후로, 나래는 바다를 깨끗하게 지키기 위해 노력했어요. 플라스틱을 줄이고, 친구들에게도 바다를 보호하자고 이야기했어요. 바다거북을 떠올리며 나래는 결심했어요. "깨끗한 바다를 위해 내가 할 수 있는 일은 작을지 몰라도, 모두가 함께하면 큰 변화를 만들 수 있어."

나래의 마음은 바다거북에게 희망을 주었고, 나래는 깨끗한 바다를 만들기 위해 오늘도 열심히 노력하고 있어요.

질문 해양 생물과 해양 쓰레기를 분류하는 인공지능 모델 학습하는 과정을 실습하면서 이해할 수 있는 코딩교육 사이트가 엔트리 외에 어떤 것이 있나요?

해양 생물과 해양 쓰레기를 분류하는 인공지능 모델 학습을 실습할 수 있는 코딩 교육 사이트로 다음을 추천드립니다:

Code.org의 'AI for Oceans' 프로그램: 이 프로그램은 머신러닝을 활용하여 해양 생물과 쓰레기를 구분하는 방법을 배우는 인터랙티브한 학습 도구입니다. 학생들이 인공지능의 기본 개념과 윤리적 측면을 이해하는 데 도움이 됩니다.

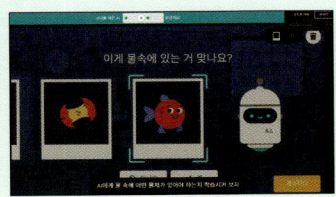 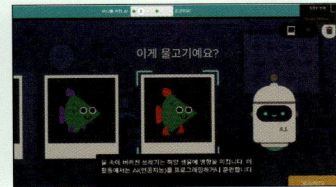 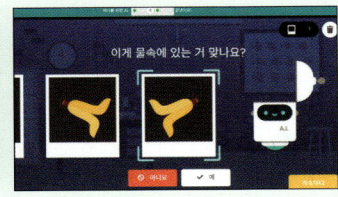

 작품 만들기 완성 파일 QR 코드 링크 주소: https://naver.me/xa5lsLPS

코딩 준비하기

1. 오브젝트 추가하기

오브젝트 선택	바다거북	고기 그물망	빈 플라스틱병	짧은 해파리	바닷속(2)
이름	바다거북	고기 그물망	빈 플라스틱병	짧은 해파리	바닷속(2)
X좌표	8.2	188.3	−174.5	83.1	0
Y좌표	19.9	92.0	70.0	90.2	0
크기	102.5%	100.0%	75.0%	60.06%	375.0%

[바다거북] 오브젝트와 [고기 그물망] 오브젝트는 기본으로 제공되지 않습니다.

[파일 올리기]를 클릭하여, 저장된 이미지 파일을 선택하고 [추가하기]를 클릭합니다.

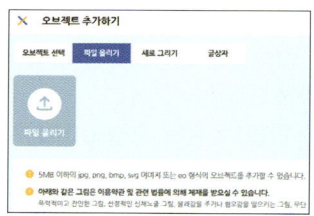 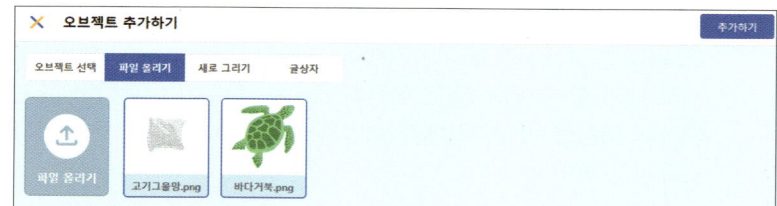

2. 오브젝트 모양 추가하기

① 바다거북 오브젝트를 선택하고 [모양] 탭을 클릭하고 [모양 추가하기]를 클릭합니다.

② [파일 올리기]를 클릭하여, 저장된 이미지 [바다거북2], [바다거북3]파일을 선택하고 [추가하기]를 클릭합니다.

 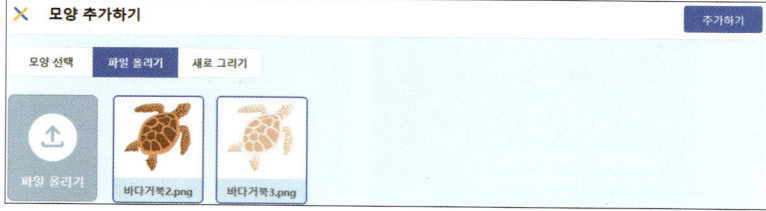

3. 속성 추가하기

1 신호를 만듭니다.

1개의 🏐 신호가 필요합니다.

- [시작]:

❶ 🐢 [바다거북]이 ▦ [고기그물망.png], 🍶 [빈 플라스틱병], 🪼 [짧은 해파리]에게 시작 신호를 보내면, 신호를 받은 각 오브젝트는 계속 반복하여 자신의 복제본 만들기 한 뒤 5초 기다리기 후 이 복제본을 삭제합니다.

❷ 🐢 [바다거북]이 🌊 [바닷속(2)] 시작신호를 보내면, 신호를 받은 [바닷속(2)]는 키보드의 화살표키를 눌러서 거북이를 움직이는 방법을 읽어주고 기다립니다.

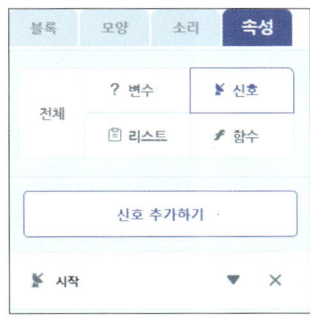

4. 인공지능 블록 추가하기

1 🤖 [인공지능탭]에서 [인공지능 블록 불러오기]를 클릭합니다.
2 상단의 [읽어주기]를 클릭합니다.
3 우측 상단의 [불러오기]를 클릭합니다.

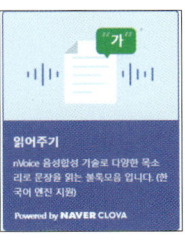

코딩하기

1 [바다거북] 오브젝트: 다음과 같이 코딩 블록을 순서대로 조립합니다.

시작 ▼ 신호를 받았을 때
계속 반복하기
　만일 〈 왼쪽 화살표 ▼ 키가 눌러져 있는가? 〉 (이)라면
　　x 좌표를 -2 만큼 바꾸기
　만일 〈 오른쪽 화살표 ▼ 키가 눌러져 있는가? 〉 (이)라면
　　x 좌표를 2 만큼 바꾸기
　만일 〈 위쪽 화살표 ▼ 키가 눌러져 있는가? 〉 (이)라면
　　y 좌표를 2 만큼 바꾸기
　만일 〈 아래쪽 화살표 ▼ 키가 눌러져 있는가? 〉 (이)라면
　　y 좌표를 -2 만큼 바꾸기

시작하기 버튼을 클릭했을 때
멍멍이 ▼ 목소리를 빠른 ▼ 속도 높은 ▼ 음높이로 설정하기
안녕 친구들 나는 바다거북이야. 읽어주고 기다리기
0.5 초 기다리기
내가 좋아하는 먹이를 알려줄게. 읽어주고 기다리기
0.5 초 기다리기
바다거북은 해파리를 가장 좋아해. 읽어주고 기다리기
y 좌표를 2 만큼 바꾸기
0.5 초 기다리기
그런데 플라스틱과 비닐을 해파리와 헷갈려서 배가 많이 아팠어. 읽어주고 기다리기
y 좌표를 -2 만큼 바꾸기
0.5 초 기다리기
내 친구는 그물에 걸려서 목과 발에 상처도 났어. 읽어주고 기다리기
0.5 초 기다리기
제발 쓰레기를 바다에 버리지 말아줘. 읽어주고 기다리기
0.5 초 기다리기
쓰레기를 피해서 먹이를 먹을 수 있도록 도와줘. 읽어주고 기다리기
0.5 초 기다리기
시작 ▼ 신호 보내기

시작 ▼ 신호를 받았을 때
계속 반복하기
　만일 〈 빈 플라스틱병 ▼ 에 닿았는가? 〉 (이)라면
　　크기를 -5 만큼 바꾸기
　　바다거북2.png ▼ 모양으로 바꾸기
　　배가 아파, 분리수거해줘. 읽어주고 기다리기
　만일 〈 고기그물망.png ▼ 에 닿았는가? 〉 (이)라면
　　크기를 -5 만큼 바꾸기
　　바다거북3.png ▼ 모양으로 바꾸기
　　목에 걸려서 아파. 나를 구해줘. 읽어주고 기다리기
　만일 〈 짧은 해파리 ▼ 에 닿았는가? 〉 (이)라면
　　크기를 5 만큼 바꾸기
　　바다거북.png ▼ 모양으로 바꾸기
　　냠냠 읽어주고 기다리기

2 [고기 그물망] 오브젝트: 다음과 같이 코딩 블록을 순서대로 조립합니다.

[고기 그물망], [빈 플라스틱병], [짧은 해파리] 오브젝트는 모든 코드가 동일합니다. [고기 그물망] 오브젝트의 코드를 '코드 복사하기' 메뉴로 복사하고, 다른 두 오브젝트의 블록 조립소에 붙여넣기 합니다.

3 [바닷속(2)] 오브젝트 : 다음과 같이 코딩 블록을 순서대로 조립합니다.

실행하기

시작하기를 눌러서 코딩한 프로그램이 바르게 작동하는 지 바로 확인합니다.
원하는 결과를 위해 코딩 블록을 추가하거나 교체합니다.

작품 33 바다거북과 해양환경 도전하기

 **작품 만들기**   QR 코드   링크 주소 : https://naver.me/5apgIZUm

1 [빈 플라스틱병] 오브젝트, [빈 플라스틱병], [짧은 해파리]의 움직임을 자유롭게 설정해 보세요.

2 [꽃게], [물고기] 오브젝트를 추가하여 바닷속을 풍성하게 꾸며보세요.

일기예보 기상캐스터

읽어주기　　교과 연계 : 사회 [21]

학습 목표　일기예보 데이터를 통해 생활에서 정보를 활용하는 방법을 배웁니다.
인공지능 블록 읽어주기와 확장블록을 익힙니다.

완성 작품 미리보기　QR 코드　링크 주소 :
https://youtu.be/wmQOxjOcLRQ

코딩 알고리즘과 로드맵

▶ **시작하기 버튼을 클릭했을 때**
- "나들이 계획 중인가요?"
- "알고 싶은 정보 글상자를 클릭하세요"라고 음성이 나옵니다.
- 고장의 날씨 글상자를 클릭하고 원하는 지역을 말하면 음성인식되어 현재 날씨와 기온 미세먼지를 알려줍니다. "HOME 버튼을 누르면 홈으로 돌아갑니다."라고 음성이 나오고 반복이 가능합니다.

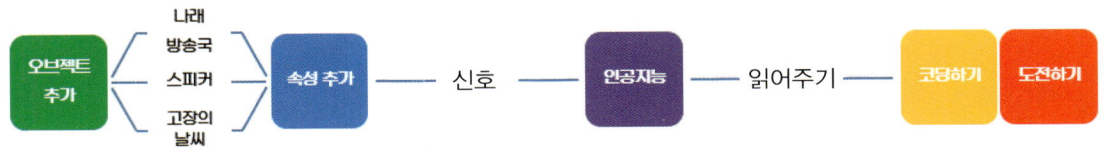

[21] [6사02-01] 우리나라의 계절별 기후 특징을 자료에서 탐구합니다.

ChatGPT와 함께하는 학습 이야기

질문 당신은 동화 작가입니다. 일기예보와 날씨 정보를 알려주는 AI 봇과 주인공 나래의 대화를 중심으로 한 이야기를 만들어 주세요. 나래가 주말에 친구들과 나들이를 계획하지만, 날씨 때문에 걱정하고 있을 때, AI 날씨봇이 등장해 지역별 날씨와 강수량 정보를 알려줍니다. AI 봇이 나래에게 해당 지역의 날씨를 정확하게 설명하고, 우산을 챙기거나 일정을 조정할 수 있습니다. 나래가 AI 봇 덕분에 걱정 없이 나들이를 준비하고, AI 날씨봇이 나래의 기상예보 친구가 되었습니다.

나래는 주말에 친구들과 나들이를 가려고 계획 중이었어요. 하지만 요즘 날씨가 변덕스러워서 걱정이 되었어요. 그때, 지역별 날씨와 강수량을 알려주는 특별한 친구 AI 날씨봇이 등장했어요. "안녕하세요, 나래님! 오늘 나들이 계획 중이시군요. 날씨와 강수량 정보를 알려드릴까요?"

나래가 "우와, 정말? 그럼 알려줘! 나는 이번 주말에 엔트리공원으로 가려고 해."라고 대답했어요.

AI 날씨봇은 잠시 분석한 후 대답했어요. "주말에 엔트리공원의 날씨는 맑음으로 예상되고, 낮 최고 기온은 23도입니다. 하지만 오후 4시쯤에 강수 확률이 30% 있어요. 그러니 우산을 챙기시면 좋겠어요."

"오, 맑다가 오후에 비가 올 수도 있구나. 우산은 꼭 챙겨야겠다."

나래는 신이 나서 말했어요. "정말 고마워! 덕분에 어떤 날씨일지 다 알게 됐어. 비가 내릴 수도 있으니 일찍 가서 구경하고, 오후에는 비 피해야겠다."

AI 날씨봇이 대답했어요. "언제든지 날씨와 강수량 정보가 필요로 하시면 알려드릴게요. 즐거운 나들이 되세요, 나래님!"

나래는 미소를 지으며 AI 날씨봇에게 고마움을 전했어요. "너 덕분에 걱정 없이 나들이를 준비할 수 있게 됐어. 우산도 챙기고, 친구들에게도 비 소식 알려줘야겠다!"

그날 이후, 나래는 나들이를 갈 때마다 AI 날씨봇에게 날씨와 강수량을 물어보며 더 정확하고 안전하게 계획을 세울 수 있게 되었어요. AI 날씨봇은 나래의 든든한 나들이 파트너가 되어, 언제나 날씨 정보를 알려주었어요.

질문 위의 스토리를 기반으로 두 컷으로 일러스트를 그려주세요.

 작품 만들기 완성 파일 QR 코드 링크 주소 : https://naver.me/FxF3zljo

코딩 준비하기

1. 장면 추가하기

- 2개의 장면이 필요합니다.
- 실행 화면 상단에 [장면1] 오른쪽에 있는 [+]를 눌러서 장면을 하나 더 추가합니다.
- [장면1]을 클릭하면 이름을 변경할 수 있습니다.
- [장면1]은 '안내화면'으로, [장면2]는 '날씨'라고 입력합니다.

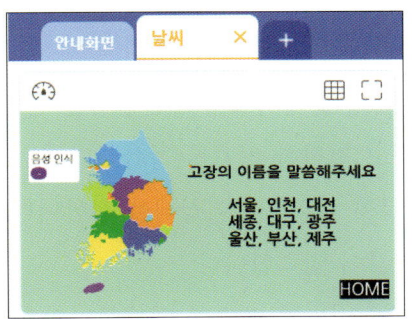

2. 오브젝트 추가하기

[장면1] 안내화면

오브젝트 선택	스피커(1)	날씨
이름	스피커(1)	날씨
X좌표	−127.2	0
Y좌표	−62.3	0
크기	112.9%	375.0%

[장면2] 날씨

오브젝트 선택	지도-대한민국(2)	단색 배경
이름	지역 지도	단색 배경
X좌표	−109.0	0
Y좌표	0	0
크기	198.9%	375.0%

3. 글상자 추가하기

[장면1] 안내화면

글상자	가	가
	글상자	글상자1
이름	나래방송국 일기예보	고장의 날씨
X좌표	5.2	-24.7
Y좌표	49.6	-69.1
크기	238.9%	64.8%

1️⃣ [오브젝트 추가하기]에서 [글상자]를 클릭합니다.

2️⃣ 아무런 설정 없이 [추가하기]를 눌러서 2개의 글상자를 만듭니다.

3️⃣ 모두 생성되면 이름을 바꾸고 적절한 위치를 정합니다.

4️⃣ 글꼴, 정렬, 글씨의 속성, 글씨 색, 글씨 배경색을 정합니다.

5️⃣ 글상자의 입력창에 다음과 같이 입력합니다.

6️⃣ 용도에 맞게 한 줄 쓰기 또는 여러 줄 쓰기를 선택합니다.

글상자의 이름	나래방송국 일기예보	고장의 날씨
글상자의 내용	나들이 계획 중인가요? 알고 싶은 정보 글상자를 클릭하세요	고장의 날씨

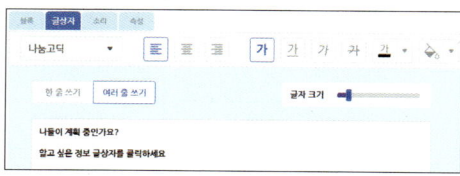 

[장면2] 날씨

글상자	가	가
	글상자	글상자1
이름	초기화면	고장의 날씨
X좌표	200.6	95.3
Y좌표	-105.2	1.2
크기	44.8%	193.6%

1️⃣ [오브젝트 추가하기]에서 [글상자]를 클릭합니다.

2️⃣ 아무런 설정 없이 [추가하기]를 눌러서 2개의 글상자를 만듭니다.

3️⃣ 모두 생성되면 이름을 바꾸고 적절한 위치를 정합니다.

4️⃣ 글꼴, 정렬, 글씨의 속성, 글씨 색, 글씨 배경색을 정합니다.

5️⃣ 글상자의 입력창에 다음과 같이 입력합니다.

6️⃣ 용도에 맞게 한 줄 쓰기 또는 여러 줄 쓰기를 선택합니다.

글상자의 이름	초기화면	고장의 날씨
글상자의 내용	HOME	고장의 이름을 말씀해주세요 서울, 인천, 대전, 세종, 대구, 광주, 울산, 부산, 제주

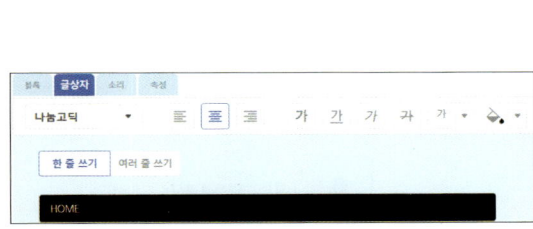 

4. 속성 추가하기

1️⃣ 1개의 📡 신호를 만듭니다.

- [지역이름]: ▨▨▨ [단색배경]이 🎨 [지역지도]에게 신호를 보냅니다. 신호를 받으면 [지역지도]는 음성을 인식한 지역의 이름에 맞는 지역의 지도로 모양을 바꿉니다. 그리고 날씨, 기온, 미세먼지 농도를 읽어줍니다.

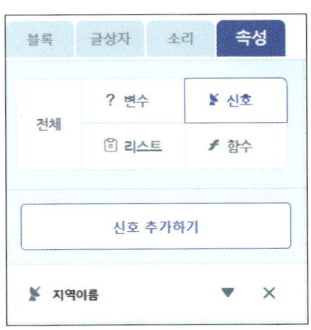

5. 모양 추가하기

1️⃣ 지역지도 오브젝트를 선택하고 [모양] 탭의 [모양 추가하기]를 클릭합니다.

2️⃣ 다음 표에 있는 지역의 이름을 순서대로 검색해서 추가합니다.

2	[지도 - 서울특별시]	3	[지도 - 인천광역시]	4	[지도 - 대전광역시]
5	[지도 - 세종특별자치시]	6	[지도 - 광주광역시]	7	[지도 - 대구광역시]
8	[지도 - 울산광역시]	9	[지도 - 부산광역시]	10	[지도 - 제주특별자치도]

3️⃣ [지역지도]는 모두 10개의 모양 번호를 갖게 됩니다.

4️⃣ 처음 추가했을 때는 모양의 크기가 매우 작으므로 조절점을 당겨서 적당한 크기로 조절하고 우측 상단의 [저장하기]를 클릭하여 저장합니다.

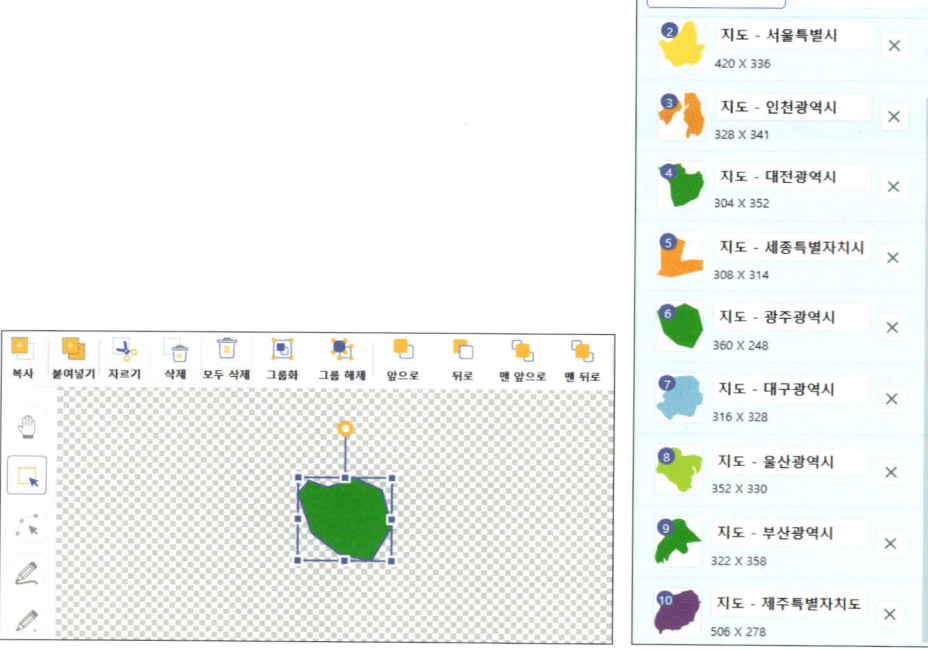

6. 인공지능 블록 추가하기

1️⃣ [인공지능탭]에서 [인공지능 블록 불러오기]를 클릭합니다.

2️⃣ 상단의 [읽어주기]와 하단의 [음성 인식]를 클릭합니다.

❸ 우측 상단의 [불러오기]를 클릭합니다.

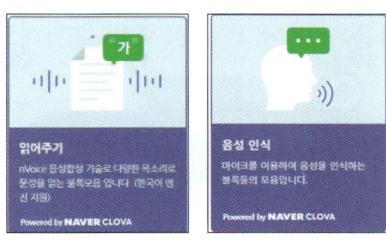

7. 확장 블록 추가하기

❶ [확장] 탭에서 [확장 블록 불러오기]를 클릭합니다.
❷ [날씨]를 클릭합니다.
❸ 우측 상단의 [불러오기]를 클릭합니다.

코딩하기

[장면1] 안내화면

1 [스피커(1)] 오브젝트: 다음과 같이 코딩 블록을 순서대로 조립합니다.

2 가 [고장의 날씨] 오브젝트: 다음과 같이 코딩 블록을 순서대로 조립합니다.

[장면2] 날씨

1 가 [초기화면] 오브젝트: 다음과 같이 코딩 블록을 순서대로 조립합니다.

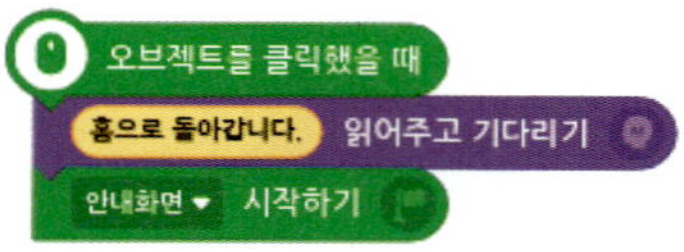

2 [지역지도] 오브젝트: 다음과 같이 코딩 블록을 순서대로 조립합니다.

블록탭	블록 꾸러미에서 선택	블록 조립소에서 수정
흐름	만일 참 (이)라면	만일 음성을 문자로 바꾼 값 = 서울 (이)라면
판단	10 = 10	
인공지능	음성을 문자로 바꾼 값 / 엔트리 읽어주고 기다리기	
계산	안녕! 과(와) 엔트리 을(를) 합친 값	안녕! 과(와) 안녕! 과(와) 엔트리 을(를) 합친 값 을(를) 합친 값 읽어주고 기다리기 / 현재 날씨는 과(와) 현재 서울 전체 의 날씨 과(와) 이고 을(를) 합친 값 을(를) 합친 값
확장	현재 서울 전체 의 날씨	

① [만일 참이라면]블록을 선택합니다.

② 참 자리에 10 = 10 를 조립합니다.

③ 등호의 왼쪽 10 자리에 음성을 문자로 바꾼 값 블록을 조립하고, 오른쪽 10 자리에 '서울'을 입력합니다.

1 `엔트리 읽어주고 기다리기` 블록을 선택합니다.

2 `엔트리` 자리에 `안녕! 과(와) 엔트리 을(를) 합친 값` 블록 2개를 연결해서 다음과 같이 조립합니다.

3 `안녕!` 과 `엔트리` 자리에 다음의 표를 보고 조립합니다.

❶	첫 번째 `안녕!` 자리에 '현재 날씨는'을 입력합니다.
❷	두 번째 `안녕!` 자리에 `현재 서울▼ 전체▼ 의 날씨` 를 조립합니다.
❸	`엔트리` 자리에 '이고'를 입력합니다.

4 다음은 위의 방법을 참고하여 조립합니다.

일기예보 정보를 제공하는 지역이 9개이므로, 위의 코드를 9번 반복해야 합니다.

서울	인천	대전
세종	광주	대구
울산	부산	제주

Part 05_ChatGPT와 함께하는 교과연계 인공지능 모델 학습 도전하기

- 코드의 형태가 반복되므로 다음과 같이 [코드 복제하기]메뉴를 사용합니다.
- 판단 블록에 있는 지역명과 확장 블록의 지역명을 일치시킵니다.

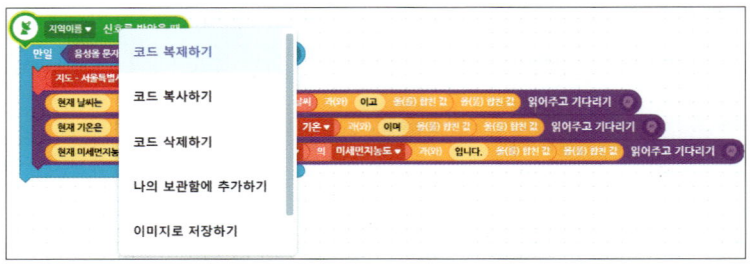

3 [단색 배경] 오브젝트: 다음과 같이 코딩 블록을 순서대로 조립합니다.

실행하기

시작하기를 눌러서 코딩한 프로그램이 바르게 작동하는 지 바로 확인합니다.
원하는 결과를 위해 코딩 블록을 추가하거나 교체합니다.

작품 35 일기예보 기상캐스터 도전하기

  작품 만들기   QR 코드  링크 주소 :
https://naver.me/FXwd3upc

장면을 추가하여 전국의 강수량을 안내해 주는 프로그램을 만들어 보세요.
지역지도에서 알고 싶은 지역의 이름 글상자를 클릭하면 엔트리봇이 강수량을 읽어주는 알고리즘을 기반으로 자신만의 스타일로 코딩해 보세요.

 장면추가 : 강수량 장면

 오브젝트 추가 : 안내 멘트 글상자, 지역 이름 글상자, 엔트리봇, 지역 지도, 배경

❸ 속성추가 : 변수, 신호

아래의 화면 구성을 참고하세요.

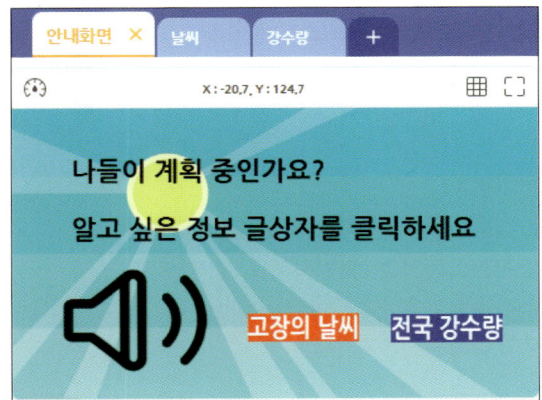 

작품 36 미술관 큐레이터

비디오감지: 손 인식   교과 연계 : 미술[22]

학습 목표: 인공지능으로 인식한 손에 따라 움직이는 로봇을 만들 수 있습니다.
인공지능 블록 읽어주기와 손인식을 익힙니다.

완성 작품 미리보기 QR 코드   링크 주소 : https://youtu.be/v0rAilS7pig

코딩 알고리즘과 로드맵

▶ 시작하기 버튼을 클릭했을 때

- "저는 큐레이터 로봇입니다." "왼손, 오른손 중 하나를 보여주면 해당 위치의 작품을 설명해 줄게요." 라고 음성이 나옵니다.
- 비디오 화면에 왼손 또는 오른손 중 하나를 보여줍니다.
- 왼손을 인식한 경우 만능 로봇이 왼쪽 작품 앞으로 이동하여 해당 작품을 설명합니다.
- 오른손을 인식한 경우 만능 로봇이 오른쪽 작품 앞으로 이동하여 해당 작품을 설명합니다.
- 작품 설명이 끝나면 만능 로봇은 처음 자리로 돌아옵니다.

[22] [4미03-01]미술 작품을 자세히 보고 작품과 미술가에 관해 질문할 수 있다.

ChatGPT와 함께하는 학습 이야기

질문 미술관 큐레이터를 만난 초등학생들의 궁금한 이야기를 풀어보았어요. 친절한 답변 부탁해요.
(1) 큐레이터는 무슨 일을 하나요?
(2) 이 작품을 보면 작가의 기분을 알 수 있을까요?
(3) 미술관에서 작품을 만질 수 없는 이유는 뭔가요?

(1) 큐레이터는 무슨 일을 하나요?
큐레이터는 미술관의 모든 것을 계획하고 관리하는 사람이에요! 전시할 작품을 고르고, 어떻게 배치하면 더 멋질지 고민하고, 관람객들에게 작품을 잘 설명할 수 있는 자료도 준비해요. 또, 새로운 작품을 미술관에 들여오거나, 작가와 협력해서 특별한 전시회를 기획하기도 하죠. 쉽게 말하면 미술관의 감독이자 기획자라고 생각하면 돼요!

(2) 이 작품을 보면 작가의 기분을 알 수 있을까요?
네, 어떤 작품은 작가의 감정이나 생각을 표현하는 경우가 많아요. 예를 들어, 밝은 색을 많이 쓴 그림은 행복하거나 즐거운 마음을 나타낼 수 있고, 어두운 색이나 복잡한 선을 사용한 작품은 슬프거나 고민이 많은 마음을 담았을 수 있어요.
하지만 모든 작품이 작가의 감정을 직접 보여주는 건 아니에요. 작가는 보는 사람이 자유롭게 해석할 수 있도록 일부러 자신의 감정을 숨기기도 해요. 그래서 같은 작품이라도 사람마다 다르게 느끼는 게 자연스러운 일이랍니다!

(3) 미술관에서 작품을 만질 수 없는 이유는 뭔가요?
작품을 만질 수 없는 이유는 작품이 손상될 수 있기 때문이에요. 그림은 종이와 캔버스 같은 섬세한 재료로 만들어져서 만지면 얼룩이 생길 수 있어요. 또 조각이나 공예품은 시간이 지나면 표면이 부서지거나 색이 바래 버릴 수 있거든요. 손에 묻은 땀이나 먼지도 작품에 좋지 않아요. 그래서 미술관에서는 작품을 보호하기 위해 눈으로만 감상하도록 하는 거예요. 다만, 일부 전시에서는 만져도 되는 체험형 작품이 준비되기도 하니 그런 기회가 있을 때 체험해 보면 좋겠죠?

질문 코딩에 사용한 두 화가의 그림 중 쇠라의 그림은 고흐의 화풍으로, 휘슬러의 그림은 레오나르도 다빈치의 화풍으로 생성해주세요.

질문 피카소 풍으로도 생성해주세요.

피카소의 경우, 그의 작품이 현대 미술 저작권과 관련된 규제에 속해 있어서, 특정 스타일의 재해석이 콘텐츠 정책에 저촉될 수 있습니다. 반면, 다빈치와 같은 고전 화가들은 저작권이 만료된 상태이기 때문에 자유롭게 변환 작업이 가능합니다. 이러한 규제로 인해 피카소의 스타일로 이미지를 생성하는 대신, 다른 현대적이거나 유사한 스타일로 대안을 제공해 드릴 수 있습니다.

Part 05_ChatGPT와 함께하는 교과연계 인공지능 모델 학습 도전하기

 **작품 만들기** 완성 파일 QR 코드 링크 주소 : https://naver.me/FzS79Oyv

코딩 준비하기

1. 오브젝트 추가하기

오브젝트 선택	만능 로봇	파일올리기	파일올리기	액자(2)
이름	만능 로봇	(왼) 휘슬러 작품	(오)쇠라 작품	액자(2)
X좌표	0	−150	150	−10
Y좌표	−70	60	60	65
크기	100%	100%	100%	165%

[(왼)휘슬러 작품] 오브젝트와 [(오)쇠라 작품] 오브젝트는 기본으로 제공되지 않습니다.
[파일 올리기]를 클릭하여, 저장된 이미지 파일을 선택하고 [추가하기]를 클릭합니다.

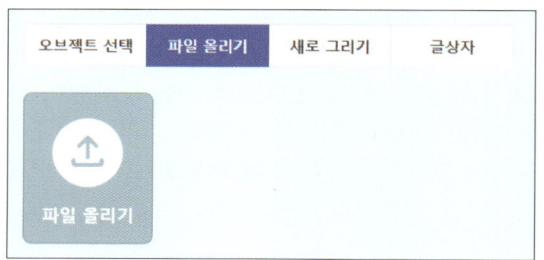 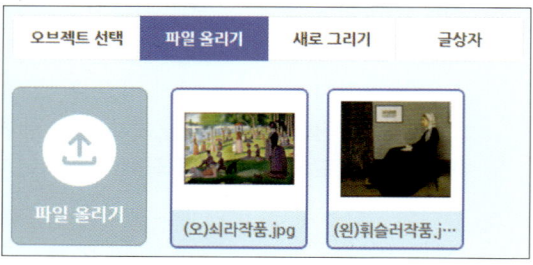

2. 속성 추가하기

1 신호를 만듭니다.

3개의 신호가 필요합니다.

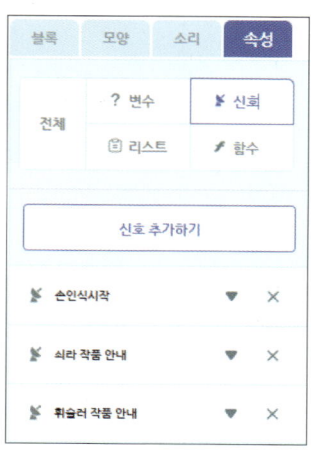

- [손인식시작] : [만능 로봇]은 [액자(2)]에게 손 인식 판단을 시작하라는 신호를 보냅니다.

- [휘슬러 작품 안내] : [액자(2)]는 [만능 로봇]에게 왼손을 인식 후 휘슬러 작품을 설명하도록 신호를 보냅니다.

- [쇠라 작품 안내] : [액자(2)]는 [만능 로봇]에게 오른손을 인식 후 쇠라 작품을 설명하도록 신호를 보냅니다.

3. 인공지능 블록 추가하기

1. [인공지능탭]에서 [인공지능 블록 불러오기]를 클릭합니다.
2. 상단의 [읽어주기], 하단의 비디오 감지의 [손 인식]을 클릭합니다.
3. 우측 상단의 [불러오기]를 클릭합니다.

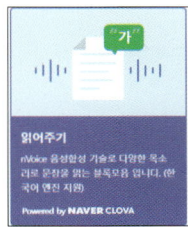 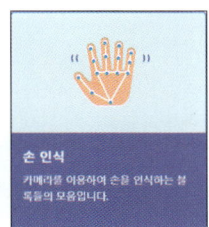

코딩하기

1. [만능로봇] 오브젝트: 다음과 같이 코딩 블록을 순서대로 조립합니다.

```
시작하기 버튼을 클릭했을 때
친절한▼ 목소리를 보통▼ 속도 보통▼ 음높이로 설정하기
저는 큐레이터 로봇입니다. 읽어주고 기다리기
왼손, 오른손 중 하나를 보여주면 해당 위치의 작품을 설명해 줄게요. 읽어주고 기다리기
손인식시작▼ 신호 보내기

휘슬러 작품 안내▼ 신호를 받았을 때
2 초 동안 x: -140 y: -66 위치로 이동하기
화가의 어머니 작품은 제임스 맥닐 휘슬러가 1871년에 그린 작품으로 읽어주고 기다리기
휘슬러의 어머니가 의자에 앉아 있는 모습을 담고 있습니다. 읽어주고 기다리기
정식 제목은 회색과 검은색의 편곡 No.1입니다. 읽어주고 기다리기
1 초 동안 x: 0 y: -70 위치로 이동하기

쇠라 작품 안내▼ 신호를 받았을 때
2 초 동안 x: 140 y: -66 위치로 이동하기
그랑드 자트 섬의 일요일 오후는 조르주 쇠라가 1884년부터 1886년까지 그린 작품입니다. 읽어주고 기다리기
이 작품은 파리 근교의 그랑드 자트 섬에서 읽어주고 기다리기
맑은 일요일 오후를 보내는 사람들의 모습을 담고 있습니다. 읽어주고 기다리기
1 초 동안 x: 0 y: -70 위치로 이동하기
```

2 ☐ [액자(2)] 오브젝트: 다음과 같이 코딩 블록을 순서대로 조립합니다.

 ## 흐름 블록 여러 개 연결하기

[만일 참이라면 아니면]블록을 3개 사용합니다. 아래 그림을 참고하여 연결합니다.

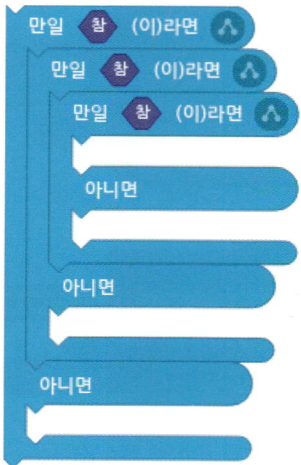

실행하기

시작하기를 눌러서 코딩한 프로그램이 바르게 작동하는 지 바로 확인합니다.

원하는 결과를 위해 코딩 블록을 추가하거나 교체합니다.

작품 37 미술관 큐레이터 도전하기

작품 만들기
QR 코드 링크 주소 : https://naver.me/x67RiXPQ

손인식 외에 다른 신체 부위를 이용해 볼까요?

얼굴을 왼쪽, 오른쪽으로 돌려 얼굴 방향에 따라 움직이는 큐레이터 로봇을 만들어보세요.

얼굴의 방향을 알기 위해 코에서 왼쪽 눈까지의 거리, 코에서 오른쪽 눈까지의 거리를 알아야 해요.

[거리차이]변수를 추가하여 코에서 왼쪽 눈까지의 거리, 코에서 오른쪽 눈까지의 거리를 비교하여 얼굴 방향 위치를 알 수 있어요.

[거리차이]변수 = (코의 x좌표 − 왼쪽 눈의 x좌표) − (오른쪽 눈의 x좌표 − 코의 x좌표)	
코에서 왼쪽 눈까지의 거리가 더 짧을 때	코에서 오른쪽 눈까지의 거리가 더 짧을 때
거리차이 값 > 0	거리차이 값 < 0
왼쪽	오른쪽

1. 속성

❶ 코에서 왼쪽 눈과의 거리를 계산한 값을 저장할 변수를 추가합니다.

[왼쪽 눈과의 거리]변수 = 코의 x좌표 − 왼쪽 눈의 x좌표

❷ 코에서 오른쪽 눈과의 거리를 계산한 값을 저장할 변수를 추가합니다.

[오른쪽 눈과의 거리]변수 = 오른쪽 눈의 x좌표 − 코의 x좌표

❸ 위의 두 변수의 거리 차이를 비교할 [거리차이]변수를 추가합니다.

❹ 위의 [거리차이]변수 값에 따라 내 얼굴방향값을 저장하는 [내 얼굴방향] 변수를 추가합니다.

❺ 위의 표를 참고하여 얼굴방향에 따라 움직이는 큐레이터 로봇을 만들어 보세요.

발레 바른자세

비디오 감지: 손 인식   교과 연계 : 체육[23]

 **학습 목표**
발레의 기본 동작의 이름을 알고 올바른 자세를 익힙니다
인공지능 블록 중 읽어주기와 손 인식을 익힙니다.

 **완성 작품 미리보기**   QR 코드   링크 주소 : https://youtu.be/N1V81Wxl3J8

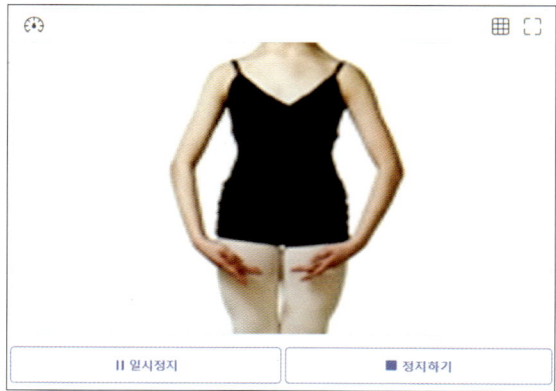

코딩 알고리즘과 로드맵

▶ **시작하기 버튼을 클릭했을 때**
- "발레의 기본 동작인 앙바를 알려줄게요"
- "겨드랑이를 살짝 띄워 팔이 몸에 닿지 않게 잘 따라 해봐요"라고 음성이 나옵니다.
- 앙바 오브젝트가 화면에 나옵니다.
- 3, 2, 1 카운트다운을 하고 앙바 오브젝트가 모양을 숨깁니다.
- 비디오 화면에 나의 자세가 보이고 손 인식으로 정확한 동작을 하는지 판단합니다.
- 정확한 동작을 하면 "Excellent"라는 음성이, 아니면
- "다시 해보자?"라는 음성이 나옵니다.

[23] [4체02-02]기본 움직임 기술의 의미와 종류를 이해한다.

ChatGPT와 함께하는 학습 이야기

질문 발레 학원에 처음 간 나래가 기본 발레 동작(앙바, 앙아바, 알라스콩드)을 배우며 선생님의 지도를 받는 이야기를 작성해 주세요. 주인공이 동작을 연습하면서 어려움을 겪지만, 칭찬과 격려를 받으며 점차 자신감을 키워가는 내용을 포함해 주세요.
이야기의 마지막에는 주인공이 집에서도 연습하며 발전하는 모습을 보여주고, 발레에 대한 애정이 커지는 감정을 표현해 주세요.

나래는 꿈에 그리던 발레 학원에 처음으로 가게 되었어요. 발레복을 입고 거울 앞에 서니 마음이 설레어요. 선생님이 밝은 미소로 나래를 맞이하며 말했어요. "안녕하세요, 오늘은 발레의 기본 동작을 배워볼 거예요. 준비됐나요?" 나래가 대답했어요. "네, 준비됐어요!"

선생님은 먼저 앙바 동작을 가르쳐 주셨어요. "앙바는 발레에서 가장 기본적인 팔 자세예요. 팔을 몸 앞에서 자연스럽게 둥글게 만들어 손끝이 서로 향하게 합니다. 선생님을 보고 따라 해보세요." 나래는 선생님을 따라 거울 앞에서 천천히 팔 동작을 했어요.

"잘했어요! 이제 앙아바 자세를 해볼게요." 선생님이 말씀하셨어요. "앙아바는 팔을 앞쪽으로 둥글게 내밀면서 몸의 중심을 잡는 동작이에요 이번에도 선생님을 보고 따라해 보세요."

나래는 집중해서 곧게 선 상태로 팔을 둥글게 앞으로 쭉 뻗었어요

"좋아요! 이제 마지막으로 알라스콩드라는 동작을 해볼 거예요. 팔을 옆으로 쭉 뻗어 몸의 균형을 잡는 기본 자세랍니다. 자, 선생님을 따라 해보세요."

나래는 선생님을 따라 자세를 따라 했어요. 처음엔 어려웠지만, 천천히 하니 조금씩 익숙해졌어요.

"아주 잘했어요!" 선생님은 나래를 칭찬하며 말했어요. "발레는 몸의 균형과 유연성을 키우는 동작들이 많아요. 기본 동작들을 꾸준히 연습하면 점점 더 예쁘고 자연스럽게 움직일 수 있을 거예요."

나래는 기분이 좋아져서 대답했어. "감사합니다! 더 연습해서 잘하고 싶어요."

그날 이후, 나래는 매일 발레 학원에서 배운 기본 동작들을 집에서 연습했어요. 조금씩 발전하는 자신을 보며 나래는 발레가 더 좋아졌고, 앞으로 더 많은 동작을 배우고 싶어졌어요.

질문 발레의 기본 자세 2가지를 단순한 선으로 그려진 일러스트로 동작별로 각각 따로 그려주세요.

 **작품 만들기** 완성 파일 QR 코드   링크 주소 : https://naver.me/xGICnsQt

코딩 준비하기

1. 오브젝트 추가하기

오브젝트 선택	발레리나 엔트리봇	파일 올리기
이름	발레리나 엔트리봇	앙바
X좌표	0	0
Y좌표	0	0
크기	201%	280.0%

[앙바] 오브젝트는 기본으로 제공되지 않습니다.

[파일 올리기] 탭을 클릭하여, 저장된 이미지 파일을 선택하고 [추가하기]를 클릭합니다.

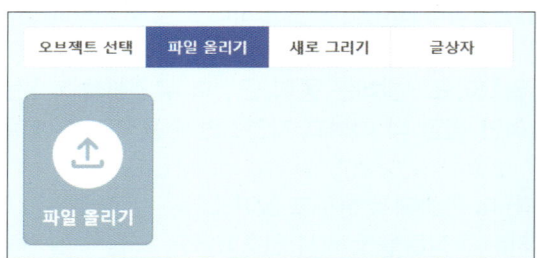
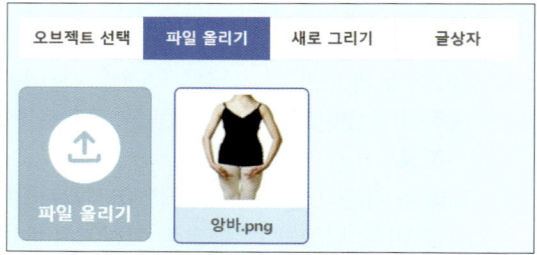

2. 속성 추가하기

① 신호를 만듭니다. 1개의 신호가 필요합니다.

- [동작보여주기]: [발레리나 엔트리봇]는 [앙바]에게 화면에 동작을 보이라는 신호를 보냅니다.

3. 인공지능 블록 추가하기

1. [인공지능탭]에서 [인공지능 블록 불러오기]를 클릭합니다.
2. 상단의 [읽어주기], 하단의 [비디오 감지]에서 [손 인식]을 클릭합니다.
3. 우측 상단의 [불러오기]를 클릭합니다.

 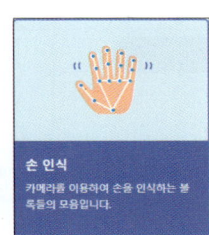

코딩하기

1. [발레리나 엔트리봇] 오브젝트: 다음과 같이 코딩 블록을 순서대로 조립합니다.

2. [앙바] 오브젝트: 다음과 같이 코딩 블록을 순서대로 조립합니다.

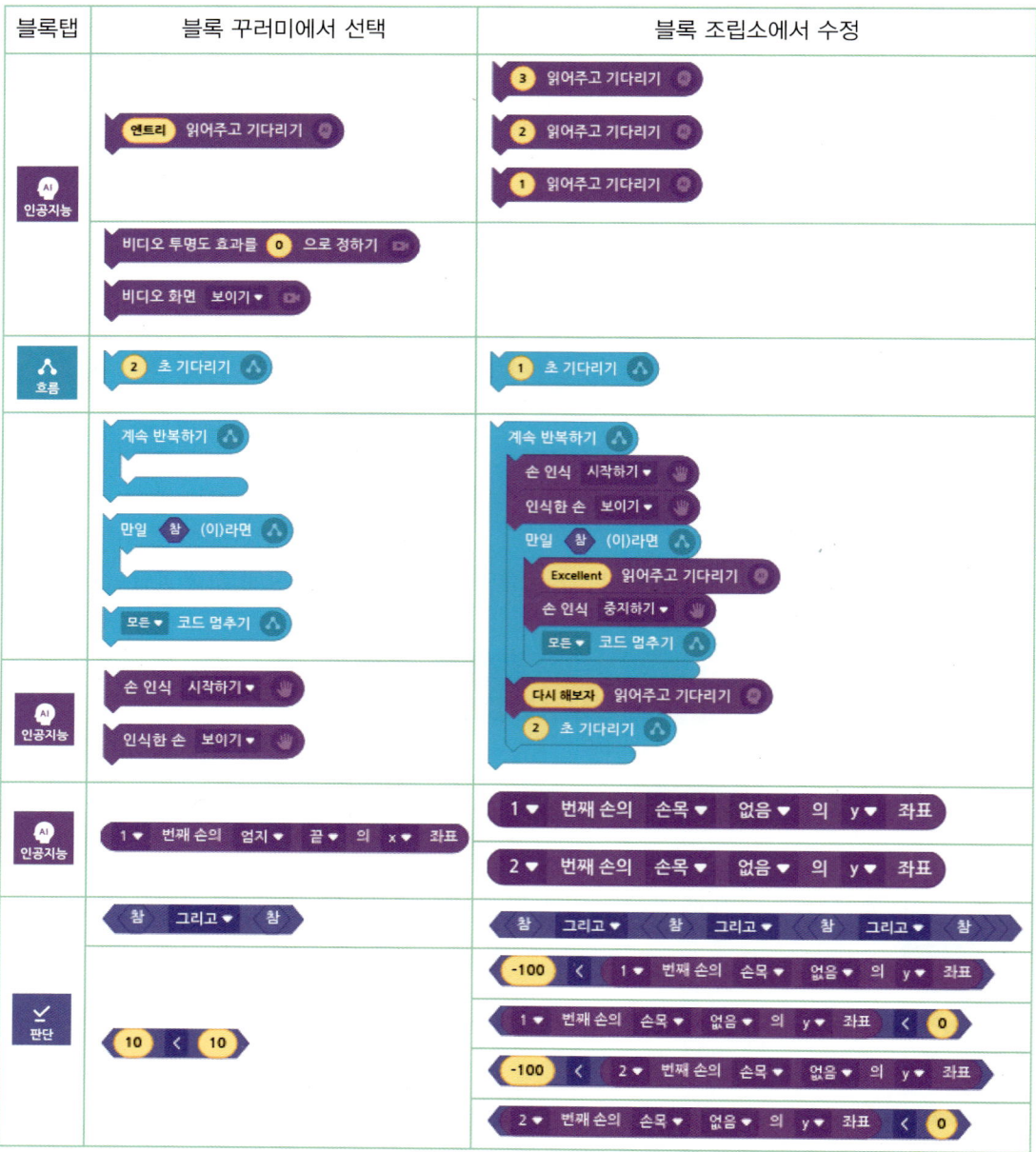

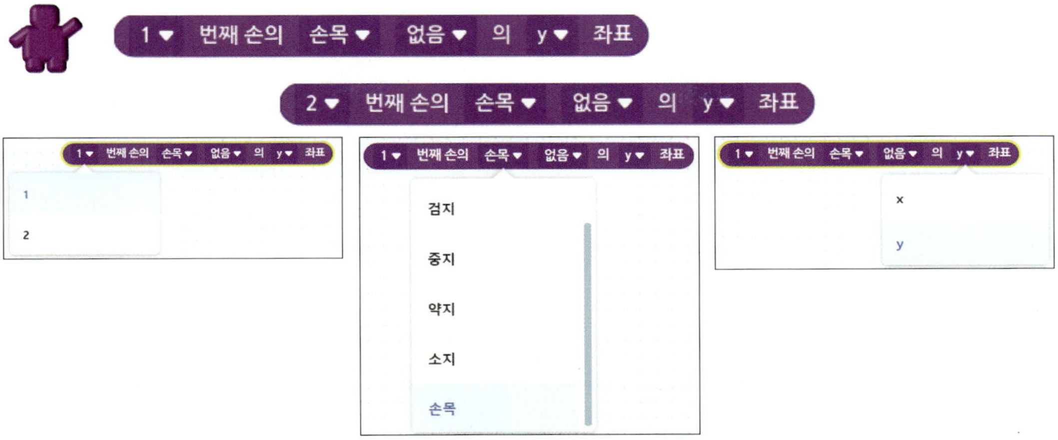

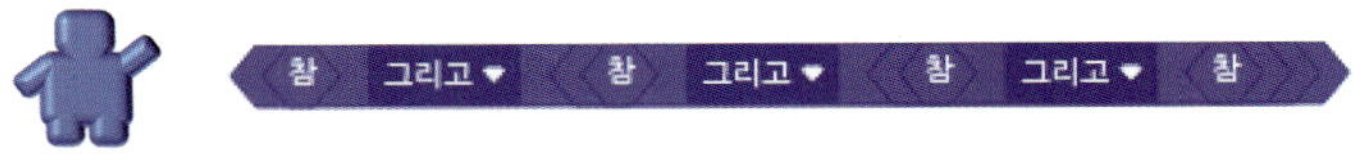

참 그리고▼ 참 블록 3개를 연결해서 조립합니다.

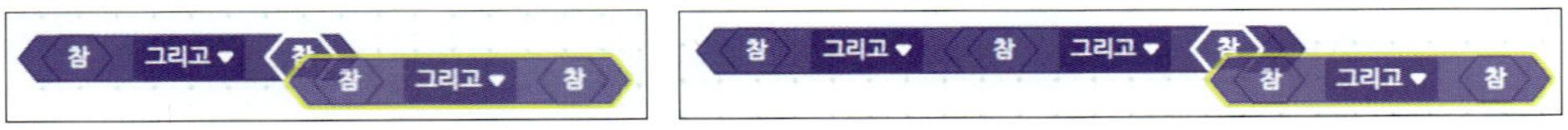

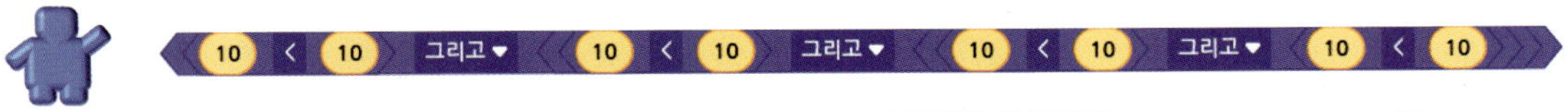

위에서 조립한 참 그리고▼ 참 그리고▼ 참 그리고▼ 참 블록의 4개의 참 자리에 10 < 10 블록을 각각 조립합니다.

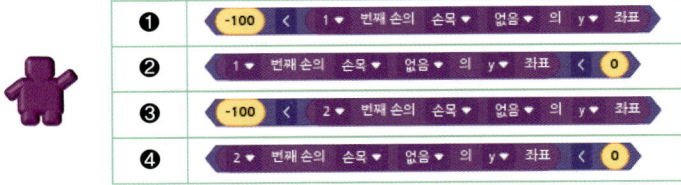

8개의 10 자리에 위의 표와 같이 코딩 블록을 순서대로 수정하고 조립합니다.

실행하기

시작하기를 눌러서 코딩한 프로그램이 바르게 작동하는 지 바로 확인합니다.
원하는 결과를 위해 코딩 블록을 추가하거나 교체합니다.

작품 39 발레 바른자세 도전하기

작품 만들기

QR 코드

링크 주소 : https://naver.me/Gq8XHvuL

발레의 기본 자세 앙바 외에 다른 자세를 더 배워볼까요?

1 ChatGPT에게 다음의 새로운 2가지 동작을 물어보고, 동작에 맞는 손목의 위치를 알아보세요.

2 소리 추가하기로 원하는 음악을 인터넷에서 검색하여 [파일 올리기]로 추가해 보세요.

다음과 같이 장면을 추가하여 코딩을 완성해 보세요.

장면2 추가 : 앙아바 동작을 연습해요.

장면3 추가 : 알라스콩드 동작을 연습해요.

장면4 추가 : 백조의 호수의 음악을 감상해요.

얼굴을 가려주세요

비디오감지: 얼굴 인식 **교과 연계 : 실과[24]**

학습 목표
얼굴인식 인공지능을 활용하여 나의 아바타를 만들 수 있습니다.
인공지능 블록 읽어주기와 얼굴 인식을 익힙니다.

완성 작품 미리보기
QR 코드

링크 주소 : https://youtu.be/xTJDGjxue-8

코딩 알고리즘과 로드맵

▶ **시작하기 버튼을 클릭했을 때**
- "너의 초상권을 지키려면 아바타를 만드는 게 좋겠지?" 라고 음성이 나옵니다.
- 카메라가 연결되면 얼굴 인식을 시작합니다.
- 얼굴모양, 머리, 눈, 코, 입, 셔츠의 모양이 무작위로 선택되고 인식한 얼굴의 코를 기준으로 각 오브젝트의 위치를 설정하여 아바타를 완성합니다.

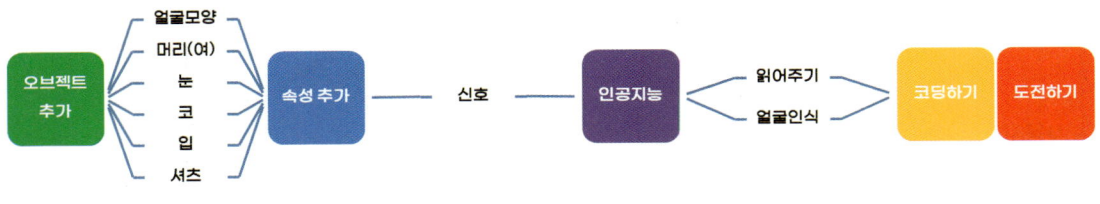

[24] [6실04-03] 제작한 발표 자료를 사이버 공간에 공유하고, 건전한 정보기기의 활용을 실천한다.

ChatGPT와 함께하는 학습 이야기

질문 나래가 SNS에 올라간 자신의 사진을 보고 초상권과 안전에 대해 걱정하는 상황을 설정해 주세요. 주인공이 엄마와 대화를 통해 자신의 걱정과 생각을 솔직하게 표현하고, 엄마가 이를 이해하고 배려하는 방식으로 문제를 해결하는 내용을 포함해 주세요. 이야기의 끝에서는 엄마가 주인공의 의견을 존중하며 앞으로 SNS에 사진을 올릴 때 안전한 방법(예: 스티커로 얼굴 가리기)을 실천하는 장면이 나오도록 해 주세요. 주인공이 의견이 받아들여져 마음이 편해지는 감정을 잘 표현해 주세요.

나래는 엄마가 가족사진을 SNS에 올리는 걸 보게 되었어요. 사진 속 나래의 얼굴이 선명하게 나와 있었지요. 그걸 본 나래는 갑자기 걱정이 되기 시작했어요. 초상권과 안전에 대한 이야기를 학교에서 들었거든요.

나래는 엄마에게 다가가 조심스럽게 말했어요. "엄마, 내 사진 올릴 때 얼굴을 가려주면 안 될까?"

엄마는 의아한 표정으로 물었어요. "왜 그러니? 예쁘게 나와서 올렸는데, 너도 보고 좋아할 줄 알았는데."

나래는 설명했어요. "나도 예쁘게 나온 건 좋은데, 요즘 초상권도 중요하다고 배웠고, 사진이 인터넷에 올라가면 내가 원하지 않는 곳에서 쓰일 수도 있대. 그리고 요즘 범죄도 많잖아. 혹시라도 나쁜 사람들이 내 사진을 볼까 봐 걱정돼."

엄마는 고개를 끄덕이며 이해했어요. "그렇구나, 나래야. 네 생각을 미처 못했네. 그럼 앞으로는 얼굴에 스티커 같은 걸 붙여서 가려줄까?"

나래는 웃으며 대답했어요. "응! 그러면 나도 덜 걱정되고, 사진도 귀엽게 꾸며줄 수 있잖아!"

"좋아, 앞으로 네 사진을 올릴 때는 꼭 스티커로 가려줄게. 네 생각을 말해줘서 고마워."라고 엄마가 말했어요.

그날 이후로, 나래의 사진이 SNS에 올라갈 때마다 얼굴에는 귀여운 스티커가 붙어 있었어요. 나래는 엄마가 자신의 의견을 존중해 줘서 정말 고마웠고, 더 안전하게 인터넷을 사용할 수 있을 것 같아 마음이 편해졌어요.

나만의 아바타 만들기 -Scroobly

사용자의 움직임을 인식해 자신이 만든 캐릭터를 실시간으로 움직이게 할 수 있는 사이트예요. 초상권 걱정 없이 나만의 아바타를 만들어봐요.
(Scroobly 사이트 주소: https://www.scroobly.com/)

 **작품 만들기** 완성 파일 QR 코드 링크 주소: https://naver.me/xZVRxheE

코딩 준비하기

1. 오브젝트 추가하기

오브젝트 선택						
	얼굴모양	셔츠	눈	입	코	머리(여)
이름	얼굴모양	셔츠	눈	입	코	머리(여)
X좌표	0	−95	25	200	110	−200
Y좌표	0	−130	−110	−110	−110	−100
크기	200%	100%	60%	40%	30%	60%

2. 속성 추가하기

1 신호를 만듭니다.

1개의 🦋 신호가 필요합니다.

- [얼굴그리기 시작]: 🍋 [얼굴모양]은 🌰 [머리(여)], 🦋 [셔츠], 👀 [눈], ＜ [코], ‿ [입]에게 인식한 얼굴 위로 자신의 모양을 변경하며 아바타를 만들 수 있게 신호를 보냅니다.

3. 인공지능 블록 추가하기

1 [인공지능탭]에서 [인공지능 블록 불러오기]를 클릭합니다.
2 상단의 [읽어주기], 하단의 비디오 감지의 [얼굴 인식]을 클릭합니다.
3 우측 상단의 [불러오기]를 클릭합니다.

코딩하기

1 [얼굴모양] 오브젝트: 다음과 같이 코딩 블록을 순서대로 조립합니다.

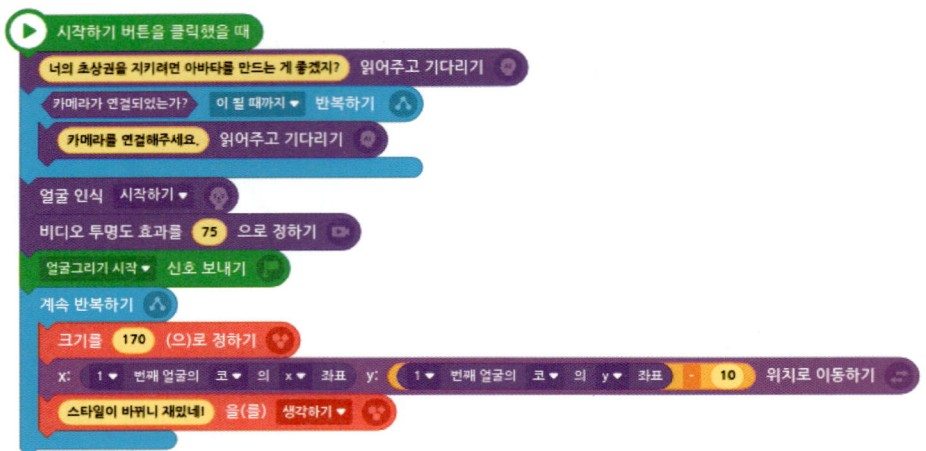

블록탭	블록 꾸러미에서 선택	블록 조립소에서 수정
움직임	x: 0 y: 0 위치로 이동하기	
인공지능	1▼ 번째 얼굴의 왼쪽 눈▼ 의 x▼ 좌표	x: 1▼ 번째 얼굴의 코▼ 의 x▼ 좌표 y: 1▼ 번째 얼굴의 코▼ 의 y▼ 좌표 - 10 위치로 이동하기
계산	10 - 10	
생김새	안녕! 을(를) 말하기▼	스타일이 바뀌니 재밌네! 을(를) 생각하기▼

① <kbd>x: 0 y: 0 위치로 이동하기</kbd> 블록을 선택합니다.

② <kbd>1▼ 번째 얼굴의 왼쪽 눈▼ 의 x▼ 좌표</kbd> 블록을 블록 조립소에 2개 가져와서 변경합니다. [왼쪽 눈] 옆 흰색 삼각형을 눌러서 나타난 항목에서 [코]를 선택하고 x좌표의 자리에 조립합니다. 1개의 블록은 [x좌표] 옆 흰색 삼각형을 눌러서 나타난 항목에서 [y]를 선택합니다.

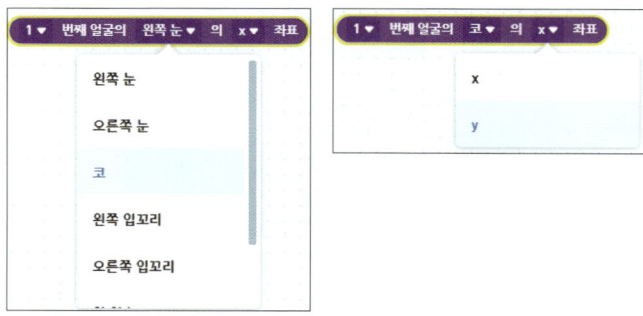

3 ⬤ 10 - 10 ⬤ 블록을 y좌표 자리에 조립합니다.

4 왼쪽 10 의 자리에 1▼ 번째 얼굴의 코▼ 의 y▼ 좌표 를 조립합니다.

2 🦋 [셔츠] 오브젝트: 다음과 같이 코딩 블록을 순서대로 조립합니다.

(코딩 블록 이미지)

1 안녕! 을(를) 말하기 블록을 선택합니다.

2 머리(여)▼ 의 x좌푯값▼ [머리(여)] 옆 흰색 삼각형을 눌러서 나타난 항목에서 [셔츠]를 선택합니다. [x좌푯값] 옆 흰색 삼각형을 눌러서 나타난 항목에서 [모양 이름]을 선택합니다.

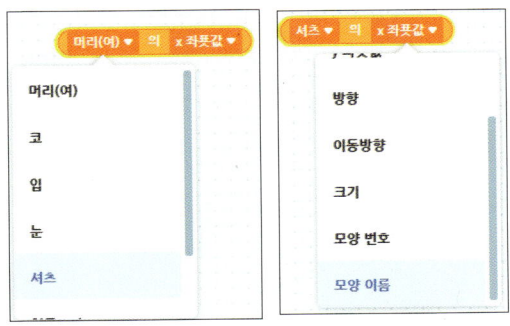

3 안녕! 자리에 셔츠▼ 의 모양 이름▼ 블록을 조립합니다.

4 [말하기] 옆 흰색 삼각형을 눌러서 나타난 항목에서 [생각하기]를 선택합니다.

3 ● ●[눈], ＜[코], ◡[입], ∩[머리(여)] 오브젝트: 다음과 같이 코딩 블록을 순서대로 조립합니다.

[얼굴그리기 시작 신호를 받았을 때]
[계속 반복하기]
  [1 부터 10 사이의 무작위 수 모양으로 바꾸기]
  [5 초 기다리기]

[얼굴그리기 시작 신호를 받았을 때]
[계속 반복하기]
  [크기를 100 (으)로 정하기]
  [x: 1번째 얼굴의 코의 x좌표 y: 1번째 얼굴의 코의 y좌표 + 20 위치로 이동하기]

1 [0 부터 10 사이의 무작위 수]의 숫자 값과, [크기를 100 (으)로 정하기]의 숫자 값, [1번째 얼굴의 코의 y좌표 + 20]의 오른쪽 숫자만 다릅니다. 아래 표를 보고 입력합니다.

오브젝트명	0 부터 10 사이의 무작위 수	크기를 100 (으)로 정하기	1번째 얼굴의 코의 y좌표 + 20
●● [눈]	0 : '1', 10 : '10'	크기 : '100'	[1번째 얼굴의 코의 y좌표] '+20'
＜ [코]	0 : '1', 10 : '10'	크기 : '25'	[1번째 얼굴의 코의 y좌표] '−10'
◡ [입]	0 : '1', 10 : '20'	크기 : '36'	[1번째 얼굴의 코의 y좌표] '−45'
∩ [머리(여)]	0 : '1', 10 : '10'	크기 : '220'	[1번째 얼굴의 코의 y좌표] '+18'

실행하기

시작하기를 눌러서 코딩한 프로그램이 바르게 작동하는지 바로 확인합니다.
원하는 결과를 위해 코딩 블록을 추가하거나 교체합니다.

작 품
41 얼굴을 가려주세요 도전하기

 **작품 만들기**　　QR 코드 　링크 주소 :
https://naver.me/IxsyvRKN

코를 기준으로 눈, 코, 입, 머리, 셔츠의 위치를 정하여 아바타를 만들었어요.

얼굴의 다른 신체 부위인 윗입술을 기준으로 아바타를 만들어 주세요.

자신의 얼굴 위치에 따라 y좌표의 숫자값을 변경해 주세요.

- [얼굴모양] 오브젝트의 위치

`x: 1▼ 번째 얼굴의 윗입술▼ 의 x▼ 좌표  y: 1▼ 번째 얼굴의 윗입술▼ 의 y▼ 좌표 + 20  위치로 이동하기`

코딩 교육 커리큘럼

• 코딩 나래(Coding Narae) : 창의적인 상상의 나래를 펼치도록 돕는 미래 교육의 동반자

'코딩 나래(Coding Narae)'는 관악여성인력개발센터(관악여성새로일하기센터)의 코딩 콘텐츠 기획 과정을 수료한 사람들이 모여 결성한 단체로, 취·창업 동아리 활동을 통해 탄생했습니다.

'나래(날개)'라는 이름처럼, 코딩 나래는 창의적 사고와 문제 해결 능력을 키우는 미래 교육을 통해 누구나 자신의 꿈과 가능성에 날개를 달고 더 큰 세상으로 도약할 수 있도록 돕고자 합니다.

코딩 나래의 주요 활동

1. AI와 블록 코딩 중심 교육 프로그램
✓ 초등 교과와 연계한 AI 관련 블록 코딩 프로그램
✓ 엔트리, 스크래치, 코디니 등을 사용한 코딩 수업

2. 미래 기술 프로젝트 기반 학습
✓ 자율주행 자동차 실습: 센서 및 코딩 활용한 자율주행 교구 실습
✓ IoT(사물인터넷) 활용 교육: 스마트홈 설계 및 IoT 디바이스 코딩
✓ 아두이노 및 피지컬 교구: LED, 센서, 모터 등 다양한 디바이스를 활용한 창의적 프로젝트 제작

3. 기타 : 다양한 ai 관련 교구 및 언플러그드 코딩 교구를 활용한 실습

도서를 활용한 8회차 커리큘럼

회차	주제	활동 예시	ChatGPT 활용 방안
1회차	엔트리와 ChatGPT로 첫 코딩하기	작품1. 날아라 열기구	ChatGPT로 초보자를 위한 사용법 안내 및 환경 세팅 도움 제공.
2회차	조건문과 반복문 이해	작품2. 학교 가는 길	ChatGPT로 조건문과 반복문의 개념을 쉽게 이해할 수 있도록 안내 및 아이디어 제공.
3회차	오디오 인식 코딩	작품5. 스마트 전구	실생활 음성 인식 사례 제공 및 창의적 활용 방안 제안.
4회차	얼굴 인식 기술	작품8. 우리집 출입 시스템	얼굴 인식 기술 응용 아이디어 탐색과 실생활 활용 사례 소개.
5회차	텍스트 분류	작품10. 도서 추천 작품12. 좋은 말 나쁜 말	텍스트 분류 원리 설명과 추천 알고리즘의 활용 아이디어 제공.
6회차	수학 문제 해결	작품16. 마법 지팡이로 다각형 그리기	다각형 속성 설명과 ChatGPT를 통한 수학 문제 해결 조언.
7회차	AI로 생활 문제 해결	작품25. 스마트 홈 작품28. 분리수거 도우미봇	환경 문제 해결을 위한 창의적 프로젝트 아이디어와 실행 조언 제공.
8회차	예술 프로젝트	작품27. 흥겨운 장구 장단 작품36. 발레 바른자세	장구 장단 의미 설명, 예술-기술 융합 사례 학습

교육관련 문의 연락처: codingnarae@gmail.com